增值评价的理论与实践

姚　俊
倪志刚
——著

大连出版社
DALIAN PUBLISHING HOUSE

图书在版编目(CIP)数据

增值评价的理论与实践 / 姚俊, 倪志刚著. —大连: 大连出版社, 2023.11
ISBN 978-7-5505-1898-8

Ⅰ.①增… Ⅱ.①姚… ②倪… Ⅲ.①教育评估-研究 Ⅳ.①G40-058.1

中国国家版本馆 CIP 数据核字(2023)第 035123 号

ZENGZHI PINGJIA DE LILUN YU SHIJIAN

增 值 评 价 的 理 论 与 实 践

策划编辑:尚　杰
责任编辑:尚　杰　吕露怡
责任校对:刘丽君
封面设计:林　洋
责任印制:刘正兴

出版发行者:大连出版社
地址:大连市西岗区白云街道东北路 161 号
邮编:116016
电话:(0411)83620573/83620245
传真:(0411)83610391
网址:http://www.dlmpm.com
电子信箱:dlcbs@dlmpm.com
印 刷 者:辽宁一诺广告印务有限公司

幅面尺寸:170mm×240mm
印　　张:17
字　　数:286 千字
出版时间:2023 年 11 月第 1 版
印刷时间:2023 年 11 月第 1 次印刷
书　　号:ISBN 978-7-5505-1898-8
定　　价:80.00 元

目　录

绪论　什么是增值评价

中共中央、国务院印发的《深化新时代教育评价改革总体方案》（中发〔2020〕19号）提出的教育评价改革的主要原则中包括“坚持科学有效，改进结果评价，强化过程评价，探索增值评价，健全综合评价，充分利用信息技术，提高教育评价的科学性、专业性、客观性”。本书就探讨一下增值评价。

1. 从教学评价谈起

在学校教育中，增值评价是一种教学评价。而对教学评价，教育学者通常这样界定：

> 教学评价是指在教学过程中依据课程和教学目标以及教学原理，运用科学的方法考查（量性记述或质性记述）教师教学和学生学习的种种变化，根据这些变化对照教学目标和原理，做出价值判断，进而调整、优化教学进程，促进学生达成教学目标的教学实践活动。①

按这个界定，教学评价可以说是达成教学目标的关键环节，由教学评价带来的学生和教师的反馈，促使学生改进自己的学习、教师调整自己的教学，从而完成教学目标。通过完成某学科课程标准要求的每一个单元、每一个模块教学目标，来落实课程标准的总的教学目标（课程目标），可以促进学生本学科核心素养的形成和提高，从而达到本学科课程标准提出的学科核心素养要求。如果达成了所有学科的课程目标，本学段要求的各学科核心素养就形成了。这个时候学校教学就完成了对学生所做的立德树人的工作——学生具有了国家、社会所要求的学科核心素养，成长为合格的毕业生。既然教学评价是学生达成教学目标的关键，那么教学评价也必然是落实教学政策要求、推进教学（课程）改革的关键。许多学者在分析新世纪课程（教学）改革

---

① 王允庆，孙宏安. 如何提高教师的教学设计能力：教学设计能力研究[M]. 大连：辽宁师范大学出版社，2021：293.

时也都认可这一点。充分理解教学评价,是搞好教学评价的前提条件。如何正确认识和实施教学评价,也是新课程实施中每一位教师应该关注的重要问题。应该说,推动基础教育课程改革深入发展的着力点就是教学评价。教学评价对课程的实施起着重要的导向作用,对质量起着监督作用。评价的功能、评价的目标体系和评价的方法都直接影响着课程培养目标的实现,影响着课程功能的转向与落实。因此,人们对教学评价乃至教育评价研究、教育评价理论非常重视,探索新课程的评价内容和评价方法已成为课程改革的重要工作之一。

2. 增值评价是什么

教学评价应注重多途径收集信息,准确反映学生学习的结果及过程,激励学生有效地学习,帮助教师改进教学。进行评价时,既要关注学生的学习结果,更要关注学生的学习过程,强化评价的诊断和发展功能。评价应注重评价目标的全面性和评价手段的多样化,实现形成性评价和终结性评价相结合、定性评价和定量评价相结合,从而进行发展性评价。评价中非常重要的一点就是对学校的教育教学工作进行客观、公平、科学、准确的评价。特别是按照 2017 年版普通高中各学科课程标准中“评价”的需要,“教学评价要充分注意落实教育的公平公正,在教学评价中就是要注重学生在不同起点上的提高,这一点延伸到学生所在的学校,对学校的教学评价也应该注重学校在不同起点上的提高”,要做到这样的评价就需要运用增值评价。

中共中央、国务院在《深化新时代教育评价改革总体方案》中提出的教育评价改革的主要原则包括了“坚持科学有效,改进结果评价,强化过程评价,探索增值评价,健全综合评价,充分利用信息技术,提高教育评价的科学性、专业性、客观性”。这个原则有利于“完善立德树人体制机制,扭转不科学的教育评价导向,坚决克服唯分数、唯升学、唯文凭、唯论文、唯帽子的顽瘴痼疾”。而在教育评价改革的实施举措中提及的“开展学生各年级学习情况全过程纵向评价”就是增值评价的一个功能。在一定程度上,增值评价也能够协助进行“德智体美劳全要素横向评价”。

在我国当下教学评价的实践中,对学校和教师的评价多是终结性评价,大多以学生的测验成绩(即测验或考试的得分)为标准进行。虽然原始的或未经调整的成绩是重要指标,但这些成绩并未能有效地反映出学校在提升学生成绩方面所做的努力。这些成绩所得的结果往往只能反映就读学校学生的特质,而未能反映学校在提升学生成绩方面所得到的效益,即学生的增值。因此,这种单一的评价方法反映的信息并不客观准确,也缺乏公平,已受到各方的批评。为更加科学和准确地评价学校和教师的效能,教育评价领域迫切需要一种新的评价方法。近年来,教育界一直提倡对学生进行发展性评价,但用什么方法进行发展性评价则是一个需要解决的问题。人们认为增值评价就是进行发展性评价的一种方法,而且对学生的增值进行评价本身就具有公正评价每一所学校和每一个学生的努力的思想在其中,这将有助于教育公平的实现,有助于促进义务教育阶段学校的均衡发展。

一位研究者认为:

从当前常见的做法来看,增值评价是指追踪学生在不同时间点上的学业成绩,利用一定的统计分析方法对学业成绩变化情况进行分析,并注意剥离掉学生性别、家庭背景等先赋因素,以及教师学历、班级规模、班级条件等短时间无法改变的外部因素对学生成绩的影响。增值评价与传统评价的区别主要体现在两方面:一是"增加值",即联系学生的先前基础和最终结果分析学生成绩的变化情况,而不仅仅关注学生的最终成绩,实现"不比基础比进步";二是"净效应",即剔除教育中学生、教师和学校无法改变的因素,仅评价其在可以改变的方面做出的努力,实现"不比背景比努力"。

增值评价体现了发展性的理念,具有如下优势。第一,有助于激活后进学生、教师和学校的积极性。增值评价可以更好地呈现学生进步情况,使其不至于在长期的落后状况中自怨自艾、懈怠放弃。第二,有助于提高前端学生、教师和学校的危机意识。增值评价也可以激活这部分学生、教师和学校的潜能,让他们开展良性竞争,百尺竿头,更进一步。第三,通过对低效能学生、教师和学校的问题剖析,以及对高效能学生、教师和学校的经验挖掘,可以为学、教、管等提供更为有效的策略。更本质的是,通过实施增值评价,可以逐渐改变人们对教育的关注点,从过分关注结果转向更关注过程,从过分关注条件转向更关注培养,树立起内生的教育发展观和科学的教育质量观。①

增值评价的使用者认为：

增值评价以起点定终点，考虑学生基础水平对学生学业成绩的影响，以发展的眼光看待学生学业表现，对学生成长是一种激励，也有利于进一步地诊断和精准教学，挖掘高增长水平学生的学习方式方法，从而不断完善教育教学。②

一所学校的使用者采用了多元的视角：

视角一：从评价内涵看。通过查阅文献资料，我们发现，学者们对增值性评价的内涵有两种观点。一种认为增值是增学生学业成绩进步之值，即“成绩说”；另一种认为增值是增学生全面发展之值，即“全面说”。我们认同“全面说”，视增值性评价为一种有别于传统评价模式的多元化的评价方式，它充分考虑到学生的知识、智力、情感、能力、实践以及所处情境等因素的不同，表达的是学生从学校教育中要获得发展、有所成长，强调的是在已有的基础上有所发展和成长。

视角二：从评价内容看。我们追求的是改变传统的学科学业评价中仅仅以作业的对错、考试成绩的高低为指标的片面评价方式，增加学科学习行为、学习态度、学习责任感、自主学习能力等多样化的学业素养，包括学科成绩、知识体系、学科能力和学习态度。因此，所增的“值”，是关联核心素养的值，是基于学业而又超越学业，促进学生全面发展的整体观照。

视角三：从评价过程看。我们对学生在学校学习所得的“增值”进行评定，不是以学生的某次成绩对学生进行终结性评价，而是跟踪学生在一段时期内学业成就的增幅或进步情况，即学生在一段时间内学习的“进步”就是他的“增值”，以此来评价学生学业发展。

视角四：从评价主体看。我们的评价不仅包括教师和家长，更是把学生卷入到学业评价中，使每个学生成为自己学业评价的主人，这样就实现了评价由过去的被动向主动的转变。

---

① 辛涛.“探索增值评价”的几个关键问题[J].中小学管理，2020(10)：1.

② 徐路明.基于简易式百分等级成长模型的学业增值评价[J].中国考试，2021(3)：9-14.

> 总之,增值性评价是尊重学生个体差异,基于学业又超越学业的发展性评价,其实质是引导学生将自己的现在与过去比,使他们在进步与成功的体验中增强学习的自信,满怀希望地主动发展。①

虽然以上关于增值评价的表述有宏观、中观和微观,界定的视角也不完全一致,但作为概念,它们共同的核心是增加值或者是增值,其基础是假定学校能为其学生成绩增加"价值",测试增值的基本思路是测量学生经过一段时间学习后的进步程度。为了测量进步,需要在一个时间段(例如一个学期、一个学年或者一个学段)的开始和结束时刻测量基线和结果。由于学生的成长,我们预期学生都会有进步或者改善,平均成绩也会有所提高。因此所谓"增值"指的是,在学生可预期的正常成长之外,由教育所带来的额外价值。增值评价要考察的是某一学校的学生在特定时间内是否比其他学校的学生取得了相对更大或更小的进步,那些学生进步超过预期的学校其办学效能更高。在学校内部自我评价的背景下,增值评价的目的是为教师提供学生有意义、有效、准确的相对进步的证据。教师可以使用这些测量结果来了解和反思自己的专业教育实践活动。②

我们尽可能简化地描述一下增值评价的算法模型,为的是能够通俗直观地了解"增值"的意义。要得到这个增加值,最关键的技术性工作在于由基线测试预测学生在新的测试中有哪些自然而然的提高,然后才能依据新的测试成绩得到学生的成绩增值。怎样进行预测呢?预测的基础是学生的基线测试成绩,新的测试(增值测试)成绩是学生在基线测试后学习过一段时间后获得的测试成绩,能不能用增值测试的成绩减去基线测试的成绩作为学生成绩的增值呢?显然不能,因为基线测试和增值测试既不是标准测试,又不是关于同样内容的(等值的)测试,甚至不是同一学科的测试,这两个成绩实际上是不能进行比较的。因此通常的做法是在基线测试成绩的基础上运用某种算法模型,利用统计方法估计出在增值测试的时候学生自然发展能得到什么成绩,以此作为学生的预测成绩,增值测试成绩与预测成绩的差(叫作

---

① 曾蓉,孙丽萍,彭家荣.激发学生自主发展的高能量——成都市石室小学学生学业发展增值性评价探索[J].教育科学论坛,2019(29):42-46.

② (荷)雅普·希尔伦斯,塞斯·格拉斯,(英)萨利·M.托马斯著.边玉芳,曾平飞,王烨晖译.教育评价与监测——一种系统的方法[M].北京:教育科学出版社,2017:295.

“残差”)就是学生学习的增值。这个预测的成绩越精确,得出的增值成绩也就越可靠。统计预测总是有误差的,怎样最大限度地降低误差,就是增值算法改进的方向。在增值评价的实践发展中,常用的算法模型有简单回归模型、多层线性模型、增长百分等级模型等。目前,各种算法模型正在进行着改进和完善,新的计算模型也不断涌现出来。

3. 学习背景分析

在探讨学生成绩的增值时,如前面引述的,一种观点要求“剥离掉学生性别、家庭背景等先赋因素,以及教师学历、班级规模、班级条件等短时间无法改变的外部因素对学生成绩的影响”;还有观点认为增值“追求的是改变传统的学科学业评价中仅仅以作业的对错、考试成绩的高低为指标的片面评价方式,增加学科学习行为、学习态度、学习责任感、自主学习能力等多样化的学业素养,包括学科成绩、知识体系、学科能力和学习态度”。而无论哪种观点,都必须同时考虑影响学生学习的某些外部以及内外结合的因素,所以进行增值评价基线测试(起点测试)的同时还需要做学习背景分析。这一分析通常是以问卷调查的形式进行的,因此,在基线测试之后就能得到这样一些数据分析:基线测试结果分析、学生背景问卷分析、学业成绩相关因素分析(这些学习背景因素指的就是对学生的学习有影响的因素,这种影响意在指明这些学习背景因素与学生的学习成就,即测试成绩是相关的,因此在进行基线测试时做学习背景因素调查,除了要进行学业成绩相关因素的分析外,还可以进一步对学习背景因素与学业成绩的相关关系进行分析,得出每个学习背景因素对学生学业成绩的解释率,从而通过改进学生的某些学习背景因素,促进学生全面发展。为此提供的报告称为“起点成绩的差异报告”,其对各个学习背景因素和学生学业成绩的相关性以及相对可解释性的分析,为发展学生各个学科核心素养提供了思路)。这几项分析综合起来就是增值评价的起点分析,为后来的增值分析打下基础。

综上所述,进行增值评价需要进行一次基线测试(基线测试分学科进行,例如初中有数学、语文、英语三个学科测试和认知测试,高中要加上科学学科测试。有的地方为了保证测试题的质量,减少了考试的次数。例如,高中的基线测试就利用中考成绩,初中的基线测试利用初一年级区市县等统一的期末考试成绩),同时进行学习背景问卷调查,由此得出学生学业成绩的起点分析,呈现给教育行政部门和学校的相关文件就叫作“增值评价的起点报告”。经过一段时间的教学之后(这个时间段由教育行政部门或者学校按照自己的教学需要选定,但至少要间隔一个学年),进行的第二次增值评价测试,就叫作增值测试。测试参加者应该是参加过基线测试的同一批学生。一般的增值测试就利用全域统一的下一个学年的学年测试,初中最终的增值测试可以利用中考成绩,高中的增值测试则可利用高中学业水平测试或高考成绩,结合起点分析的结果就可以进行增值分析。增值分析一般包括哪些内容呢?

以某市高中为例进行考察。其基线测试采用学生的中考成绩,增值测试采用学生的高考成绩,其中市级、校级相关数据皆为该市市属高中学生中、高考成绩匹配成功的数据,增值计算模型为“百分等级成长模型”,则增值分析的内容包括以下几个方面。

基本情况分析:主要通过从不同角度分析数据,从而对本市各校不同学科的基本情况进行分析;

高考不同分数线等级情况分析:主要是将不同分数线等级的学生人数百分比进行分类分析;

中考与高考不同分数线等级学生追踪分析:详细分析两次考试中不同分数线等级下学生的变化情况;

本市各校增值情况分析:主要呈现本市各校的增值结果;

本市各校不同性别学生增值情况分析:按照性别将学生分类,呈现出不同性别学生的增值表现的差异;

本市各校不同等级潜力生变化及增值分析:通过不同分数线对本校学生进行分类,分析本校学生两次考试的变化情况及增值情况;

本市及各校细分等级增值情况分析:将本校学生根据成绩高低排列,分为十个等级(总分为二十等级),对比这十个等级(二十等级)下学生的增值情况;

本市各校学生增值情况分析:以学生个体为准,呈现不同增值表现情况下的学生分布情况;

本市各校各科增值情况概览:主要汇总呈现本市各校的增值结果。

呈现给教育行政部门或者学校的增值分析的文件叫作某年某地某类学校"增值分析报告",或者某年某地某类学校"教育发展报告"。

完成以上步骤和整体设计方案的过程就是增值评价的过程,具体流程如下图所示。

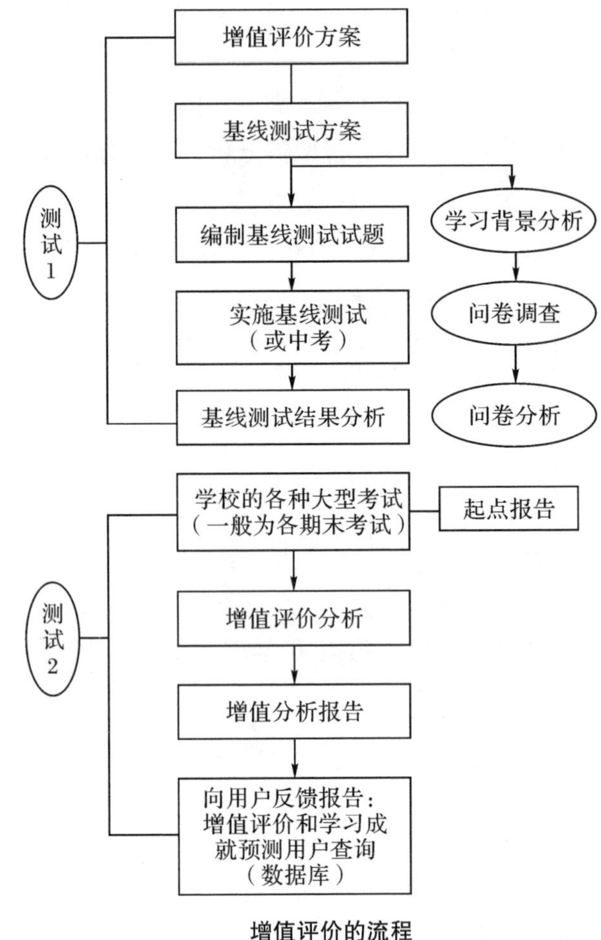

增值评价的流程

从形式上来看,按照上图所示流程进行的教学评价就叫作增值评价。下面就这一流程及其所涉及的内容进行理论阐述和实践思考。

第一章　教学评价基础

一般来说,人们倾向于从一个事物的历史发展开始对这个事物进行探讨,教学评价也不例外。我们的探讨如下图所示:

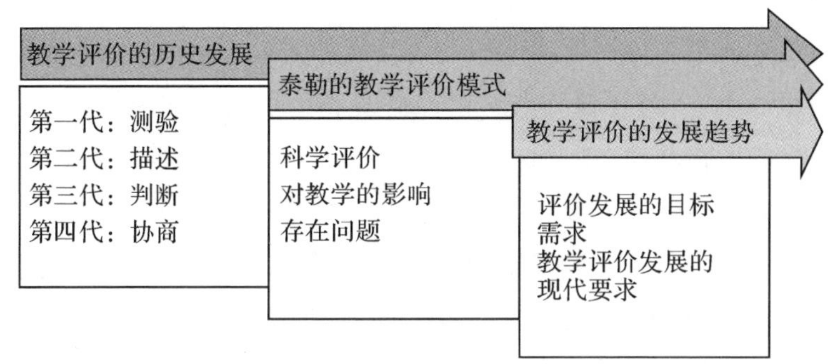

图 1-1　本章的主要内容

根据前面的概念界定,具体说来,在教学过程中依据教学目标,有计划、有目的地观察、测定教师教学和学生学习的种种变化,根据这些变化对照教学目标、教学计划、教学效果、学生的学习质量及个性发展水平,运用科学的方法做出价值判断,进而调整、优化教学进程,促进学生达成教学目标的教学实践活动,就是教学评价。

教学评价可以说是教学改革和新课程实施的关键,现在的教学评价是教学改革实施的瓶颈。充分理解教学评价,是搞好有效教学评价的前提条件。在中共中央、国务院印发的《深化新时代教育评价改革总体方案》(以下简称《方案》)中指出:“教育评价事关教育发展方向,有什么样的评价指挥棒,就有什么样的办学导向。”《方案》的印发正是为了“深入贯彻落实习近平总书记关于教育的重要论述和全国教育大会精神,完善立德树人体制机制,扭转不科学的教育评价导向,坚决克服唯分数、唯升学、唯文凭、唯论文、唯帽子的顽瘴痼疾,提高教育治理能力和水平,加快推进教育现代化、建设教育强国、办好人民满意的教育。”正确认识和实施教学评价,是关系到教育目的实现、教育改革成功的关键,所以每一位教师应该关注教学评价的改革,应该为落实《方案》做不懈的努力。

1.1 教学评价的历史发展

谈到教学评价的历史发展，应该从对教学评价的初步理解开始。

1.1.1 对教学评价的初步理解

我们先来看看什么是价值和价值评价。

1.1.1.1 对价值和价值评价的理解

价值是客体与主体需要之间的一种特定的关系，外部世界作为人的生存和发展的客观条件，具有满足人的精神需要和物质需要的属性，人把外部世界作为自己的生存环境，在于他能在外部世界中，或者说能利用外部世界来满足自己生存和发展的需要，外部世界同人的主体需要的关系，就叫价值关系。与主体具有价值关系的事物对主体需要的肯定或否定关系就是该事物的价值。通俗地说，事物的价值就是对主体“有用”。

对价值的评价则是价值即客体与主体需要的关系在主体意识中的反映，是主体对价值的主观判断、情感体验、意志保证及它们的综合。通俗地说，价值评价就是某一事物对主体的“用处有多大”的判定。

价值评价是人们活动的目的和动力，人们要进行什么活动是由人们对它们的价值评价决定的。人们首先要进行的是那些得到较高价值评价的活动，因为这样的活动对人们的用处更大一些，与人们的利益和需要息息相关，进而和人们的价值观有密切的关系。人们根据什么判定一个事物价值的高低？或者说，根据什么做出自己的价值评价？那就是依据自己价值评价的标准。只有心中有一个价值评价的标准，才能对事物的价值做出评价。这个价值评价标准就是价值观。

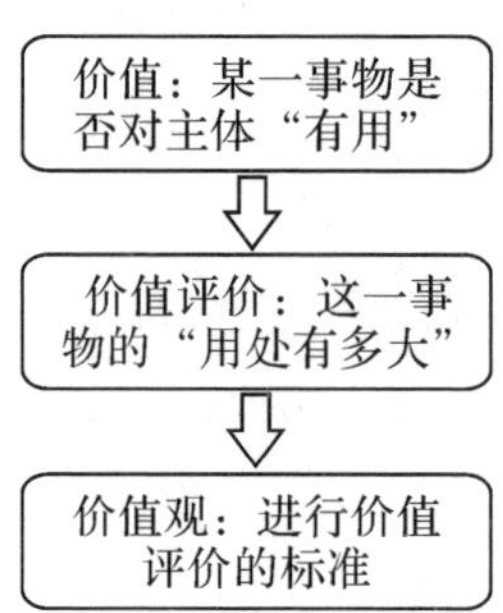

图 1-2　从价值到价值观

1.1.1.2 教学评价

依照前面对价值的解说,教学评价就是人们对教学这一社会活动所具有的价值(即教学在满足人的需要关系方面的主观判断、情感体验、意志保证和它们的综合)所做出的评价,实际上就是判定教学是否满足了人的需要。对教学价值的评价是从有教学活动以来就存在的教学行为,人们一直采用各种方法来检验教学的效果,追问教学效果如何,也就是在进行教学评价。

例如中国古代就采用考试的办法进行教学效果的评价,以唐代的数学教育为例。

例 1.1　唐代的数学教学评价

唐代国子监既是全国最高学府,也是朝廷的最高教育行政管理机构。国子监设立“六学”,类似于六个专科学校或者六个专业门类。“六学”为:国子学、太学、四门学、律学、书学、算学。前“三学”为“经学”专科学校,入其分校依据的是学生的出身,“三学”的排列显示着学生出身由高到低的顺序。律学是司法专科学校,学习相关的律令;书学是书法专科学校,实际上是艺术专科学校;算学则是数学专科学校。这三个专科学校在世界教育史上具有开创性的地位,尤其数学专科学校。是什么原因促使中国古代数学的超前分化,分化到可以独立设立专科教育的程度?这是教育史和文化史经久不衰的研究课题。

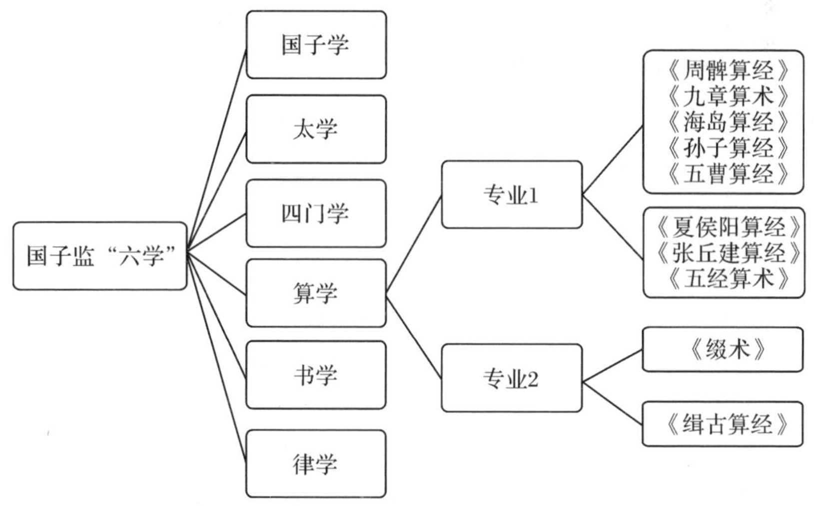

图 1-3　唐代国子监学科专业状况

算学分为两个专业教学,分别采用不同的教材,图 1-3 标示出了这一点。

第四列是当时采用的 10 部数学著作，也就是 10 部数学教材，称为《算经十书》。后来，《缀术》和《夏侯阳算经》散失，宋代用《数术记遗》代替《缀术》，用另一部书代替《夏侯阳算经》，但仍然用原名，并出版了新的《算经十书》，一直流传到了现在。

算学的学习效果是通过结业考试评价的。考试题分为两种：一种是“大义”题，“录大义本条为问答，明数造术，详明术理，然后为通”，就是以教科书中的问题作为考试题，要求给出答案（明数）、列出算法（造术）并且写出这样解答的道理（术理）。由于多数教材并没有列出“术理”，因而这种考试是一种比较有难度的考试。“专业 1”要求“试《九章》三条，《海岛》《孙子》《五曹》《张丘建》《夏侯阳》《周髀》《五经算》各一条，十通六”。“专业 2”要求“《缀术》七条，《缉古》三条，十通六”。其中，一个绝妙的要求是“十通六”，相当于现在的百分制中，以 60 分为及格分，这一直延续到了现在。另一种考试是“帖经”，就是按照原来的教科书出“填空题”，要求 10 题填对 9 题才算及格。两种题都及格了才算算学学习合格。

这里用考试作为算学教学评价的方法，如果进一步问：算学合格对学生有什么进一步的“用处”，即有什么进一步的社会价值呢？那就是：算学合格（毕业）在唐代就相当于通过了当时科举乡试（地方考试），可以直接参加科举的二级考试（中央考试）——制科的明算考试了，中试后再经过一定的程序就可以出任相应的官职。在宋代，算学毕业可以直接得到相应的官职。

可见，有教学就有教学评价，教学评价是自古而然的；考试作为教学评价的方法也有相当漫长的历史；填空题古已有之；“60 分万岁”也是自古而然的。

1.1.1.3 考试作为一种评价方式

到了近代，捷克的 J. A. 夸美纽斯（1592—1670）最先提出了班级授课制以及考试考查制度。从那时起，虽然考试的内容和形式有不少变化，但直到现在，考试仍然是一种极其重要的教学评价方式，很多情况下甚至是一种主要的教学评价方式。

想一想，我们经过了多少考试，特别是作为学生经过了多少考试。不算大学以及其以后时间——实际上学生们在大学甚至大学毕业之后所经历的考试一点也没减少（例如，学位考试、英语级别考试、研究生入学考试、各种职业的入职考试、各行业各种职务的在职测试、素质测试、各种职务的升级考试等),考试已被社会赋予更多的功能。当然,随着考试门类的不断增多,考试系统也日渐庞大,考试制度愈加完善。

一个人在基础教育阶段要经过多少考试?尚没见到权威的统计数据。有研究者指出,仅在初中阶段,一个学生一学期所经历的考试就有30多次。就大规模的教学考试来说,每个学期中每个学科最起码要进行两次;一次是期中考试,一次是期末考试。小学低年级的考试时间是60分钟,小学高年级是90分钟,中学则是120分钟;小学低年级的考试科目是3科,小学高年级是5科,中学则是9科。这些大规模考试的时间一共为15840分钟,这种考试是以评价学生在这一段时间的学习成绩为主。当然,还有评价整个学段学习成绩的考试,那就是学段毕业考试。一般小学3科各120分钟;初中往往与中考合并,中考一般5科各120分钟,共600分钟;高中则与高考合并,常见的考法是每人考6科各120分钟,共720分钟(现在高考科目有所变化,但是考试依旧);非中考、高考的考试学科独立进行学业水平考试,都是120分钟,共有18×120=2160分钟。以上各项之和就是对终结性考试时间的估计,一共为19320分钟。而在平时的学习中,更多的是单元考试的形成性考试——不是为了排名次,主要是为了检测学习中的问题,以便教师改进教学。这样的考试在主要的学科中几乎每个月都有一次,每次的时间不长,主要是在计划课时内解决,因此也就是30分钟左右(小学时间能少一些,为方便起见,一律算成30分钟)。按照前面所说中小学的考试科目数,这样的考试一共有594×30=17820分钟。实际上许多中学各门考试科目都举行月考,考试目标还是在于检测学生成绩,也就是仍然是终结性考试,时间是120分钟,按9科计,则月考时间为4(月次/年,不是每月必考)×9(科)×6(年)×120=25920分钟。其他非大规模教育考试学科,即所谓"辅科"也是有考试的,特别是形成性考试还是教学需要的,而且期末考试也不可或缺。假设每学段各有4科,考试量减半——30分钟的考试每两月1次,60分钟的考试每学期一次,此种考试的时间为240×4×12=11520分钟。此外,还有不少"临时性考试",例如,为了特定需要的摸底、调研、评价教师、考察学校而组织的统一考试,为了帮助教师改进教学的教学质量考试、学业质量评价考试、某种特别的竞赛考试。假设中学(小学不计)每年需要参加两次考试,每次1个学科120分钟,这样又有1440分钟的考试。合计一下,我们参与的考试时间约为19320+17820+25920+11520+1440=76020分钟=1267小时。可见,每一个人都是“身经百考”,在考试中成长发展的。

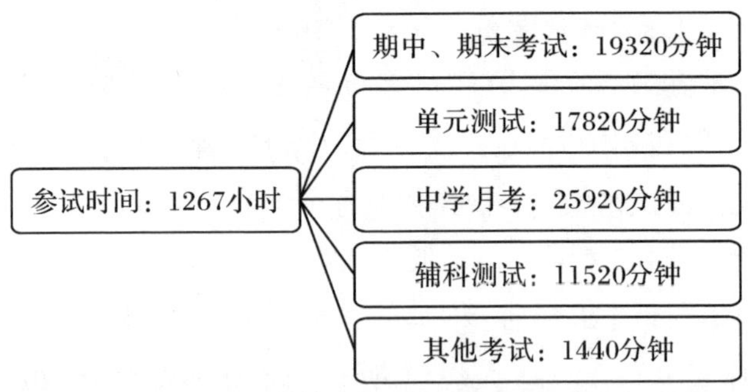

图 1-4　基础教育阶段学生参加测试所用时间分布(估计)

而实际上还有非常多的“准考试”,例如需要不断地“刷题”,有家长收集的卷子,有教师发的卷子,有培训机构发的卷子,这些卷子虽然并不算是考试卷,但测试卷和测试题都是需要像考试那样解答的,尽管一般并没有人来批改,但仍然像正式考试那样占用时间。估算基础教育阶段参加考试的时间,只是想说明考试对每个人的成长发展的重要性。

教育部办公厅《关于加强义务教育学校考试管理的通知》(教基厅函〔2021〕34 号)提出要求:

> 为深入贯彻落实中央关于教育评价改革和“双减”工作部署要求,严格规范学校教育教学行为,切实降低学生考试压力,促进学生全面发展健康成长,现就加强义务教育学校考试管理通知如下。
>
> …………
>
> 二、大幅压减考试次数
>
> 小学一二年级不进行纸笔考试,义务教育其他年级由学校每学期组织一次期末考试,初中年级从不同学科的实际出发,可适当安排一次期中考试。各地不得面向小学各年级和初中非毕业年级组织区域性或跨校际的考试;学校和班级不得组织周考、月考、单元考试等其他各类考试,也不得以测试、测验、限时练习、学情调研等各种名义变相组织考试。初中毕业年级为适应学生毕业和升学需要,可在下学期正常完成课程教学任务后,在总复习阶段组织 1~2 次模拟考试,坚决禁止抢赶教学进度、提前结课备考。初中学业水平考试仍按国家和省级教育部门有关规定执行,除初中学业水平考试外不得组织任何与升学挂钩的选拔性考试。

按照文件要求，上面估算的考试时间将会最大限度地减少。考试次数减少，对每次考试的要求就会有提高——提高考试的质量和对考试成绩的高效运用，通过较少的考试对学生的学习做出精确的评价就成为考试设计的一项重要任务。

1.1.2 现代教学评价的发展概况

现代教学评价是19世纪在西方产生的，“评价”一词是对英文词“evaluation”的翻译。现代教学评价从产生至今已经历四代，基本情况如下：

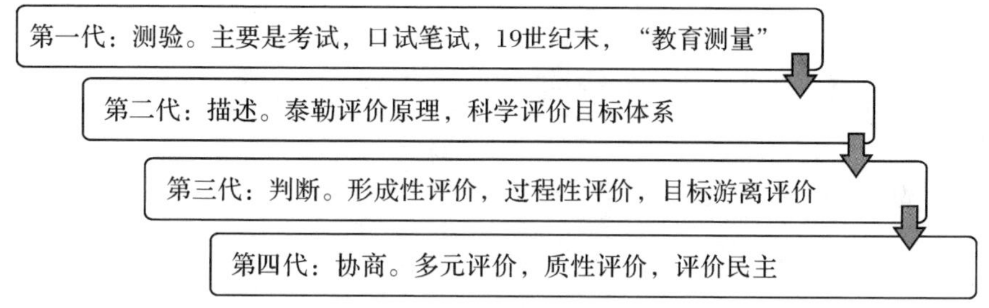

图 1-5 现代教学评价发展简表

19世纪末产生的现代教学评价是社会发展的需要。随着电力革命的迅速推进，当时的西方国家特别是美国正处在资本主义工业化大发展的时期，新兴产业层出不穷，因而对劳动力、对教育提出了新的要求。同时由于美国的移民政策，大量来自不同国家、不同阶层的移民涌入美国。社会需要新的人才培养选拔机制，需要人才培养和选拔的公正和公平。当时，在人才问题上的口号是“无论何人，无论何时都应该得到相同的结论”，打破了严重影响社会生产发展的血统、门第、财产、资历等对人才的限制，相对客观的“测量”被应用到了人才选拔之中。

第一代教学评价是测量式的“测验”，其活动主要是考试，有口试和笔试两种形式。这是教学评价被称为“教育测量”的缘由。把教学评价与教育测量混同起来的历史是短暂的，它的最典型的观点是“学校是人才的加工厂”“学生是原料和产品”“教师是加工者”，在这种教育中能培养出大工业生产急需的各种适合工业化流水线的、规格一致的人才，因此，这种评价产生了相当广泛的影响。

第二代教学评价被称为“描述”，时间是从20世纪30年代初到20世纪50年代中期，代表人物是美国著名教育学家泰勒(R. W. Tyler，1902—1994)，他提出了泰勒评价模式(或称泰勒评价原理)。泰勒的思想是用确定学习结果与教育目的之间的达成度来定义教学评价。

泰勒把课程分为教学目标、教学活动、课程内容的组织以及教学评价四个基本要素。教师在课程实施中通常要寻求几个教育目标,之后通过问卷、抽查"产品"样本和测验来评估学生在每个主要目标上的进展情况。因而,评价是一个过程而不仅仅是一两次考试,评价过程中不仅要报告学生的成绩,更要描述教育结果与教育目标的一致程度,这才能体现教育的本质。其主要程序为:

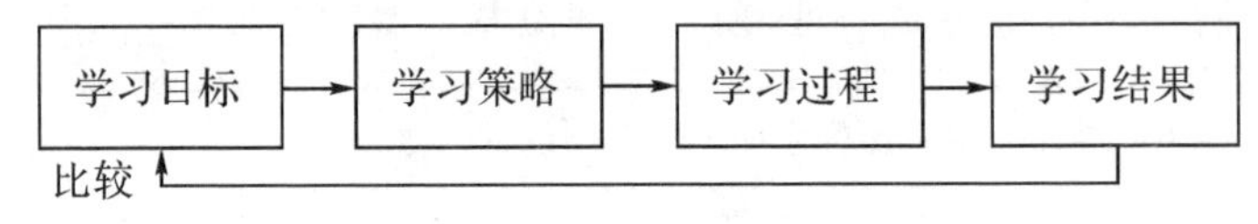

图 1-6 泰勒的科学评价流程

在泰勒的影响下,美、英等国出现了诸多针对评价而设计的教育目标体系。同时,这一时期人们也认识到教育目标不是评价的唯一依据,目标本身的科学性、合理性和可行性也必须受到检验。人们认识到用统一的目标模式去评价教育效果,从根本上说是不可接受的,因而相继推出了许多新的评价理念和模式。其中影响最大的是美国著名的心理学家布卢姆(B. Bloom,1913—1999)的教育目标分类理论。布卢姆研制的目标是为了便于客观地评价而不是表述教育的理想,并且只安排可测的目标(即具体的外显行为目标)。他的一个著名公式为:目标=行为=评价技术=测验问题。

第二代教学评价的基本特点是:评价过程是把教育结果与预定教育目标相对照的过程,是根据预定的教育目标对教育结果进行客观描述的过程。评价的关键是确定清晰的、可操作的行为目标。评价不等于考试和测验,但考试和测验可以成为评价的一部分。这一代教学评价即所谓"科学评价"。

第三代教学评价被称为"判断",时间是从 20 世纪 50 年代中期到 20 世纪 70 年代。这一代教学评价认为,教学评价本质上是判断,人们对已确定的教育目标质疑,认为它们也应该成为评价的对象,进而涉及对判断的质疑:判断是否应作为评价的一项基本活动?判断是否需要标准?如果需要,又如何建立"价值中立"的客观标准?(科学评价则认为判断无条件地具有价值中立性)因此对目标也要加以判断。这一代教学评价的特点是:把评价视为价值判断的过程,评价不只是根据预定目标对结果进行描述,预定目标自身也需要进行价值判断。这样，目标就不可能成为评价固定不变的标准，因而评价就应该超越固定目标的限制，过程本身的价值也成为评价的重要组成部分。第三代教学评价也有很大的影响，现在常见的“形成性评价”“目标游离评价”“内在评价”“过程性评价”等都体现了第三代教学评价的理念。

第四代教学评价被称为“建构”，出现于20世纪70年代，其对前三代教学评价进行了批判，认为它们存在以下三个问题：

其一，管理主义倾向，指的是管理者决定了评价，因而在评价中出现了管理者无过失、评价者无决定权、其他评价利益相关者无法表述自己的观点或维护自己的利益、评价者服从管理者的情况，因而使评价可能有失公允。

其二，忽视了价值的多元性，导致评价不能被多方接受。

其三，过分依赖科学范式即实证科学技术的范式，过分依赖“数”的测量而忽视了“质”的研究。

针对这三个问题，第四代教学评价提出了一种通过“协商”而形成的“心理建构”评价，属于价值多元的评价。这一代教学评价的特点是：把评价视为评价者和被评价者“协商”进行的共同的心理建构过程。受多元主义价值观的支配，评价是一种民主协商、行为主体参与的过程，而不是评价者对被评价者的控制过程，学生也是评价的参与者、评价的主体，评价的基本方法是质性研究方法。①

今天，中国基础教育的教学评价处于第一代、第二代和第三代交混使用并努力（至少在理论上）向第四代过渡的时期。努力推进第四代教学评价是新课程教学评价的重要任务之一。

1.1.3 作为评价的测验

测验作为教学评价的组成部分对于整个教学评价来说具有非常重要的意义，在某些情况下甚至具有核心的意义，关键是成绩测验。

---

① 质性研究也叫质的研究，是以研究者本人为研究工具，在自然情境下采用多种资料收集方法对社会现象进行整体性探究，使用归纳法分析资料和形成理论，通过与研究对象互动对其行为和意义建构获得解释性理解的一种活动。质性研究方法常采用观察、访谈、资料收集等方式，但有着自己的特点。例如：观察（Observations）。质性研究所用的观察不同于量化研究的客观观察，一般采取的是参与观察或半参与观察，观察者与被观察者在一起活动、生活，在相互接触中倾听、观看其言行方式和内容。访谈（Interviews）。质性研究的访谈一般是无结构的开放式深度访谈，要求访谈者了解被访者对研究问题的理解、思维方式，给被访者留有充分的思考和语言表达余地，并按照被访者的思路、交往方式、语言表达习惯来讨论问题。

1.1.3.1 成绩测验的两个特点

在第一代教学评价中,伴随着教育测量产生了两种有影响的测验:一个是成绩测验,一个是心理测验。

成绩测验的代表性人物是美国的桑代克(E. L. Thorndike,1874—1949),他有一段著名的话:“如果有事物存在,就会表现为某种量的形式:如果以量的形式存在,就可以测量。(If a thing exists, it exists in some amount, it exists in some amount, it can be measured.)”按照这样的理解,“量化”成为主要的教学评价方式。为了使量化更具客观性,并且更易于操作,客观性测验被大量开发使用(所谓客观题就源于此),问题解答的准确率和速度成为教学评价的指标。

心理测验的一个成果是智力量表的研制和使用,从此“智商(IQ)”成为一个标准的教育学和心理学用语。

很快,人们发现了成绩测验、特别是闭卷纸笔成绩测验,对人才的甄别与选拔具有两大优势,如下图所示:

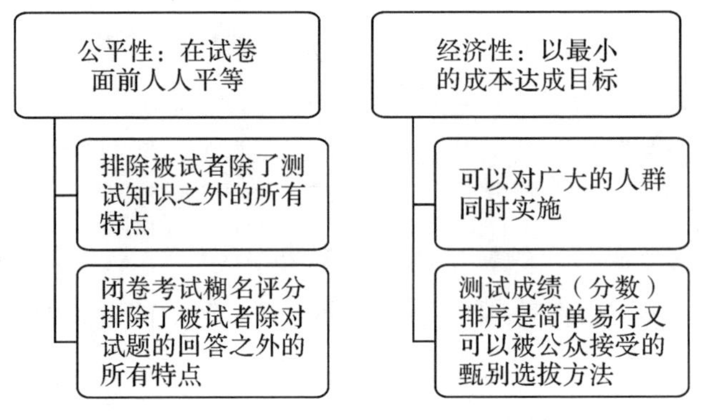

图 1-7 闭卷纸笔成绩测验的两大优势

由于这两大优势,成绩测验很快就进入所有涉及需要人才甄别和选拔的领域。随着时间的推移和公众参与意识的增强,闭卷纸笔成绩测验的公平性日益为社会各个方面所承认,其经济性则是被广泛采用的保证。经济性也是公众能够充分理解的原因之一,这也促使教育学、心理学在这之后有了很大的发展,对人的能力的评价有了许多更为先进的方法。虽然在许多场合,推荐、面试、访谈、调查了解等也作为人才甄别和选拔的方式为各方所采用,但在高利害的大规模的人才甄别和选拔的时候,特别是大规模教育考试,例如升学考试中,闭卷纸笔成绩测验至今依然是唯一的方式。设计更好的测验试卷一直是社会所面临的重要问题之一。

1.1.3.2 测验设计面临的困难

回到教学领域,既然大规模教育考试采用的是闭卷纸笔成绩测验的方式,而参加考试谋求升学又是学生和基础教育学校一致的努力方向,那么现实生活中必然导致对成绩测验的重视,这种重视达到一定程度之后就会把应对测验作为实际教学的主要目标。由于升学对学生、学生家长、教师、学校甚至对社会都具有重大的意义,因而受到越来越多的关注和重视,其结果将直接导致前面说的"一定程度"的迅速达成。这实际上就是使测量行为变成了测量目的,测验由评价的工具变成了评价的目标。这也就是应试教育的由来。

所谓应试教育实际上是把成绩测验的试题当作了教学评价的标准,把分数当作评价的结果。用测验进行评价的一个必然结果就是将试题变成评价的标准。这在我国高考中具有特别典型的表现,高考的出题范围和题型将引起学校的极大重视,并且立即就成为下一年的学习标准。因此每年的高考出题都是相当慎重的,考后还要多方征求学校教师甚至考生的意见。高考出题的一个原则就是对高中教学起到引领的作用。

例 1.2　一道数学高考题引起的思考

2011 年高考数学陕西卷文、理科都有一道解答题,题目是"叙述并证明余弦定理"……联系到高中数学教学,特别是高三数学复习的现状,不少人为"叙述并证明余弦定理"成为高考试题而叫好。

其导向是非常正确的,那就是:高考命题可以出教材上的原题。这为今后高中数学教学以及高三复习工作指明了方向,有利于改进教学方法,减轻师生不必要的课业负担和工作负担。①

【评说】一道高考题为什么能引起这样的反响呢?那是因为高考题本质上成为高中学生学习的评价标准,对教学有着巨大的引领作用。这样一道数学教科书上的原题成为高考题,必将引领数学教学进一步深入教材,做好数学的基础知识和基本技能的教学。从茫茫题海回归到数学课本,当然具有减轻课业负担的重要意义了,无怪人们要叫好欢呼了。

---

① 吴晓英,巨申文.为"叙述并证明余弦定理"成为高考题叫好[J].中学数学教学参考,2011(10,上旬):41-42.

既然大规模教育考试的成绩测验具有远超出测验自身的甄别和选拔的意义,这就给测验设计带来巨大的困难——要设计出既能够指导学校教学走向学习本质,又具有遴选功能的测验题。

这一困难本质上是不可克服的,因为测验设计只能针对具体的可测目标,而且成绩测验的测验题只能是一种抽样产物,对任何一个知识点都可以设计出许许多多不同的题目,每次设计的测验题能否具有代表性,能否提供更多举一反三的可能,也是必须考虑的。只有这样,才能减轻学生和教师过重的课业和工作负担。

1.1.3.3 对教学评价的影响

这种设计困难,使得以测验题为标准的教学评价产生了一系列严重的问题,在此列举一二。

以成绩测验题作为评价标准就是用定量的分数来表达评价结果,一般是为了进行选拔和甄别。如果对学生学习的所有评价都是以定量分数的选拔和甄别为目的,就会使评价的功能异化,过分地强调甄别和选拔的功能,忽视改进、激励与促进学生发展的功能。教师、家长和学生只关心考试得了多少分,排在第几名,却很少关心考试中反映出来的学生发展中存在的问题。

反过来看,以测验为主的评价方式,必然过于重视评价的甄别和选拔功能。在这种情况下,一方面,中、高考为所有的甄别性、选拔性考试提供了可靠有效的样本;另一方面,中、高考的高利害性质必然受到方方面面的重视,导致评价更全面地为中、高考做准备。于是,无论是学校对学生的评价,还是课堂上教师对学生的评价,都完全以中考或者高考为蓝本:评价方法——纸笔考试,评价标准——考试分数,评价内容——考试内容。特别需要指出的是,中考或者高考的考试内容被学校分解到各个学期、各个章节、各个课节上,而且平时考试题型、要求等方面尽可能地模拟中考或者高考。这样做,使得学校教育就是为了学生能够顺利通过高利害的大规模教育考试,从而升入上一级学校,于是,考试获得好的成绩或者说掌握应对高利害考试的能力就成为学校教育的目标,进而也就成为教学评价的目标,学校的教育也就自然转化为如何让学生通过入学考试。日常教学也好,阶段性考试也好,都成了促进学生通过入学考试的工具。为了强化应试的努力,提高应试的效果,不少学校管理者一方面制定了各种管理条例,用来调控教师,使得教师将日常教学变为中、高考的练习,这是外显的;另一方面,则通过将学生评价的结果与教师获得的各种利益挂钩，教师不管在课堂中教学如何生动，评价如何具有发展性，可是在学校的统一考试中，所教的学生成绩一旦不好，教师的利益就会因此而受损。一个直接的做法就是：中、高考考什么，学校就考什么甚至就学什么；中、高考不考什么，学校就将其排除到评价甚至于教学的范围之外。学生的情感、态度、价值观目标的达成，学生的个性培养、全面发展全然被排除在这种评价之外，这必然导致教学评价促进学生发展这一本质功能的缺失。

不仅如此，这种教学评价还会导致教学评价客观性的缺失。

评价的客观性指的是评价要能够真实、全面地反映学生学习水平。要做到这一点，不仅仅要保证评价结果的科学性，还要保证对评价结果解释的科学性。把评价限于模拟中、高考的纸笔考试，并以分数为评价标准，本身已经无法判定学生的个性差异以及学生的发展前景和潜在能力，这是客观性缺失的一种表现；客观性缺失的另一种表现是对考试分数的解释也与对中、高考分数的解释运用相对接，即采用常模参照方式用一般描述性统计量解释，也就是按照考试分数给学生排名次。中考、高考的排名是必要的，只能以分数来选拔学生，但校内评价也采取排名次的方式目的何在？

试问，对学生在校内进行的学业质量测量是一种什么性质的测量呢？就其中的考试而言，是常模参照考试还是标准参照考试？通常认为，测量考试的特点是：先以不同的能力水平或不同的内容领域为参照命题，这无疑具有标准参照考试的特点；对考试结果再以考生群体的表现为参照进行解释，这又成为以全体考生为常模组的常模参照考试，因此是“标准参照+常模参照”的考试。而这里进行标准参照考试的必要条件是对标准能力水平或内容领域要有详细的规定。需要注意的是，参照标准是能力水平或内容领域而不是及格分数，考试还可以用考生对课程内容的掌握程度或以培养目标的达成度对学生进行评价。实际上，中考、高考也应该体现这种评价，考试后要有关于考生对课程内容的掌握程度或学校培养目标达成度的分析。

因此，一考试就排名次的做法不符合对学生的学业质量监测的要求，如果考试评价本质功能还不能一步到位的话，应该选择对考试分数进行标准参照的解释，以此来客观地判定学生是不是达成了规定的教学目标，促进学校、教师和学生对达成完整教学目标的关注和努力，加强评价的客观性。

1.1.4 教学评价的发展

一般来说,人们经常从发展的动力、指向的目标和是否达到了目标的评价来考察一个事物的发展,这里也从这三个方面来考察教学评价的发展。

1.1.4.1 评价发展的动力

把成绩测验的试卷作为教学评价的标准带来了如前所述的问题,但不可否认的是,这种评价方式直到现在仍然被人们广泛认可。随着时代的发展,教学评价的发展与改革就必然提到议事议程上来,因此才有了教学评价多达四代的发展变革,而且人们不仅仅提出变革的设想,也迅速地进行了变革的行动。

成绩测验只是教学评价的一种方法,方法应该为教学评价的目标服务。那么教学评价的目标是什么呢?教学评价的目标就应该是达成教学目标——正是为了达成教学目标才进行教学的,教学评价就是对教学是否达成了教学目标进行判断。从某种意义上说,对教学目标的探讨是进行教学评价改革的动力。

1.1.4.2 教学目标变革行动

正是在这样的背景下,泰勒评价原理得到普遍的认同。关于教学评价和教学目标,人们提出了三个要点,如图 1-8 所示。

目标依据	• 通过教学,学习者在认知、情感和技能等方面是否产生了如教学目标所期待的变化,需要教学评价。 • 教学评价要以教学目标为依据,离开了明确具体的教学目标就无法进行教学评价。
目标指向	• 教学评价必须以达成教学目标为指向,评价的就是目标的达成程度和在向目标进行时遇到的问题。 • 教学评价的目的是通过教学评价促进教学目标的达成。
过程相关	• 教学评价既要评价教学的结果,也要对教学的过程及相关要素进行评价。 • 教学目标固然是教学结果的预期形式,结果对目标的达成非常重要,但是教学过程也体现着教学目标,是达成教学目标的组成部分。

图 1-8　教学评价三要点

教学评价的发展在相当程度上就是教学目标设计的发展,所以明确提出课程目标的泰勒提出了教学评价的概念就一点也不奇怪了。泰勒在这个问题上用“评价(evaluation)”取代了“测验(test)”“考试(examination)”“测量(measurement)”,使测验恢复到工具的地位,测量的目标及评价的目标都应该是教学目标。

表1-1　教育测量和教育评价的比较①

教育测量	教育评价
通过非人为的操作,以严密的、正确的、数量式的方式表达学习效果。	与价值相关,关注学生在实现变化的教育目标中的成长和发展过程。
注重测量工具的客观性、可信度和统计标准。	认为工具的适宜性是决定因素。
主要涉及学科的达成状况、知识水平以及儿童的独立行动。	主要涉及儿童的经验、学习的动因以及所有的行为。

对泰勒科学评价的质疑也是针对教学目标的,或者说首先是针对“基于目标的评价”的。人们认为教学目标是教师设计的,依据教学目标的评价,带有“自己的对错自己说”的性质。斯特科(B. Stake)有一段被到处引用的话,“所谓的‘形成性评价(formative evaluation)’就像是厨师本人在品尝汤的味道,而‘总结性评价(summative evaluation)’则是客人品尝汤的味道”。厨师是根据自己想要的味道,在做的过程中不断品尝和调味;而汤一旦做好了,就会端出去,由客人来评价味道的好坏。这时,客人一般都会根据自己的需求来评价汤的味道,而不必事先知道厨师的制作意图;如果事先得知厨师为了制作这道汤花费了怎样的功夫和苦心,反倒难以品尝出汤的真正味道。这种围绕评价的微妙关系,和商品管理者与消费者之间的关系是一样的,消费者不必知道商品管理者的意图,而只需评价商品的质量好坏即可。

一位美国教育学者斯克里文(M. Scriven)指出,“基于目标的评价”完全就是出于既定的“目标”,是为实现“目标”的评价和改善活动。但因为“基于目标的评价”紧紧围绕“目标”转,所以那些超出“目标”的活动往往容易被忽

① 田中耕治著.高峡,田辉,项纯译.教育评价[M].北京:北京师范大学出版社,2011:33.

视。由于受到“目标”的限制,全面的状况很难掌握。为此,他提出了“目标游离评价(goal-free evaluation)”的概念,指的是不受目标限制的评价,目的不是改善行为,而是对活动结果进行“总结性评价”,其实质是评价者不知道教学的目标,不是为了评价教学的意图,而是为了要弄清楚教学究竟是如何实施的而进行的评价。这种评价不是针对教师确定的教学目标,而是针对教学是否满足了学生的需要来进行评价的。①

也就是说,“目标游离评价”的关键是考察教育计划或方案的实际效果而不是预期效果。为此,评价者应该收集大量有关实际效果的资料,评价其在满足教育要求(例如学生的需要)方面的重要性,而不再收集有关目标及目标达成情况的信息;应收集关于课程效果的有关信息,包括期望之中和预料之外的效果信息,并加以评价。不过这里也有一个问题,当不以教学目标为标准的时候,评价以什么为标准?或者根本就没有标准,大家随意判断?实际上,“目标游离评价”并不是不要教学目标,而是不局限于设计好的教学目标,因此最先游离的其实就是教师,教学评价可以不完全依赖于教学目标的设计者——教师去实施,所以最关键的行动改进就是评价者的开放,例如,学生、教师、家长、社区的相关人士都可以成为评价者,为多元评价打下基础。如果对教学目标适当拓展,例如,把原来既定目标之外的但是与学生发展有关的其他因素也纳入教学目标之中,形成多元目标,仍然可以以目标为基础进行评价,这也就进入了第四代教学评价。注意,这里有个逻辑悖论:形成多元目标就仍然可以以目标为基础进行评价。多元目标是不是目标?是目标——又回到目标上来,不过目标设计的方式不同而已;不是目标——是什么?怎样与学生的学习联系起来?所以第四代教学评价的哲学意味更多些,而实践操作的意味更少些。现代的教学评价还只能以教学目标为基础,不过加上了第四代教学评价的某些要素,例如多元评价——评价者多元而且重视学生的自我评价,评价方式多元,评价目标更加全面,叫作新的基于目标的评价。

从上面引述的对泰勒基于目标评价的质疑可以看出,泰勒评价原理包含着形成性评价,倡导在教学中通过对学生学习状况的不断评价和反馈引领学生更好地学习,从而更有效地达成教学目标,促进学生的发展,提高教学的质量。这一点在现代教学评价中得到了发展和强化。

---

① 田中耕治著. 高峡,田辉,项纯译. 教育评价[M]. 北京:北京师范大学出版社,2011:55-56.

1.1.4.3 新的基于目标的评价

一个行动方案：

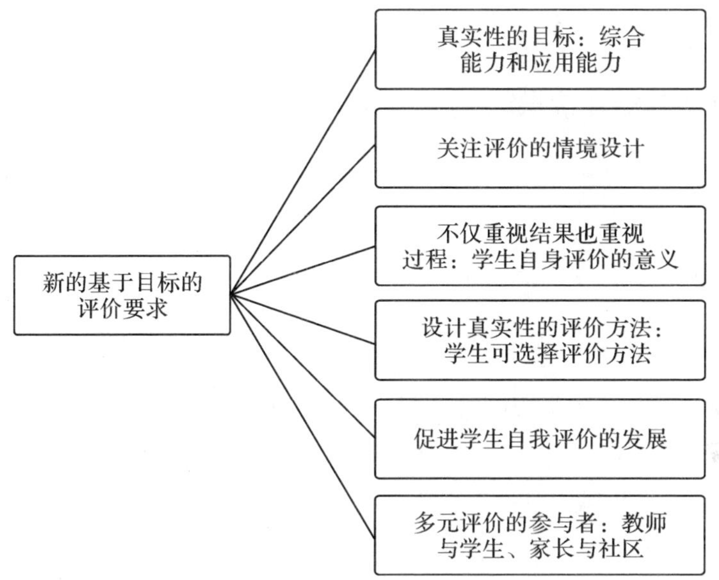

图 1-9　新的教学评价方案①

与图 1-6 相比较，这个基于目标的评价代表了现代教学评价的发展方向。

1.1.4.4 教学设计流程

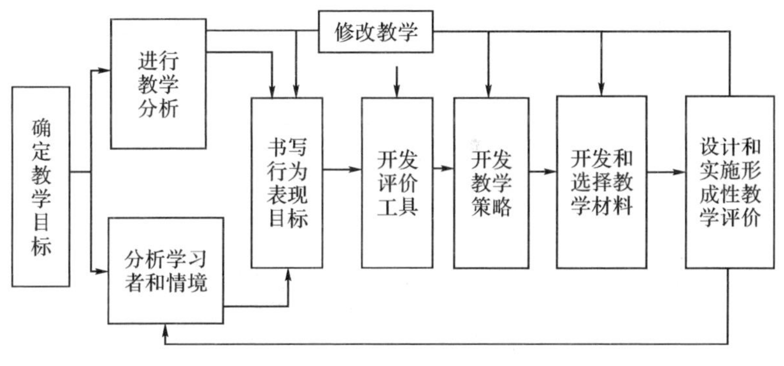

图 1-10　教学设计的流程②

---

① 田中耕治著. 高峡, 田辉, 项纯译. 教育评价[M]. 北京: 北京师范大学出版社, 2011: 74-75.

② W. 迪克, L. 凯瑞, J. 凯瑞著. 庞维国等译. 系统化教学设计[M]. 上海: 华东师范大学出版社, 2007: 1.

从教学设计的流程中可以发现，教学目标是教学设计的出发点，当然本质上也就是教学过程的归宿，教学的总结性评价毕竟还是要基于这个教学目标才能确定。

1.2 泰勒的教学评价模式

泰勒的教学评价是从课程的编订开始探讨的，介绍其评价模式也从这个角度开始。

1.2.1 课程编订与教学目标

探讨课程编订应该从四个基本问题入手，去提炼课程编订的基本原则，与此相关的重要工作是明确目标、选择经验和组织经验，对这些问题的研究构成了教学的原理。

1.2.1.1 课程编订的基本问题

泰勒在其《课程与教学的基本原理》(1949)一书中归纳了课程编订的主要问题(后来就被称为泰勒的课程原理)：

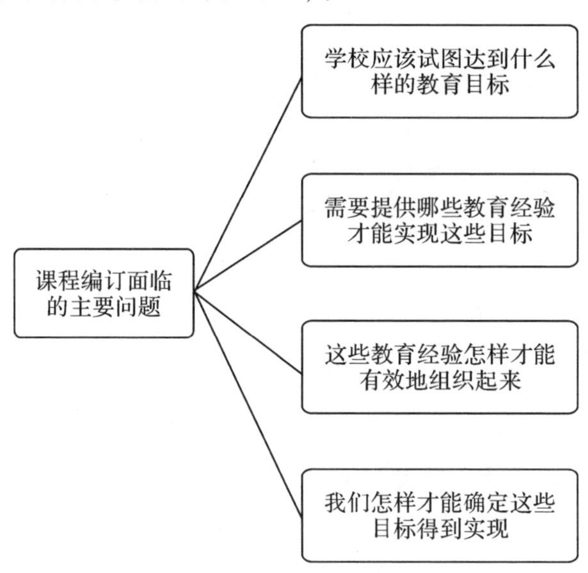

图 1-11　泰勒指出的课程问题(泰勒的课程原理)

这就提出了教育目标的问题(需要注意的是，泰勒所说的教育目标指的是一定的教学单元的目标，与整个教育事业的目标不是一个概念。泰勒之后,西方教育学界基本上都用“教育目标”这一概念来表示我们现在所说的单元目标,例如布卢姆教育目标分类学,实际上指的就是单元教学目标的分类。本书在引用西方学术观点时所谓的“教育目标”,指的是单元教学目标),四个问题(其英文表述分别是:What educational purposes should the school seek to attain? What educational experiences can be provided that are likely to attain these purposes? How can these educational experiences be effectively organized? How can we determine whether these purposes are being attained)分别对应教学目标、教学内容、教学活动和教学评价四个方面(前两者关乎课程编订,后两者关乎课程实施,即教学)。这里的教学内容、教学活动和教学评价都是围绕着教学目标实施的,因而教学目标是教学的一个关键因素。

1.2.1.2 泰勒的课程编订原则

(1)确定教育目标

教育目标是非常关键的。教育目标是教师和学校有意识地想要达到的目的,也就是学校教职员工期望实现的结果,是选择材料、设计内容、编制教学程序以及制定测验和考试的准则。如何确定教育目标?首先,要对教育目标做出明智的选择,这必须考虑学生的需要、当代社会生活、学科专家的建议等多方面的信息;其次,用教育哲学和学习理论对已选择出来的目标进行筛选;最后,陈述教育目标,每一个教育目标都包括行为和内容两个方面。

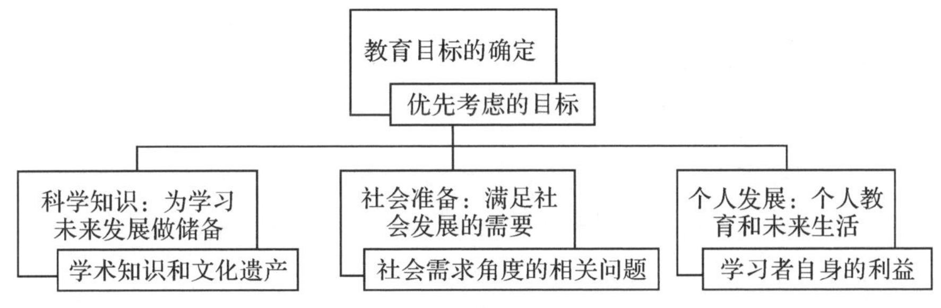

图 1-12　泰勒关于教学目标的来源

(2)选择学习经验

教育目标确定之后,就要选择学习经验,因为只有通过经验,才会产生学习,才有可能达到教育目标。“学习经验”并不等同于一门学科所涉及的内容,也不等同于所从事的活动,而是指学生在与环境中外部条件的相互作用

中自己可能建构的经验。如何选择学习经验呢?泰勒提出了五条原则:

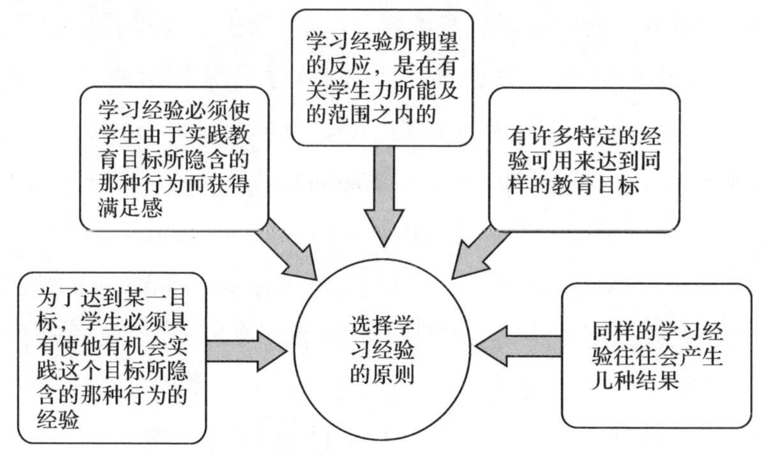

图 1–13　选择学习经验的原则

实际上泰勒这里已经提出,在教学过程中,学生不是被动接受知识的容器,而是积极主动的参与者,教师要创设各种问题情境,用启发的方式,引导学生主动探究问题,培养学生的创造思维能力和批判思维能力,并帮助学生把新知识与原有知识进行有意义的建构。因此,所选的学习经验应有助于培养学生的思维技能,有助于获得信息、形成社会态度、培养学生的学习兴趣。应该说在这方面,泰勒是现代教学开辟路径的先驱者。

1.2.1.3 泰勒的教学原理

(1)组织学习经验

在组织学习经验时,应遵守三个准则:连续性(continuity)、顺序性(sequence)和整合性(integration)。"连续性"指直线式地陈述主要的课程要素;"顺序性"是强调每一后续经验以前面的经验为基础,同时又对有关内容进行深入、广泛地展开;"整合性"是指各种学习经验之间的横向关系,便于学生获得统一的观点,并把自己的行为与所学的课程内容统一起来。

(2)评价结果

评价是查明学习经验实际上带来多少预期结果的过程。评价的目的就是要全面检验学习经验在实际中是否起作用,而评价的过程实质上是确定课程与教学实际目标匹配的过程。教育评价至少要进行两次:一次在教育计划早期进行,另一次在后期进行,以便测量在这期间发生的变化。对评价结果,泰勒认为,不应该只是一个单一的分数或单一的描述性术语,而应该是反映学生目前状况的一个剖析图,评价本身就是为了让教师、学生和有关人士了解教学的成效。

1.2.2 泰勒评价原理

从历史发展的角度看,泰勒评价原理有着极其重要的意义,直到现在仍然有其积极意义。这一原理主要包括两方面内容:其一,教学目标的教学意义;其二,泰勒评价原理。

泰勒还提出以下教学评价亦即考试方案:

明确课程(教学)目标;

确定行为目标:根据行为和内容对每个目标加以定义;

收集学生是否制定了自我目标的信息;

向学生说明情况;

确定应用目标的情境;

确定评价的客观性(必要时可修改);

确定评价的可信度(必要时可修改);

根据实际情况决定获取代表性样本的方法。

在关于教学目标和评价原理的论述中,行为目标占有重要的地位。行为目标的提出可以说是泰勒的一个创举,对教育评价的理论探讨和实际应用都产生了巨大的影响。行为目标即对学生的评价必须以一些具体的指标作为判断和测量学生经验的标准,它的提出和相应的研究是泰勒评价原理的核心内容。

泰勒评价原理可以这样理解:教育目标本质上指向人的变化,评价就是确定行为实际变化的程度。也就是说,评价是对学生行为的评价,而且要进行一次以上,这样才能了解学生行为的变化程度。同时,评价要和目标相结合,评价本身不是目的,而是达到目的的手段。评价程序包括界说教育目标、确认评价情境、编制评价工具和实施评价四个步骤。①

① 檀传宝.世界教育思想地图[M].福州:福建教育出版社,2010:117-118.

其中行为目标的意义在于:“在各科教学目标中,必须以简明易懂的语言,对在该科学习中学生应达成的行为类别做出明确定义。也就是说,在表述目标时,必须以学生可能做出的反应来说明目标的含义。这样,当目标实现时就可以清晰地说明其达成情况。因为达标者的行为已经被赋予了一定的特征,所以这里所谓行为指的是广义的行为,包括学生做出的恰当反应,如心理的(mental)、身体的(physical)、情绪的(emotional)等。”①

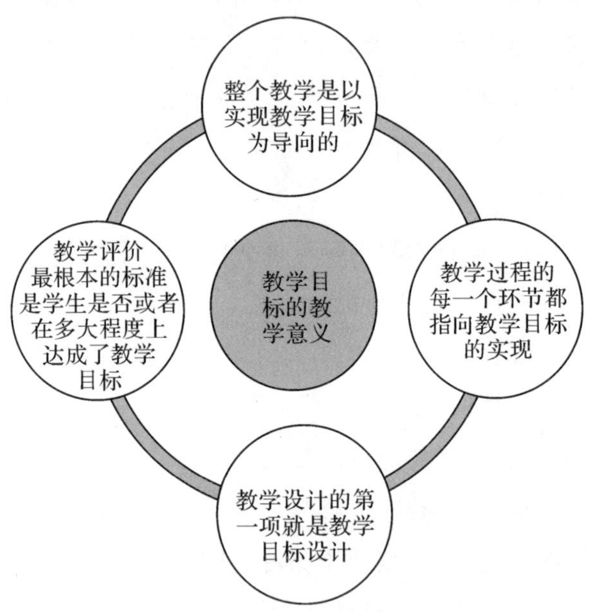

图 1-14　教学目标对教学的导向、指向、设计和评价意义

在评价问题上,泰勒反对“测验”阶段只利用简单的纸笔测验对学生的知识进行考查,主张通过多种方式和途径来考查课程与教学计划对教学目标的落实程度。对没有达到目标的学生,他主张实施“补习课程”,评价在这个时候要成为服务与教学实践的“诊断性工具”。实际上,泰勒已经提出了现在称为“真实性评价”和“形成性评价”的问题和要求。

泰勒评价原理如何实施呢?如图 1-15 所示。

① G. F. Madaus and D. Stufflebeam (eds.) Educational Evaluation: Classic Works of Ralph W. Tyler. Kulwer Publishers, 1989,29. 转引自田中耕治,教育评价,25-26.

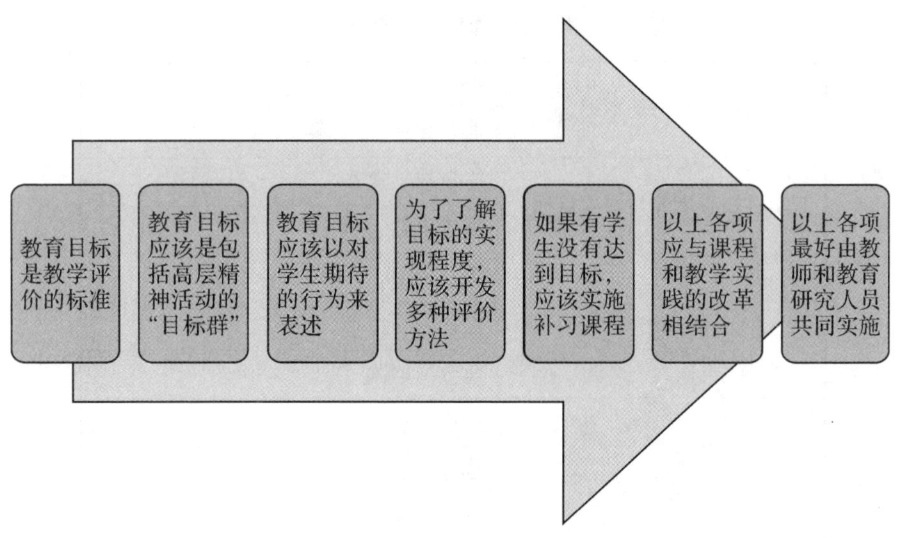

图 1-15　泰勒评价原理的实施程序

这为后来教学评价的模式奠定了基础,直到现在,这一实施程序仍然在实际教学中有所应用。

特别值得注意的是,泰勒评价原理确定了目标的表述形式:一个动词加上一个名词。动词表示行为,名词表示要学习的内容。这一点对当代教学的影响无论怎样评价都不为过。

1.2.3 教学目标与评价实施

从教学评价的实施程序可以看到教学目标对于教学评价的重要意义,评价在本质上就是考查学生是否达成和在何种程度上达成了教学目标。那么,怎样在教学评价中落实教学目标呢?

1.2.3.1 课程目标设计

泰勒评价原理得到广泛的认可和应用,目标、特别是行为目标得到深入的研究。到了现在,基本的课程文件,例如课程标准,就是由课程目标和进一步细化的教学目标构成的。

例 1.3　普通高中课程标准

课程目标是怎样提供教师教学也就是学生学习的指定目标的呢?先看一下课程标准的基本框架,以普通高中(各学科)课程标准(2017 年版)为例。

表 1-2　课程标准的结构

课程性质与基本理念	课程性质
	基本理念
学科核心素养与课程目标	学科核心素养
	课程目标
课程结构	设计依据
	结构
	学分与选课
课程内容	必修课程
	选择性必修课程
	选修课程
	学生必做实验(物理)
学业质量	学业质量内涵
	学业质量水平
	学业质量水平与考试评价的关系
实施建议	教学与评价建议
	学业水平考试与高考命题建议
	教材编写建议
	地方与学校实施课程标准的建议
附录	(学科)核心素养的水平划分
	教学与评价案例

从这个框架不难看出,课程标准的确提供了教学目标:一方面,课程标准的文本具体提出了教学目标或能够推导出教学目标的表述;另一方面,所谓课程目标也是学科的教学总目标,所谓课程内容则包含了具体的教学目标。因而"改进课堂教学和提高教学质量"其实就是按照课程标准提供的教学目标准确设计教学目标,并在教学中不断提高教学目标,也就是课程标准的达成度。不仅如此,课程标准"学业质量水平"中的"质量描述"就是学业质量的测量目标,而学业质量的测量目标显然是由本学科的教学目标转化而来的,从测量的角度直接体现了本学科总体的教学目标;课程标准的"课程内容"中各主题模块的"学业要求"实际上也是本主题或者模块的(单元)教学

目标;“内容要求”则提供了推导课堂教学目标的表述(其中也包括一些直接的教学目标)。

在各学科的课程标准中,我们都清楚地看到了对学生学习目标的规定。例如,各学科核心素养就是各该学科课程目标的集中体现,各学科课程标准都从本学科核心素养的界定、特点、表现和意义四个方面描述了各该学科的核心素养,这有利于针对每一个具体的“内容要求”进行提高学科核心素养的教学——这就是每一个内容要求体现的教学目标。在具体的“课程内容”及其实施建议中,要求教学密切联系学生的生活和社会经验以及社会、科学技术发展的现实,强调学生的经验、学科知识和社会发展三方面的整合;在课程要求上,不仅提出一系列的结果性要求,而且还根据各学科的特点,提出了一系列的学习经历要求,使学生在习得知识的同时,学会学习,形成关键能力、必备品格和正确的价值观念。

把握课程标准首先就是把握国家指定的教学目标,知道从哪里开始教学,教到什么地方。当然,课程标准的内容不尽于此,还包括课程的性质、内容框架、教学和评价建议,这些也都是教学活动所不可缺少的,对它们的把握也是教学所必需的。实施建议是教学法建议,起着指导教学法的作用;评价建议是对评测学生教学目标达成度的指导性要求。

高中数学课程目标在《普通高中数学课程标准(2017年版)》的表述是:

> 通过高中数学课程的学习,学生能获得进一步学习以及未来发展所必需的数学基础知识、基本技能、基本思想、基本活动经验(简称“四基”);提高从数学角度发现和提出问题的能力、分析和解决问题的能力(简称“四能”)。
>
> 在学习数学和应用数学的过程中,学生能发展数学抽象、逻辑推理、数学建模、直观想象、数学运算、数据分析等数学学科核心素养。
>
> 通过高中数学课程的学习,学生能提高学习数学的兴趣,增强学好数学的自信心,养成良好的数学学习习惯,发展自主学习的能力;树立敢于质疑、善于思考、严谨求实的科学精神;不断提高实践能力,提升创新意识;认识数学的科学价值、应用价值、文化价值和审美价值。

第一段话,把获得“四基”、提高“四能”作为数学课程目标,应该是对学生学习数学所得的预期,这些预期的达成与否需要通过学生的行为表现来判断,这些行为表现构成了课程目标的行为表述;第二段话直接指出,“发展数学学科核心素养”就是数学课程目标;第三段话表述的是关于数学的若干必备品格(例如自信心、学习习惯、思维品质)、关键能力(学习能力、实践能力)和价值观念(学习兴趣、创新意识、科学精神、数学的价值)方面的目标,这些都是数学学科核心素养的内容。由此可见,数学课标中的课程目标实际上是把数学学科核心素养表述为教学目标的形式,使数学学科核心素养“目标化”,从而保证通过数学学习发展数学学科核心素养。

(1)获得“四基”

获得(awarding),是社会文化历史学派提出的一种儿童心理发展方式,指个体通过学习掌握人类社会历史发展过程中形成的活动方式,并在自己身上复现这些活动方式的过程。[①]“掌握”的意思是:了解事物,因而能充分支配或运用;主持,控制。这里可以作“了解能充分运用”活动方式解。

获得知识(广义的知识概念,包括技能、学科思想、学科活动经验),就是得到知识,按照建构主义的说法,知识不是直接得到的,而是由学习者自己在先前经验的基础上建构的。所谓“获得”就是学习者建构了新的知识,或者说改善了自己的知识结构,纳入了新知识。例如获得关于集合或者函数相关的知识就使学习者的思维得到了发展——思维的发展是进行了思维中的建构,与建构主义的解释是一致的。这里的“获得”具有在思维中生成的意思,“生成”属于创造层次的认知过程,在“生成”后的认知过程中,学习者要不断、自觉地获得知识,也就是有意识地进行创新层次的认知,这自然提升了学习者的创新意识和创新能力。而知识的建构是一个由记忆、理解、应用到分析、评价和创造的认知过程,获得“四基”就是实现对“四基”的认知或者建构过程。当然,并不是对所有的知识都有同样的认知水平要求。对哪些知识有什么样的认知要求是通过课标中的课程内容指定的。

(2)提高能力

提高(improvement),意思是使位置、程度、水平、数量、质量等各方面比原来高。[②] 提高能力就是使能力比原来(上高中之前)高,这个能力当然指的

---

① 杨志良,郝兴昌.大辞海·心理学卷[M].上海:上海辞书出版社,2013:510.

② 中国社会科学院语言研究所词典编辑室.现代汉语词典(7版)[M].北京:商务印书馆,2016.

是在数学教育中作为智育目标的能力。而原则上看，作为智育目标的能力就是学生所掌握的不同认知过程水平的知识[①]，数学课程目标要求提高的能力是“从数学角度发现和提出问题的能力、分析和解决问题的能力”，这样的能力是适应“数学是表达和交流的语言。数学承载着思想和文化。数学的应用已渗透到现代社会及人们日常生活的各个方面”这一理念的能力，是与数学之外的其他学科和社会生活密切联系的能力。这些能力需要学生掌握与纯粹的数学不完全一样的知识，这样才“会用数学眼光观察世界，会用数学思维思考世界，会用数学语言表达世界”。这样的知识也是“现代生活和进一步学习所必需的数学知识、技能、思想和方法”的重要组成部分，属于数学学科核心素养的“知识与技能”方面。如何才能掌握这样的知识？这就依赖于课标指出的“情境与问题”，将这两方面与“思维与表达”和“交流与反思”相结合，就能切实提高能力。

(3)发展数学学科核心素养

发展(development)，狭义上指从出生到青年期，个体的身心随年龄的增加而生长、发育、成熟的变化过程。[②]

课标指出，“数学学科核心素养是数学课程目标的集中体现”。“体现”的现代汉语释义为：“某种性质或现象在某一事物上具体表现出来。”[③]这里，可以理解为数学课程目标集中表现为数学学科核心素养，因此可以按照数学学科核心素养对数学课程目标加以分析。课标还指出：“学科核心素养是育人价值的集中体现，是学生通过学科学习而逐步形成的正确价值观念、必备品格和关键能力。数学学科核心素养是具有数学基本特征的思维品质、关键能力以及情感、态度与价值观的综合体现。”

由此可见，数学课程目标实际上是把数学学科核心素养表述为教学目标的形式，使数学学科核心素养“目标化”，从而使目标真正表现为学科核心素养，即通过行为落实数学学科核心素养。不过，课程目标的文本是高度概括的，要充分理解这些目标，就需要把它们运用到每一个数学学科核心素养之中。这种“运用”是对课标教学目标的集中体现，也就是数学核心素养的课

① 皮连生. 教育目标分类学式教学的金钥匙——评修订的布卢姆教育目标分类学[N]. 中国教育报，2008(7).

② 杨志良，郝兴昌. 大辞海·心理学卷[M]. 上海：上海辞书出版社，2013：487.

③ 中国社会科学院语言研究所词典编辑室. 现代汉语词典[M]. 7版. 北京：商务印书馆，2016.

程目标解释。

1.2.3.2 单元教学目标设计和课堂教学目标设计

课程标准提供了教学目标,在“课程内容”中其实也提供了单元教学目标,只是并未直接列出单元教学目标,需要下一番功夫深入理解、准确解释。2017版高中各学科课程标准的“课程内容”中各主题、各模块的“学业要求”实际上就是本主题或者模块的(单元)教学目标,“内容要求”则提供了推导出课堂教学目标的表述(其中也包括一些直接的教学目标)。以下以地理课程标准为例做一些说明。

(1)单元教学目标

必修课程

地理1

本模块主要包括三方面内容:地球科学基础,自然地理实践,自然环境与人类活动的关系。

本模块旨在帮助学生了解基本的地球科学知识,理解一些自然地理现象的过程与原理,增强对生活中的自然地理现象进行观察、识别、描述、解释、欣赏的意识与能力,树立尊重自然、顺应自然、保护自然的观念。

【内容要求】

1.1 运用资料,描述地球所处的宇宙环境,说明太阳对地球的影响。

1.2 运用示意图,说明地球的圈层结构。

1.3 运用地质年代表等资料,简要描述地球的演化过程。

1.4 通过野外观察或运用视频、图像,识别3~4种地貌,描述其景观的主要特点。

1.5 运用图表等资料,说明大气的组成和垂直分层,以及其与生产和生活的联系。

1.6 运用示意图等,说明大气受热过程与热力环流原理,并解释相关现象。

1.7 运用示意图,说明水循环的过程及其地理意义。

1.8 运用图表等资料,说明海水性质和运动对人类活动的影响。

1.9 通过野外观察或运用土壤标本,说明土壤的主要形成因素。

1.10 通过野外观察或运用视频、图像,识别主要植被,说明其与自然环境的关系。

1.11 运用资料，说明常见自然灾害的成因，了解避灾、防灾的措施。

1.12 通过探究有关自然地理问题，了解地理信息技术的应用。

【学业要求】

学习本模块之后，学生能够运用地理信息技术或其他地理工具，观察、识别、描述与地貌、大气、水、土壤、植被等有关的自然现象；具备一定的运用考察、实验、调查等方式进行科学探究的意识和能力（地理实践力）。能够运用地球科学的基础知识，说明一些自然现象之间的关系和变化过程（综合思维）。能够在一定程度上合理描述和解释特定区域的自然现象，并说明其对人类的影响（区域认知、人地协调观）。

按照教学的安排——教科书的编订，“内容要求”的前 3 句话其实也是整个单元的内容要求，可按照“内容要求”1.1 到 1.3，结合学业要求，来确定这一单元的教学目标。

表 1-3　内容要求 1.1 到 1.3 转化为单元目标

课程的内容要求	分析	单元目标
1.1 运用资料，描述地球所处的宇宙环境	要描述地球所处的宇宙环境，就要先对相关的宇宙环境概念（例如天体、天体系统，系统层次）进行解释。然后指出地球所对应的天体是什么，地球在这类天体中的特点是什么	能解释天体、天体系统及其层次，说明宇宙的物质性 能描述地球在宇宙中的位置 能说明地球是一颗既普通又特殊的行星 （具体化学业要求的“说明自然现象之间的关系”；有价值观念意义）
说明太阳对地球的影响	要说明这个影响，首先要描述太阳（和日地系统）的特点，可以由这些特点推断出太阳对地球的影响，然后举例说明太阳对地球的影响	能描述太阳的特点 举例说明太阳对地球的影响 （具体化“说明自然现象对人类的影响”；有价值观念意义）

续表

课程的内容要求	分析	单元目标
1.2 运用示意图	运用示意图,是地理领域重要的读图要求,这里要会运用地理图,是重要的地理学科技能或者能力	能识别并会运用示意地球圈层的地理图(一种地理实践力)
说明地球的圈层结构	包括地球的内部圈层结构和外部圈层结构	能说明地球的内部圈层结构和外部圈层结构
1.3 运用地质年代表等资料	运用地理图表的技能,这是重要的学科技能或者能力	能识别并会运用地质年代表(一种地理实践力)
简要描述地球的演化过程	这里要求描述地质年代的划分,还要求描述不同地质年代的地壳变化和生物演化简史(地质年代的划分就是依据这两点的)	能描述地球地质年代的划分 能描述不同地质年代的地壳变化和生物演化简史 〔具体化"说明一些自然现象的变化过程";有价值观念意义。同时具有促进"时空观念(历史)""变化观念(化学)"协同发展的意义〕

表中"单元目标"就是与"课程内容"1.1 到 1.3 这 3 句话对应的这一个教学单元(一般作为教科书的第一章,现在叫作"宇宙中的地球"章)的教学目标,该栏括号中指出的就是该目标指向的地理学科的核心素养。

(2)课堂教学目标

课堂教学目标是单元目标的具体化,需要注意的是,单元目标中某些在一节课中就能达成的目标(即相应的教学内容只出现在这一节课中),可以直接作为课堂教学目标。

按照地理教科书的设计思路,上表所示的"宇宙中的地球"一章的教学目标可以分成 4 节课完成:地球的宇宙环境、太阳对地球的影响、地球的历史、地球的圈层结构①。以下按照相应的教材分析设计第一节课的课堂教学目标。

① 见人民教育出版社 2019 年出版的普通高中教科书《地理·必修》第一册第一章。

表 1-4　“地球的宇宙环境”教学目标设计

单元目标	教材分析	课堂教学目标
能解释天体、天体系统及其层次,说明宇宙的物质性	宇宙的物质性,各种天体、天体构成的物质构成及其层次系统	能解释天体、天体系统及其层次,说明宇宙的物质性(单元目标)
能描述地球在宇宙中的位置	指出位置:总星系—银河系—太阳系—内数第三颗行星	能描述地球在宇宙中的位置(单元目标)
能说明地球是一颗既普通又特殊的行星	太阳系 8 大行星的分类,地球的类属和自然属性,说明是一颗普通行星 地球的外环境和内环境的特殊性——成为已知的唯一的有生命的行星	能通过地球的特点说明地球是一颗普通的行星 能描述天体适宜生命存在的条件 能通过地球对生命的适宜性说明地球是一颗特殊的行星(有人地协调观价值观意义),同时协同促进“科学精神(思)”“理性思维(生)”“物理观念(物)”素养的发展

这一教学目标符合第 1 节所述教学目标的三个特点:依据课程标准,特别是符合课程标准关于教学目标的层次性要求:前两个目标因为相应的单元目标要在本节课中达成,所以直接成为本课的教学目标;第三个单元目标则需要在本课中具体化,所以转化为三个课堂教学目标。这些教学目标反映了培养“综合思维”素养的要求,做了“说明自然现象之间的关系”的工作,同时也进行了一定程度的世界观教育——世界的物质性教育。当然,这个课堂教学设计尚需完善,应对学生学习起点等状况给予关注。

【评说】在我们引用的三个教学目标层次的例子中,教学目标的表述都是一个动词加一个名词,所有语句的主语都是学生,因此省略;所用的动词基本上都是可操作、可观察、可测量的行为动词,这意味着教学目标是可操作、可学习、可测量的,这一点无疑源于泰勒的贡献。

1.2.3.3 泰勒的评价目标设计

泰勒评价设计的行为目标包括两个维度:一个是内容维度,即用名词表示的学习内容;一个是行为维度,即用动词表示的行为。

例1.4 泰勒的二维目标设计

表1-5 泰勒的二维目标设计表①

内容目标	行为目标						
	对重要事实原理的理解	对可信信息的熟悉程度	解释数据的能力	运用基本理论的能力	研究和报告研究结果的能力	广泛而成熟的兴趣爱好	社会态度
A. 人体各机能							
1. 营养							
2. 消化		—					—
3. 血液循环		—					—
4. 呼吸		—					—
5. 生殖							
B. 动植物资源的利用能源因素,动植物生长条件的环境因素,遗传和遗传学,土地利用		—					
C. 进化与发展				—			

【评说】这既是一个教学评价采用的二维目标设计,也是教学实施(课堂教学)所采用的二维目标设计。这一点也具有开创性的意义,后来无论是教学目标分析还是评价设计都广泛采用二维以至于多维细目表的方式,可以说就是来源于泰勒的二维目标设计表。

① 例1.4和例1.5转引自田中耕治所著《教育评价》(北京师范大学出版社,2011年)。

以下比较一下布卢姆教育目标分类学的分类表。

表 1-6　布卢姆教育目标分类学的分类表

知识维度	认知过程维度					
	记忆/回忆	理解	应用	分析	评价	创造
事实性知识						
概念性知识						
程序性知识						
元认知知识						

表中的"行"是知识维度,由名词表示;"列"是认知过程(可以理解为能力),由动词表示。

再比较一下现在用于测试的双向细目表。

表 1-7　初中历史"隋唐时期(繁荣与开放的社会)"历史单元测试的双向细目表

知识	认知过程(能力)						位置	题型	赋分
	记忆	理解	应用	分析	评价	创造			
隋朝的"大一统"	√						1	选	2
隋朝的制度创新		√					10	选	2
科举取士制度					√		11 24	选 探	2 4
大运河					√		2 6	选 选	2 2
隋朝的灭亡				√			21_1	判	2
唐太宗和"贞观之治"		√					3 21_2	选 判	2 2
唐玄宗和"开元盛世"		√					21_3	判	2
唐朝兴盛的原因				√			21_4 22	判 简	2 12
唐代民族政策		√					12 14 23_1	选 选 分	2 2 8

续表

知识	认知过程(能力)						位置	题型	赋分
	记忆	理解	应用	分析	评价	创造			
唐朝与周边民族的关系		√					13 23_2 24	选 分 探	2 4 2
唐朝民族和睦与中外文化交流		√					15 23_3 23_4 24	选 分 分 探	2 4 4 2
唐代的经济繁荣		√					9	选	2
唐代兴盛的文化		√					17 18	选 选	2 2
辉煌的唐代文化				√			16 19 20 24	选 选 选 探	2 2 2 10
盛唐的社会气象				√			7 8	选 选	2 2
安史之乱	√						5	选	2
唐朝灭亡后五代十国的兴替	√						4	选	2

1.2.3.4 泰勒的试题开发

试题所测试的内容应该与教学活动、教学目标相一致,这是试题开发的本质性要求。

例 1.5 历史试题开发

下面给出的是欧洲历史上几个重要的历史事件、人物与制度,在表格里填写与“欧洲发展的重要因素”相关的序号,并对列出来的历史事件、人物、制度进行评价。请仿照参考范例进行。在第 1 栏中填写对事件、人物或制度没有直接影响因素的序号；在第 2 栏中填写对事件、人物或制度有一定影响因素的序号；在第 3 栏中填写对事件、人物或制度有很大影响因素的序号。

欧洲发展的重要因素：

1. 政治上专制主义的发展；

2. 天主教的改革；

3. 自然科学的发展；

4. 国民主义的抬头；

5. 探险时代的开启。

参考范例：

历史事件、人物或制度	第 1 栏	第 2 栏	第 3 栏
	无直接影响	有一定影响	有很大影响
伽利略	1、2、4	5	3

解释：伽利略当然对欧洲自然科学的发展产生了很大的影响，因而在第 3 栏中填“3”；伽利略在一定程度上对探险时代的开启产生了影响，主要是科学的发展，以及他对运动学、动力学计时和定向的研究影响了探险活动，所以在第 2 栏中填写“5”；至于其他因素，都与伽利略没有直接关系，所以在第 1 栏中填写“1、2、4”。

试题：填写下表。

历史事件、人物或制度	第 1 栏	第 2 栏	第 3 栏
	无直接影响	有一定影响	有很大影响
巴伐利亚条约后的和平			
南特命令			
东印度公司			
约翰·科雷特			
英国议会			

1.2.4 形成性评价与诊断性评价

形成性评价与诊断性评价都是过程性评价，为现代教学评价研究所推崇。这两种过程性评价缘起于泰勒的教育评价，至今还在发挥重要作用。

1.2.4.1 形成性评价

泰勒认为,教育评价有两个重要方面:一个是必须评估学生行为的变化;另一个是必须通过几次评估,才有可能确定学生所发生的变化,不能仅根据教学计划结束时对学生的一次测验来评价这个变化。

这就是现在所强调的形成性评价(formative evaluation)的来源。而最早正式提出“形成性评价”的则是斯克瑞文(美国,M. Scriven),他在 1967 年所著的《评价方法论》(*Methodology of Evaluation*)中指出:“形成性评价是通过诊断教育方案或计划、教育过程与教育活动中存在的问题,为正在进行的教育活动提供信息反馈,以提高实践中正在进行的教育活动质量的评价。形成性评价不以区分评价对象的优良程度为目的,不重视对被评价对象进行分等鉴定。”这一概念首先被应用于对课程开发的评价,即在一个新的教育方案、计划、课程等的编制和试验期间,为了获得修改、完善所需的反馈信息而进行的系统性评价,为了促进教育方案、计划、课程等的形成所进行的评价。此时,最先区分了评价具有“形成性”与“终结性”两种不同的作用。1971 年,布卢姆进一步将这一区分扩展到课堂评价研究中,指出“形成性评价就是在课程编制、教学和学习过程中使用系统性评价,以便对这过程中的任何一个环节加以改进”“形成性评价的主要目的不是给学习者评定成绩或做证明,而是既帮助学习者也帮助教师把注意力集中在达到掌握程度所必须具备的特定知识上。”

在具体的评价行动中,形成性评价受到了人们充分的重视,这一点越到现代越是明显。下面以一位教师在课堂上实施形成性评价的行动为例,说明泰勒开拓的评价领域已经被广大教师所接受,并有所发展。

例 1.6 英语课堂进行形成性评价的做法①

教师在每节课的最后两三分钟让学生回忆本节课所学内容,并对自己的表现进行评估。例如,在教学《新目标英语》七年级上册第十单元有关参加俱乐部的一节课后,教师让学生填写以下课堂活动评价表,见表 1-8。

---

① 初中英语教学中形成性评价的设计与实践[EB/OL]. https://wenku. baidu. com/view/470d2e43be1e650e52ea9917. html? fr=sogou&_wkts_=1674030622903.

表 1-8　课堂活动评价表

课堂活动内容	你的决定			你的行动	
	喜欢	一般	不喜欢	参与(√)	未参与(×)
Individual work: List club names					
Pair work: Find a club you like					
Group work: advertise your club					
Discuss: Is joining a club helpful?					

教师也可以要求学生对课堂教学内容和课堂学习效果进行分析和评估。例如,在学习了《新目标英语》七年级下册 Section A 后,我们设计了如下课堂教学内容评估表,见表 1-9。

表 1-9　课堂教学内容评估表(请在对应选项内画"√")

What I need to know	What I have got	What I need to improve
Names of jobs		
Work places		
How to ask about someone's job		
How to know where someone works		

教师还可以要求学生对课堂中某一单个的任务型教学活动进行评估。例如,在教学《新目标英语》七年级上册"Unit 7　How much are these pants?"时,我们安排了一次主题为"Flea Market"的活动。学生把自己的旧书、玩具或光盘等都带到了英语课堂进行自由"买卖"。学生从最简单的商品推销"Look, it's very nice."到广告式的宣传"Come and buy my nice... / I have a great bag for only... / I sell my favorite book for only... / You can buy the CD on sale for...";从最简单的询问价格"How much"到"How much should I pay for? / What's the price of your..."将整个活动开展得有声有色。活动结束后,学生填写了如下总结表,见表 1-10。

表 1-10　任务型课堂教学活动 Flea Market 活动总结表

Come and enjoy our flea market!			
Date:________		Seller:________	
Your items			
Price of each item			
How much did he / she pay?			
How much have you got?			
Did you sell your things fast or slowly? Why?			
Did you find anything you like? Did you buy it? Why or why not?			
List the new words you learned in this activity.			
What can be improved in the shopping activities?			

【评说】前面提到,泰勒评价原理包含有形成性评价的要素和要求,本例就是一个具体、灵活的课堂形成性评价行动。关于形成性评价的陈述是:以形成性评价监测教学过程中的学习进展,其目的是为学生和教师提供关于学会与否的连续反馈。给予学生的反馈强化了正确的学习,并可以发现具体的学习错误和需要改进的错误观念;教师得到反馈后,就可以调整教学,更好地指导小组和个人的工作。形成性评价中所使用的测验和其他评价任务大都是由教师自编的,不过也可以向教科书或其他教学材料的出版商预定测验。当然,观察法对检测学生的进步、识别学习错误也是很有用的。由于形成性评价是直接用于改善教学的,所以其结果通常不用于打分。①

1.2.4.2 诊断性评价

泰勒提出的教学评价作为学生学习的"诊断性工具",是一个划时代的创举,开启了诊断性评价的先河。现在,诊断性评价已经成为教师教学的强有力工具。下面是一位教师进行的诊断性评价行动。

① (美)林·格朗伦德著."项目组"译.教学中的测验与评价[M].北京:中国轻工业出版社,2003:34.

例 1.7　诊断性评价在体育课上的应用

体育课上纠正学生的错误动作，教师常用诊断性评价，如同医生为患者看病，首先查找“病因”，然后对症下药，下面列举三例。

逐一诊断性评价：

在三级跳远教学中，当学生练习处于分化阶段，会出现各种错误动作，教师采用逐一诊断性评价及时纠错十分必要。每人做一次三级跳远完整动作，师生相互观察，每个学生做完后，教师立即做出评价，“张强，助跑节奏差，重心较低，踏跳不积极”“李刚，第一跳大，腾空较高，影响了第二跳水平速度”……教师对每个学生所做动作逐一点评，通过师生、生生互动，使学生知道自己存在的问题以及产生错误的原因，以便对症下药，及时纠正，避免错误动作定型影响教学效果。

典型诊断性评价：

在中学纵箱分腿腾跃课上，学生练习一段时间后，教师针对学生练习中存在的几个共性问题，采取典型诊断性评价。先找出三个有代表性的学生，让他们分别做动作，然后师生共同观察分析，做出评价，“王一凡同学助跑踏跳动作较好，为什么不能顺利跃过跳箱，关键是双手撑箱部位不正确，起跳后一定要伸臂撑箱远端”“赵利同学过箱时膝、踝关节弯曲，应注意控制，加强体操意识”“孙义同学过箱后，身体前倾，落地不稳，主要是推手太慢，不能做出挺身制动动作”“希望存在以上三种错误动作的学生，对号入座，及时改进，下面我们继续练习”。

疑难诊断性评价：

在跨栏跑课上，初学者普遍存在“跳栏”现象，虽经教师多次强调，但收效甚微，可谓“疑难病症”，这也是跨栏步动作需要改进的重点、难点。教师采用诊断性评价，让学生反复观察跨栏步动作，师生共同会诊，剖析造成错误动作的原因，最后达成共识：起跨攻栏动作不充分，起跨点离栏太近，是形成“跳栏”的主要原因。查出“病因”后，采取固定起跨点的方法进行纠错，学生经过一段时间练习后，效果比较明显，较好解决了“跳栏”问题。

总之，教师及时巧妙地运用诊断性评价，能提高学生探究学习的能力，减少练习中的盲目性，可少走弯路，增强纠错效果。①

---

① 王司宇. 体育课巧用诊断性评价[EB/OL].(2010-9-17). sportspress. cn.

【评说】通常“诊断性评价是指在教学活动开始前,对评价对象的学习准备程度做出鉴定,以便采取相应措施使教学计划顺利、有效实施而进行的测定性评价。诊断性评价的实施时间一般在课程、学期、学年开始或教学过程中需要的时候。其作用主要有二:一则,确定学生的学习准备程度。二则,适当安置学生”。[①] 在实践中并不只是前测才具有诊断性,对那些形成性评价不能解决的反复出现的学习困难,就需要更加仔细地进行学习评价,从而寻找原因,采取有针对性的教学对策,这样的诊断性评价更为符合泰勒对没有达到目标的学生实施“补习课程”的意义。实践表明,泰勒评价原理对当今的教学行动仍具有指导意义。

1.2.4.3 形成性评价用于认知诊断

例 1.8 小学数学:解决“求一个数比另一个数多几”的练习

情境图中,灰兔:我已经搬走了 17 个萝卜。白兔:还剩下 10 个萝卜。

师:你能提出什么问题?

生 1:一共有多少个萝卜?

师:大家想想,怎么解决这个问题?

生 2:17-10=7(个)

师:有不同的想法吗?

生 3:17+10=27(个)

师:想想看,哪个算法对? 为什么?

生 4:用加法对。因为这里有“一共有多少”,其他题都没有“一共”。(这个题是本练习课的核心,前面重点是练习“求一个数比另一个数多几的实际问题”,就是用减法计算解决的问题。)

生 5:用加法对,因为没有“多多少”“少多少”。

生 6:求一共多少个,应该把两部分合起来,所以用加法。

师:很好。还有什么问题吗?[②]

【评说】在一堂运用减法的练习课上突然出了一个用加法的练习题,就是一个形成性评价方式,而且把它用于认知诊断,所以也是一个诊断性评价。本课的最大亮点是引领学生进行认知诊断,得出正确的结论,并且分析了这

---

① 见:http://baike.baidu.com/view/1488260.htm.

② 彭钢,蔡守龙.小学数学课堂诊断[M].北京:教育科学出版社,2008:36-37.

样做的原因,实际上也就解析了错误产生的原因。

这充分说明,泰勒提出的形成性评价、诊断性评价已经成为教师教学时的自觉行动。

教学评价从泰勒开始有了迅速发展,按前文所述,如果泰勒的评价算作第二代教学评价的话,当下的教学评价则是第一代、第二代、第三代混合采用,并向第四代过渡。

1.3 对教学评价的新要求

教育评价是教育实践的重要组成部分,对整个教育实践具有明确导向的作用,可以说是教育的指挥棒,因此受到各个方面的重视。2010 年发布的《国家中长期教育改革和发展规划纲要(2010—2020 年)》,2018 年的全国教育大会文件,2019 年发布的《中国教育现代化 2035》,2019 年中共中央、国务院印发的《关于深化教育教学改革全面提高义务教育质量的意见》,都把创新教育评价体系放到了极其重要的位置。2020 年中共中央、国务院印发的《深化新时代教育评价改革总体方案》提出了教育评价改革的主要原则,包括"坚持科学有效,改进结果评价,强化过程评价,探索增值评价,健全综合评价,充分利用信息技术,提高教育评价的科学性、专业性、客观性",明确了建立富有时代特征、彰显中国特色、体现世界水平的教育评价体系的具体要求。落实这些文件,就是教学评价面临的重要实践任务。

1.3.1 综合评价

现代教学评价中,CIPP 教育评价模式提供了一种综合评价的设想。这一评价模式是这样提出来的:既然评价是为教学改良或者改进服务,那么教学决策的种类就决定着评价的种类。就一个教学方案的执行来说,需要有四种决策:规划性决策、结构性决策、实施性决策和考核性决策。对应这四种决策的就是这四种评价:背景评价(context evaluation)、输入评价(input evaluation)、过程评价(process evaluation)、成果评价(product evaluation),合称为 CIPP 评价。这一模式是四种评价组成的一种综合评价方式,此四种评价可个别实施,亦可逐一进行,颇具特色。这一模式一经提出,就受到了教育界的普遍重视。

针对泰勒评价原理提出的质疑,主要指向泰勒评价原理中的"基于目标”或者“以目标为中心”。有人提出,如果评价以目标为中心和依据,那么,目标的合理性又从何而来?怎样判断?教育除了活动要达到预期的目标外,还会产生各种非预期、但并非没有意义的效果,这些非预期的效果要不要进行评价?更有人从教育过程实质上是个人自我实现的过程这一点出发,质疑用统一的目标模式去限制个人的自由发展、评价教育教学的结果是否科学,纷纷提出对泰勒评价模式进行修改。

评价的目标其实就是教学的目标。那么,教学要不要有自己的目标?毫无疑问,教学一定要有自己的目标,这个目标就是对教学结果的观念形式、或者就是对教学结果的预设。目标的合理性是目标设计的问题,并不是教学评价所引出的问题。在进行教学评价时,教学已经进行到一定程度,甚至已经进入结束阶段,此时才来探讨教学目标的合理性不合逻辑。在教学目标设计时探讨教学目标的合理性当然非常重要,这其实就是教学目标设计的常规工作,但如果对教学目标的合理性从何而来、如何判断都持有疑问的话,教学工作怎样进行呢?

当然,教学中原来设计的教学目标发生变化的情况还是很常见的,针对这种情况,国内教育界提出并且实施了一种“预设和生成相结合的教学目标设计”,强调对教学活动预期目标之外非预期效果的关注,特别是把这一效果糅合到了教学目标之中,做基于目标的评价,这应该是一种比较成功的做法。国外对基于目标评价的质疑是“生成教学目标”的理论来源之一,对我们有很好的借鉴意义。CIPP 评价模式提出的四种评价都有其教学意义,现在很多学校都有所运用,取得了很好的效果。

斯塔弗比姆(D. L. Stufflebeam)指出,教育评价应该是广义的,不应该仅限于确定教学目标是否达成,还应该有利于教学的管理和改进,最应该为学校行政人员、教师提供信息,以便随时对教学管理加以修正。

他进一步说,评价最重要的目的不在证明而在改良。教学评价的目的不在于证明学生的学习达到什么程度,而在于改进学生的学习方法,促进他们的学习,更有成效地发展学习能力。1966 年,斯塔弗比姆为教学评价下了这样一个定义:评价是提供有用资料以作决定的过程。①

---

① STUFFLEBEAMD. L. A Depth Study of the Evaluation Requirement. Theory into Practice. 1966,5(3):121-133.

按照CIPP评价模式的思路,需要对评价本身进行思考和选择,这就是对评价进行的评价,人们通常称之为"元评价(meta-evaluation)"。按照斯塔弗比姆曾经担任主席的美国"教育评价标准联合委员会"(The Joint Committee on Standards for Educational Evaluation)的意见,好的教学评价应该具有以下特点:

其一,评价应当是有用的(useful)。评价应该能够确定评价对象的优点与缺点,能够适时提交清楚的报告,能提供改进的方向。"有用性"要求通过评价了解每一个学生的学业发展,也就是教学对个体发展的促进作用,这就应该是教学的效果去掉学生自然发展的结果所得到的增加部分,就学业成绩来看,就是所谓教学引起的增值。

其二,评价应当是可行的(feasible)。评价的实施要遵循确定的程序,要充分考虑并努力满足社会各个方面的需要,对评价要进行有效的管理,向与学校学生相关的各个方面提供相应的学习评价报告。

其三,评价应当是伦理的(ethical)。评价应该以人为本,建立在师生合作的基础上,充分保护学生的权益;评价应当提供一份稳妥的报告,呈现出学生的优点和缺点。通过充分分析各种影响教学的因素对学生学习的影响,全面改善学生学习因素,从而促进学生学习的进步。

其四,评价应当是精确的(accurate)。评价应该清楚地表述评价对象的发展和背景,能够提供有效的、可靠的数据,并以此对学生未来发展做出预测。这样精确的评价只有采用现代教育技术才有可能。

综上可见,好的评价就是能够促进学生学习增值的评价,增值评价与综合性评价密切相关。

1.3.2 过程性评价

过程性评价近年一直是教育领域的热点关键词,而且有越来越热的趋势。例如,2011年11月24日,通过百度搜索"过程性评价"得到1300000个结果;2016年4月16日,通过百度搜索"过程性评价"得到2510000个结果;2019年10月14日,通过百度搜索"过程性评价"得到31100000个结果;2021年7月5日,通过百度搜索"过程性评价"得到100000000个结果。那么,什么是过程性评价呢?有许多作者论述过这个关键性的问题,举几个例子。

界定1:过程性评价是在教学活动中对学生学习的各类信息加以即时、动态地解释,以揭示、判断和生成教学价值的活动。①

界定2:学生的学习方式不仅是决定学习结果的重要因素,并且其本身就是学习结果的重要内容(比如,学生对学习内容本身的兴趣、学生的学习策略)。对学生学业的评价,就不仅是对学习最终结果的评价,而且应该包括对学习方式的评价。而要评价学习方式,必然就要关注学习过程。②

界定3:科学学习过程性评价是一种在科学课程中对学生的学习活动表现及学习结果进行评价的方式。③

界定4:过程性评价是一种在课程的实施中对学生进行评价的方式。过程性评价采取目标与过程并重的价值取向,对学习的动机效果、过程以及与学习密切相关的非智力因素进行全面的评价。④

从这些例子可以看出,新世纪以来,人们一直对过程性评价进行着不懈的探索,从各个角度来界定过程性评价。

从这些例子还可以看出,关于过程性评价概念的内涵,人们尚没有达成一致,有待于大家继续探讨。

2017年版普通高中大多数学科的课程标准"评价建议"都强调了过程性评价、结果性评价、总结性评价和终结性评价相结合的要求,而且特别强调了评价结果的及时反馈。

过程性评价的主要设想就是不断对学生的学习进行评价,不断反馈评价的结果,使学生能够在偏离学习目标时随时得到纠正,从而促进学习目标的达成。对学生学习过程的评价应该随时关注学生学习的进展,这是经过学习学生的学业成就所取得的增值;对产生正增值、零增值和负增值的原因进行探索,除了课堂教学因素以外,还应该关注其他影响学生学习的因素,不断改进这些因素,从而促进学生学习的新发展。如下例。

例1.9 高中人文地理教学中的过程性评价探讨

人文地理的过程性评价需要学期总体评价模式的相应调整。传统人文

---

① 张曙光. 过程性评价的哲学诠释[J]. 齐鲁学刊,2012(4):69-73.

② 吴维宁. 过程性评价的理念与方法[J]. 课程·教材·教法,2006(6):18.

③ 刘翠. 国外流行的三种科学学习过程性评价及其对我国化学教学评价的启示[J]. 教育测量与评价,2016(2):43-47.

④ 高凌飚. 关于过程性评价的思考[J]. 课程·教材·教法,2004(10):15-19.

地理的学期总体评价模式是:通过一节课的学习,布置学生完成一次课后作业,教师给予批改和评价;然后在完成若干个专题或者章节的学习之后进行一次阶段性考试,两者作为平时成绩的主要依据;最后根据平时成绩和学期期末考试成绩的加权来获得对学生学期学习的总评。而重视过程性评价的教学则是学习与评价交替展开和相互融合的,一次评价过程(比如研究性课题、小论文)可能要持续几周甚至一个学期,这个过程本身也是一个学习过程。故人文地理的评价体系不仅需要改变课堂教学评价模式,也需要调整学期总体评价模式。需要指出的是,在地理学业水平考试和高考压力的大环境下,学期总体评价模式的改变要想得到学生、教师和学校的认可,还要假以时日、循序渐进。

过程性评价需要调动学生的积极性,提高学生的参与度。过程性评价和学习过程是相互融合的共同体,与传统纸笔的阶段性测验存在着巨大的差异,这种差异容易导致学生不习惯,或者在思想上不够重视甚至采取不认可的态度,进而影响过程性评价的效果。所以,过程性评价的实施需要学生的积极配合与参与,调动学生的积极性、提高学生的参与度是非常关键的。这就需要让学生除了对学习过程感兴趣,也要对评价过程感兴趣。如果评价仍然让学生感觉到自己是被动地为了完成目标而学习,效果肯定不甚理想。为了避免这样的情况发生,让学生的学习态度由“I have to do(必须得完成)”转变为“I can do(我能完成)”,教师必须创设氛围让学生形成主动意识,体会到自我发展的成就感;必须能够通过评价的实施,让学生感到“我获得了一项成就,并且得到了周围人一致的认可”,从而满足学生在获得尊重层面和自我实现层面的需求,最充分地发挥学生自己的潜在能力。所以在教学计划开始前,就应该让学生对评价有具体充分的了解,对一个学期自己所能得到的发展和所能取得的成就产生一定的期望。

学生的参与度不仅仅是指学生对课堂活动的参与程度,更是指对课堂教学评价的参与程度。尤其是对表现性目标来说,只有实现评价主体的多元化,才能提高评价表现性目标的信度和效度。布卢姆的认知目标的六个水平中提到了评价能力,这里的评价是学生运用自己和他人的评价标准对某种现象做出定性或定量的评价。也可以说,评价是学生认知目标的最高水平,让学生参与评教活动,学生既能变换角度审视自己的学习状态,又能在实践中确立并提高自己的评价意识、评价精神与评价能力，有利于学生的认知发展。①

【评说】一位硕士用学科过程性评价作为2010年的学位论文课题，充分说明过程性评价是学科教学评价的发展趋势，应该引起我们的充分关注。这里充分关注了一些影响学生学习的因素，提出了改进的意见，如果能够更为精确地指出各种因素对学生学习的影响程度，将更有助于改进学生的学习。

1.3.2.1 对教学过程的关注——形成性评价

前面提到，在泰勒的影响下，产生了关注教学过程的形成性评价，这也就是现在所谓形成性评价的来源。

在具体的评价活动中，形成性评价受到了人们充分的重视。2017年版普通高中课程标准中一些学科的“评价建议”里已经体现了对形成性评价的重视，并得到了实际运用和有特色的发展。

对形成性评价现在尚没有完全一致的定义，但从评价的结果来认识形成性评价，人们还能达到这样的共识：形成性评价的主要目的是为了直接提高学生的学习能力水平。当评价活动中收集的学习材料能够被应用到规范教与学的活动中，并且使学生找到提升理解力和表现力的方法，这样的评价就可以说是形成性评价。与形成性评价相对应的是总结性评价，它主要是在学习活动结束后进行。

理解形成性评价的前提是有效区分学习评价（evaluation to learning，ETL）和促进学习的评价（evaluation for learning，EFL）的不同。“学习评价”是用于等级评价及相关报告的，有完整的步骤，可用于认证学生某方面的能力，一般可以看作总结性评价。“促进学习的评价”有新的评价程序和目的，一般从细节入手，并将其对教与学的影响带入课堂教学中，会直接推动学生学习，因而是促进学习的评价，也就是形成性评价。

当然，总结性评价和形成性评价并不是截然对立的，总结性评价也可以以形成性的方式进行，那就是教师把测试结果用于对自己教学的反思，学生把测试结果用于对自己学习情况的反思，进而分析自己的优势，对不足加以改进。无论是何种评价模式，只要能够运用评价结果促进师生的反思和进步，就是形成性评价，或者更一般地说，形成性地运用总结性评价中的分数数

---

① 唐晓鹏. 高中人文地理案例教学的评价研究[D]. 上海：华东师范大学，2010：38-40.

据来使评价更有效——促进学生的学习。①

形成性评价的关键是对教学设计的执行情况进行评价，目的是了解动态过程的效果，及时反馈信息、调节教学，使教学设计不断完善，以便达到预期的教学目标。不仅如此，形成性评价在不断发展中，被越来越多地用在教学过程中，而不是在教学完成之后。形成性评价反馈的主要目的在于缩小学生目前的学习水平与预期目标之间的差距。为了达到这个目的，反馈必须回答师生提出的三个问题：我要到哪里去，即我的目标是什么；我现在在哪里，即我已经取得哪些进步；我接着要到哪里去，即为了取得更大的进步，我要采取哪些行动。经常向师生提供这样的反馈信息，能使师生及时利用这些信息采取有效的措施进行改进，更好地达成目标。② 因此，能够及时、具体地进行描述性反馈而不仅仅是判断性反馈。例如不仅仅说"好"，而且指出什么地方做得好；不仅仅说"较差"，而且指出具体的差距之所在；要做到这一点不仅仅需要在评价时找出因教学而得到的学生学业的增值，而且需要分析这些影响因素对每个学生学习的影响程度，从而帮助学生提高学业成绩。下文中的例 1.10 就采用了这种及时、具体的评价方式。

形成性评价对师生教学活动的反馈是针对教学目标达成度的反馈，将直接引领学生达成目标。为此，需遵循以下 5 个原则。

原则 1：必须使学生对教学目标和成功标准有深层理解。学生必须知道，在学习之后教师对他们有什么期望，希望他们通过学习能获得什么（知识和技能），以及如何成功地运用他们所获得的知识和技能。必须使学生将精力集中在学习和达成教师的期望上，进而取得学业成绩的正增值。

原则 2：要把每一个指向学习目标的教学活动都视为学生展示自我的机会。要让学生参加每一个教学活动，并向学生传达活动成功的评价标准。

原则 3：要不断循环往复地运用反馈。应给出有明确标准和评价原则的反馈信息，包括学业方面和某些主要的影响因素，给出反馈信息要及时、有针对性，延时不能过长，反馈的信息也不能过于宽泛。

原则 4：要激励学生相互学习、相互促进。生生互动能够提升学习动机和学习能力，是课堂参与度提高的重要标志，也是促进学业发展正增值的重

---

① 王兄. 数学教育评价方法[M]. 上海：上海教育出版社，2018：42-43.

② 许华琼，胡中锋. 形成性评价机器反馈策略[J]. 教育测量与评价，2010(1)：23-26.

要因素之一。

原则5:要提高学生的自我意识。自我意识是自主学习的关键环节,学生学习只有提高了自我意识,才能真正进入自主学习,从而自我引领达成目标(自我意识也是影响学生学习的重要因素)。①

运用形成性评价时的课堂提问和反馈,特别是课堂上的口头反馈有非常积极的意义,如下例。

例1.10 一个小学数学问题。

师:考虑一下321除以3等于多少?

生1:等于17。

师:算一下。

生1:3除以3等于1,21除以3等于7。

生2:(举手,师提示发言)不对。这里的3是300的意思。

师:问题出在哪里?

生1:我把321看作3+21了,实际上是300+21,因此应该等于107。我要用竖式计算就不会出错了。

师:解释得非常好,问题解决得也好。计算一定要注意数位,除了左边第一位之外,空位要用0表示。

据研究,形成性评价是影响力排序第一的教学影响因素,对教学成就的取得有着极其重要的作用。②

1.3.2.2 对教学过程的关注——诊断性评价

对教学过程的关注也构成了诊断性评价的理由。前面指出了在诊断性评价领域泰勒的创新性工作,即教学评价应该作为学生学习的"诊断性工具",开启了诊断性教学评价的先河。现在,诊断性评价已经成为教师教学强有力的工具。

通常,人们对诊断性评价的理解为,"在教学活动开始前,对评价对象的学习准备程度做出鉴定,以便采取相应措施使教学计划顺利、有效实施而进行的测定性评价。诊断性评价的实施时间,一般在课程、学期、学年开始或教

① (美)盖尔·H.格里高利著.韩雪译.创新教学模式[M].哈尔滨:黑龙江教育出版社,2017:137.

② (新西兰)约翰·哈蒂著.彭正梅,邓萍,高原等译.可见的学习[M].北京:教育科学出版社,2015:347.

学过程中需要的时候。其作用主要有二:一则,确定学生的学习准备程度;二则,适当安置学生"①。

但是在实践中,并不只是前测才具有诊断性,更为专门的界说是:诊断性评价的专门化程度很高。它与那些顽固不化或反复出现的学习困难有关,而这些困难是形成性评价所不能解决的。如果一个学生在教师调整了教学方法之后,还是在阅读、数学或其他科目上不断受挫,那就表明需要对该学生进行更加仔细的诊断。运用一个医学上的类比,形成性评价是为简单的学习问题提供急救治疗,而诊断性评价更加全面细致。它不仅要使用特殊的诊断测验,还需要运用多种观察技术,可能还需要教育、心理以及医学专家的帮助。而鉴于诊断的恰当性,还要查明那些持续性学习问题的成因,并且制订出矫正计划。②

在具体的教学评价实施中,诊断性评价与形成性评价是过程性评价的两个重要方面。形成性评价重在教学过程中发现学生学习的成就——指向目标的前进程度,发现学生学习的差距——偏离目标的程度,以此反馈,促使学生发扬成就,修正偏差,以达到目标;诊断性评价重在对学生偏离目标的情况进行进一步评价,并进行矫正性反馈,指出产生偏差的问题所在,并引领学生解决问题。在实际的教学过程中把二者结合起来,例如可以用形成性评价强化其对存在目标偏离问题学生的筛查功能,从而对学生的学习困难进行诊断。

前面已经举出例子说明形成性评价用于诊断性评价的意义,因而可以用形成性评价来概括整个过程性评价。

对学生学业的诊断整体来看就是两个方面:一个是诊断学生学业成就的增值——包括正增值、零增值和负增值;一个是确定引起增值的原因——包括教学的原因和其他影响学习的原因。然后通过反馈、改进,促进学生学业成就的正增值,获得全面发展。

对学生学习具体的诊断性评价,可以称作学习诊断。按照课程标准"评价建议"中的要求,"在教学评价中,教师要有意识地利用评价过程与结果,

① 见:http://baike.baidu.com/view/1488260.htm.

② (美)林·格朗伦德著."项目组"译.教学中的测验与评价[M].北京:中国轻工业出版社,2003:34.

发现学生学习的个性特点和具体问题,及时引导,提出有针对性的建议,就是需要及时准确地对每一个学生反馈评价结果,而且需要进行矫正性反馈”。这就需要对每一个学生的学习做出及时而准确的诊断性评价,现在的计算机学习诊断系统已提供了具体运用的可能。

1.3.3 表现性评价

下面的案例呈现出来的是另一种评价——表现性评价。

例 1.11 按照某种“规则”进行的测验①

时间:学生可以用午饭前一个小时来准备他们的商店,给商品标价以及制造玩具钱。午饭后,每个小组要进行买卖活动的展示。展示的时间大约为10 分钟,还包括提问的时间。

参考资料:学生可以使用艺术品、杂志以及任何从家里带来的实物。可以用教室里的字典来检查拼写是否正确。

其他人:教师会把全班分成 4~6 人的小组。学生要尊重和协助其他组的同学。

设备:学生可以用彩色纸和剪刀来做玩具钱,画出用于出售的商品,用计算器来计算商品的价格。

评分标准:明确告诉学生,如果标价正确,玩具钱清楚准确,学生就会得到 5 分。展示买卖活动的过程总分也是 5 分。分数的给法主要看运算的准确性和解释得是否清楚。如有额外表现,或者正确回答同学和教师的问题,可以得到总分为 2 分的奖励。

开始测验:为了成功地进行表现性评价,必须处理好以下几方面的问题:你将如何向学生描述这次表现性评价?你用何种词汇和表达方式来告知学生这次活动的目的和任务是什么?

组织任务:活动开始时,采用合适的方式向学生描述这次表现性评价以及这次活动的目的和意义;复习学过的相关知识和策略,以帮助他们顺利完成任务;确认学生在开始活动前已经明白了任务的要求(他们将做什么,他们要获得什么样的成果,将如何评价他们的表现)。

---

① (美)Gray D. 博里奇,Martin D. 汤伯里著.“项目组”译. 中小学教育评价[M]. 北京:中国轻工业出版社, 2004:201-203.

调动积极性：有效的表现性评价，关键在于学生的参与程度而不仅仅是学生进行的身体运动或在活动上所花的时间。活动开始时，要给学生一定的鼓励，以激发他们的好奇心和兴趣，调动他们的积极性是很重要的。

初步指导：在学生独自或分小组活动前，你要怎样进行解释和示范？用几个具体的例子来引导学生是很有帮助的。

独立工作：学生开始自由活动之后，你将如何监控他们？他们能从错误中学到东西吗？当学生完成评价任务时，或在他们完成任务过程中出现混淆或者错误概念等现象时，你应该给学生提供过程性的反馈。

总结：你如何将学生的表现与其他相关课堂活动的目的和意义联系在一起？在快要完成任务时，你应该帮助学生回顾他们学到的东西，在大的学习背景下而不是眼前的任务中解释他们的成就。换句话说，帮助他们将表现性评价与大的科目或课程、将来要学习的内容以及课堂外的大千世界联系起来。

这种评价本身可以作为一种练习，能激发学生进行自主学习的动机。一个真实的表现性评价对学生的吸引力不亚于马拉松锦标赛对长跑运动员、歌唱比赛对参赛歌手的吸引力。

【评说】表现性评价能使学生参与到评价中，学生参与到评价中即自我评价。在表现性评价中，大多数教师所用的评价工具同样可以被学生用来判断自己的进步。让学生自评学习行为，再与教师的评价进行对比，能使学生更好地理解教学目标，促进朝向目标的活动，有效诊断优势和不足，发展学生自我评价的技能。如果师生能通过讨论进行比较，教师就可以了解每个学生给自己等级评定的理由，并针对双方的差别进行有效的沟通。

一般认为，表现性评价是20世纪90年代在美国兴起的一种新的评价方式。它是在学生学习完一定的知识后，通过让学生完成某一实际任务来评价学生的学习状况，由表现性任务和对表现的评价两部分组成。它的评价方式有别于传统的纸笔测验、特别是客观题测试的所谓客观性评价，是对学生能力行为所进行的直接评价。

表现性评价有怎样的特点？先对表现性评价与成就测试(普通考试)列表加以比较。

表 1-11　成就测试与表现性评价的比较①

比较项目	成就测试	表现性评价
评价方法	纸笔考试	具体的活动或纸笔考试
解题形式	按测试要求的标准回答	不限字数的自由记述
问题数量	多	少
测试性质	速答测试	能力测试
评价准则	单向度的二分法(非对即错)	多层次多维度地评价能力
评分规则的确定	严格执行考前确定的评分标准	在评分的同时完善评分规则

从表中比较可以发现表现性评价的特点：

其一，问题的情境真实。一般在具体的活动中进行评价，学生解决的是现实情境中的具体问题，不是纸笔考试限定的抽象问题。②

其二，评价的标准多元。在活动中人的表现一定是具体的，因而评价就不是唯一的，而是多维度的。

其三，倾向实践能力。因为任务问题是真实情境的具体问题，因此评价比较倾向于实践能力，同时能更直观地考察情感态度方面的目标。

其四，面对综合问题。活动的具体性决定了评价所面对的是相对复杂的、没有标准答案的综合的实际问题。因此一方面需要学生多学科多方面知识能力的发挥；另一方面，由于知识能力的发挥不受限制，反而更能评价出学生真实的能力。

其五，人工评分。表现性评价是人工评判而不是机器评分，要求教师在教学和评价中担任新的角色。

这些特点使得表现性评价体现着前面说的现代教学评价的发展趋势，因而受到很多学校和教师的欢迎。

---

① 田中耕治，松下佳代，西冈加明惠等著. 郑谷心译. 学习评价的挑战[M]. 上海：华东师范大学出版社，2015：88.

② 有的作者把表现性评价称为“真实性评价”，不过这两个评价概念并不是等价的，表现性评价不等于真实性评价，因为我们可以布置一个不具有任何真实性的表现性评价任务，尽管要求学生通过技能的运用来完成，但这种技能并不具有真正意义或适用于现实世界的环境。例如，当一个学生被要求到黑板上写出一道数学题的解算过程，如果这道数学题与现实世界问题的解决方案不相同时，就不能称为真实性评价。不过真实性评价都是表现性评价，即真实性评价是表现性评价的组成部分。

在教学评价的领域中，表现性评价是与客观题测验形式的评价相对应的，区分两者的依据是评价的形式和工具。

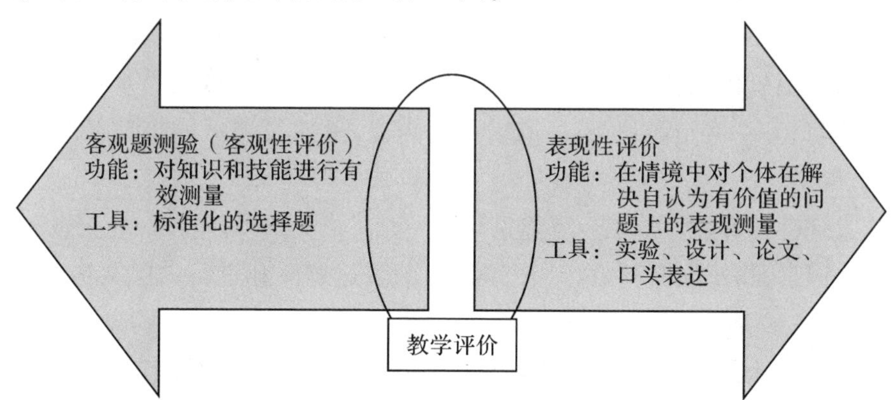

图 1-16　表现性评价和客观性评价的关系

在许多情况下，表现性评价也被称为"替代性评价"。所谓替代，就是替代标准化纸笔考试的评价，这种替代并不是要取代标准化纸笔考试——如前面指出的，纸笔考试自有其不可取代的功能——而只是针对标准化纸笔考试（就是表 1-10 的成就测试）的不足进行的一种评价。这种不足主要表现为：纸笔标准化测验中，测试的内容比较单一，主要是可测量的知识和技能，但对学生的知识综合运用能力、解决问题的能力、批判性思维能力等难以进行测试；在纸笔标准化测验中只能出有统一的甚至是唯一答案的题，学生能力的发挥受到了一定的限制；纸笔考试是一种针对学生个人的考试，无法检验学生的社会能力，例如合作能力；纸笔测验，特别是客观性测试工具有一些天然的缺陷，例如无法排除学生猜测答案所带来的影响。

从根本上来看，运用表现性评价可能在一定程度上解决、至少是减轻了通常测试评价的"人为因素"。各种测试都在一定程度上存在着人为因素，例如我们实际上不可能直接测试教学目标，但通过设计测试题及学生的答题行为可判断其是否达成了教学目标。虽然高水平的教师和测试设计人员能够通过认知测试来评价几乎所有的学习结果，卷面测试往往适用于很多教学目标，但与其计划考查的教学目标可能并不匹配。

例如在英语测试中有拼写测试，要求学生从三四个拼写错误中选出一个正确的；英语语法测试，要求学生区分语法正确或错误的句子。但是高中英语的课程目标是“有效使用口语和书面语表达意义和进行人际交流”①,按此目标,对英语拼写过程要求的是正确拼写单词而不是辨认出单词的正确拼写;对英语语法用法要求的是学生正确地遣词造句,而不是辨认他人写的句子语法对错。因而按照这种拼写测试和语法测试,其测试的结果与最主要的教学目标——课程目标——有较大的距离,虽然其测试的也是某些教学目标。②

表现性评价的评价工具可能是写出一篇英语文章,就能较好地克服测试的人为因素,测试出课程目标“使用书面语表达意义和进行人际交流”的达成度。

不仅如此,表现性评价也能够测试下图中认知过程的各个维度:

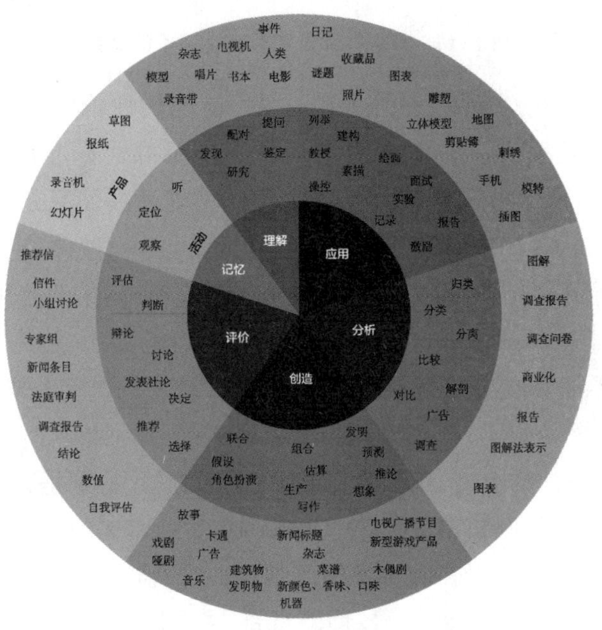

图 1-17　表现性评价对各个认知过程维度的评价方式③

表现性评价的特点也决定了实施中会面临一些难题,列举如下。

一是需要大量的教学时间。不仅仅是学生进行活动从而做出表现需要

---

① 中华人民共和国教育部. 普通高中英语课程标准(2017 年版)[M]. 北京:人民教育出版社,2018:6.

② (美)罗伯特·M·桑代克,特雷西·桑代克-克莱斯特著. 方群,吴瑞芬,陈志新译. 教育评价(8 版)[M]. 北京:商务印书馆,2018:340.

③ (美)丽莎·博林著. 连榕,缪佩军,陈坚等译. 教育心理学:激发自主学习的兴趣(2 版)[M]. 北京:机械工业出版社,2018:384.

时间,更多的是设计多维度任务和标准、进行多层次评价需要比成就测试多得多的时间。此外,评价标准在评价过程中生成,而对不同任务、不同学生就需要不同的标准,这也需要大量的时间。是不是有这么多的时间进行评价?

二是主观性较强。被评价者的表现所体现的思想和意图,要靠评价者的主观分析。用同样的评价标准,不同评价者的解释和评分会有较大的不同,或者说评分的信度不足。当然,这是与客观性测试比较而言,客观性评价不同的评价者依据同样的标准基本上会得到相同的分数。

这两个困难使得表现性评价不宜在大规模教育考试中使用,特别是不能在高利害的教育评价中使用,但适合在日常课堂教学中使用,只不过限于时间和精力而无法多用。

1.4 对教学评价概念的理解

对教学评价的理解可以从概念的汇集、梳理和综合来进入。

1.4.1 教学评价概念汇集

关于教学评价,有以下一系列概念:

一是教育评价和教学评价。

二是形成性评价(formative evaluation)、诊断性评价(diagnostic evaluation)、总结性评价(summative evaluation),还有在教学之初进行的预备性评价(preliminary evaluation,有的书上译为"安置性评价")。

三是过程性评价(process e.)、表现性评价(performance e.)和 CIPP 评价。

四是最优表现评价(maximum performance e.)、通常表现评价(typical p. e. 有的书上译为"典型表现评价")、常模参照评价(norm-referenced e.)、标准参照评价(criterion-referenced e.)和增长参照评价(growth-referenced e.)。

五是档案袋评价(portfolio e. 也译为"成长记录袋评价")、真实性评价(authentic e.)、操作性评价(operational e.)、替代性评价(alternative e.)、等级评分评价(effective grading e.)。

此外,还有非常重要的、人们经常谈到的发展性评价(developing e. 或者 developmental e.)。

1.4.2 教学评价概念梳理

依次梳理以上教学评价概念,理解它们的关系,从中可以体会到教学评价的发展趋势。

1.4.2.1 教育评价和教学评价

布卢姆教育目标分类学中对教育目标和教学目标的区分原则可以作为教育评价和教学评价的区分原则。

看一下布卢姆的区分方法:

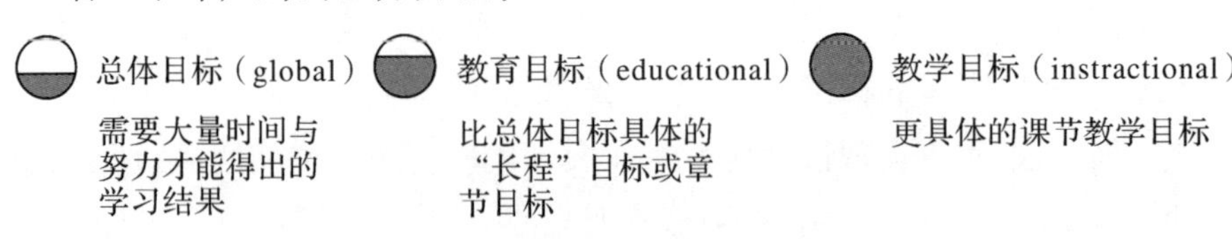

图 1-18　布卢姆的教育目标分析

教育评价和教学评价的区别是评价范围的不同:教育评价是对一段长程教学的评价,教学评价是对具体课堂的教学评价;教育评价包含教学评价,而就具体的课堂教学来说,教育评价就是教学评价,它们是一种集合的包含关系:{教学评价}⊂{教育评价},通常在词典释义中它们没有严格的区分。

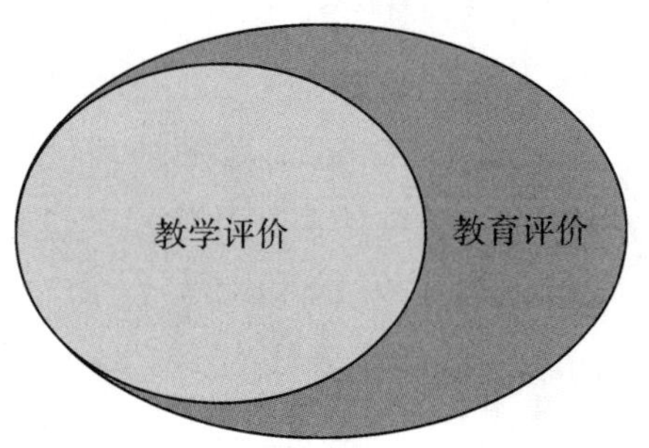

图 1-19　教育评价和教学评价的关系

1.4.2.2 预备性评价、形成性评价、诊断性评价、总结性评价

这四种评价的不同取决于它们在教学中的作用,当然,区别不是绝对的,预备性评价、形成性评价与诊断性评价这三种评价之间有交叉,在课堂上进行时以不打断课堂教学的进程为原则,常采用非正式评价的形式。相对而言,总结性评价比较正式。

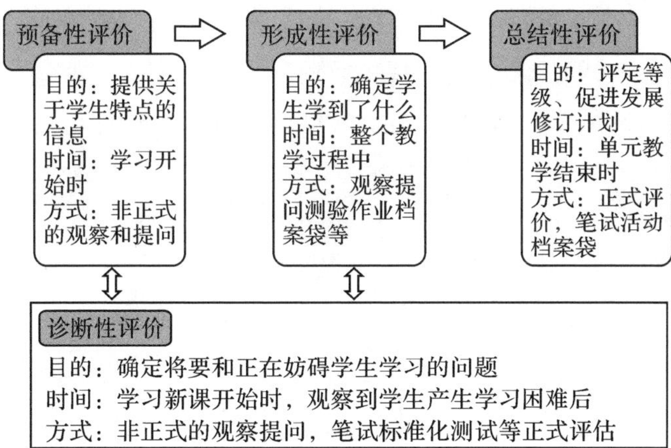

图 1-20　四种评价的关系

1.4.2.3 过程性评价和终结性评价

过程性评价从字面的意义来看就是对学习过程进行的评价，1966 年斯塔弗比姆在其 CIPP 模式中提出，其中的第一个 P 指的就是过程评价（process evaluation）。在国内，随着新课程改革的推进，人们对过程性评价逐渐重视起来，从不同的角度对过程性评价进行了界定，如：在学习过程中完成的、建构学习者学习活动价值的过程，一般由教育者的评价、学伴之间互评及学习者自评综合而成。① 因而形成性评价、诊断性评价、表现性评价都可以说是过程性评价。

对于过程性评价，还可以通过与其他评价概念的比较进行更深入的认识。"与通常所说的总结性评价比较而言，终结性评价是对一个学段、一个学科教学教育质量的评价，其目的是对学生阶段性学习的质量做出结论性评价，评价的目的是给学生下结论或者分等。"②过程性评价渗透于学习过程之中，不以一次评价作为学习价值判断的依据，而是一个渐渐揭示学习价值、逐步完善学习价值认知的过程；学习者亲身参与评价过程，有益于加强对自身学习意义的了解，并从中汲取学习的动力；在学习过程的开展中适时切入的评价是即时评价，便于学习者认识已经发生的学习过程的价值；评价在学习

① 李艺. 过程性评价：关于学习过程价值的建构过程[J]. 电化教育研究，2019(6).

② http://baike.baidu.com/view/1695960.htm.

过程中发生，见之于学习的各个环节，其动态的、全面的实施，有利于使评价的结果接近于客体或客体活动的真实价值。终结性评价、过程性评价和总结性评价的不同体现在时间、目的和主体三个方面。见下图。

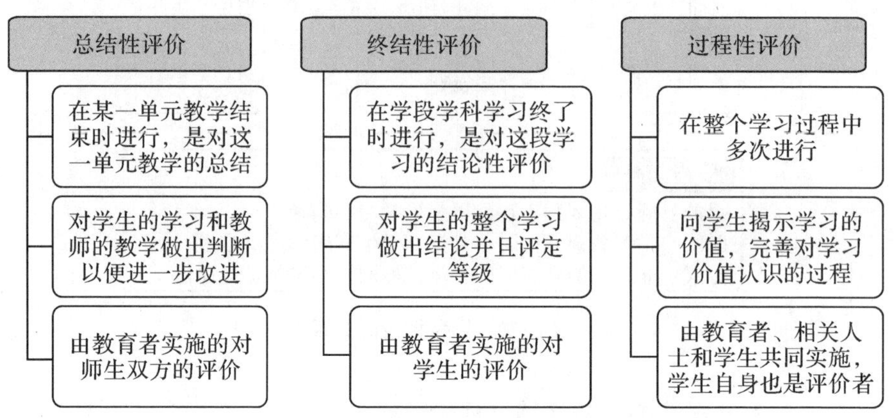

图 1-21　总结性评价、终结性评价和过程性评价比较

1.4.2.4 发展性评价与甄别性评价

发展性评价是与甄别性评价相对应的概念，教育部印发的《基础教育课程改革纲要（试行）》中明确的表述："改变课程评价过分强调甄别和选拔的功能，发挥评价促进学生发展、教师提高和改进教学实践的功能。"具有促进学生发展功能的教学评价就是发展性评价，这种评价不再仅仅是为了甄别和选拔学生，更是为了促进学生的发展，使学生潜能、个性、创造性充分发挥，建立自信，获得持续发展的能力。

所谓甄别性评价是把考试、测验、分数作为评价的主要工具，对被评对象做出某种资格证明，如选拔评优、分级排名次等，忽视了评价的诊断、调节和教育、改进功能。当评价主要被用来鉴定、区分学生、选拔适合教育教学模式的学生，而不是创造适合学生发展的教育教学时，采用的主要就是终结性评价，即客观性测试的考试方式。发展性评价除了重视终结性评价之外，还特别重视过程性评价；在重视客观性标准化测试的同时，也重视表现性评价。

（1）发展性评价的界定

发展性评价的定义，现在尚没有一致的意见，国内有代表性的阐述如下：

发展性评价是20世纪80年代发展起来的一种教育理念,是以促进评价对象的发展,以评价对象为主体,以发展主体为理念的教育评价;①

发展性评价是形成性教学评价的深化和发展,它是针对以分等和奖惩为目的的奖惩性评价(终结性评价)的弊端而提出来的,主张面向未来,面向评价对象的发展;②

发展性评价是一种尊重个别差异、基于学生实际表现的评价方式;③

发展性评价是一种体现以人为本的思想,关注个体的处境和需求,尊重和体现个体差异,激发个体的主动精神以促使每个个体可以实现自身价值,实现人终身发展的评价制度;④

发展性评价是指评价不再仅仅为了甄别和选拔学生,还是为了促进学生的发展,促进学生潜能、个性、创造性的发挥,使每一个学生具有自信心和持续发展的能力。其实施的关键是要求教师用发展的眼光看待每一个学生,核心是重视过程的总评价。多种形式结合的评价方式、评价手段,使评价的诊断和发展功能在整个学习过程中,既反映学生全程学习结果,又成为促进学生发展的有效手段。⑤

由以上定义可见,理解发展性评价,可以有多个角度:

从评价的目的或者功能来看,发展性评价指的是能够促进学生发展的评价。这样说并不是排除了评价中的甄别功能,而是强调除了甄别还要侧重促进发展的评价。

既然要注重学生的发展,就要充分体现以人为本的思想,关注个体的处境和需求,尊重和体现个体差异;既然目标是促进学生的潜能、个性、创造性的发挥,就要激发个体的主动精神,促使每个个体可以实现自身价值,实现终身发展。

而要做到这些,评价就既要关注学生对知识与技能的理解和掌握,也要关注他们情感态度的形成和发展;既要关注学生学习的结果,更要关注他们

① 李吉会.发展性教育评价思想[J].教育评价,2000(2):23-35.
② 郑金洲.基于新课程的课堂教学改革[M].福州:福建教育出版社,2004(3).
③ 钟启泉.“课程文化”的革命——研究性学习[J].教育研究,2003(5).
④ 刘建.普通高中学生学业评价中的发展性评价策略研究[D].上海:华东师范大学.2008:9.
⑤ 发展性教学评价[EB/OL].(2012-04-20).http://baike.baidu.com/view/3512245.htm.

在学习过程中的变化和发展。

由于发展性评价以促进学生的发展为导向，所以更多的是采用多元评价方式——包括评价主体的多元和评价内容的多元，特别注重学生的自我评价。

发展性评价的关键性“种差”在于评价的功能或者目标指向学生的发展：是以学生的发展为目标，对学生的发展进行评价，促进学生进一步发展的教育教学评价。

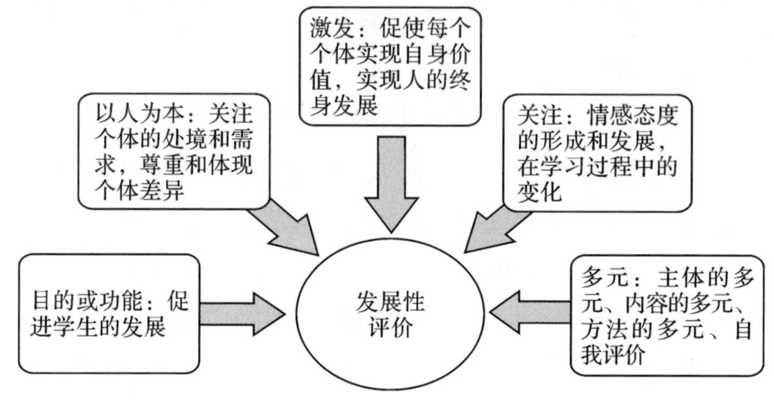

图 1-22　发展性评价的内涵

(2)发展性评价的特点

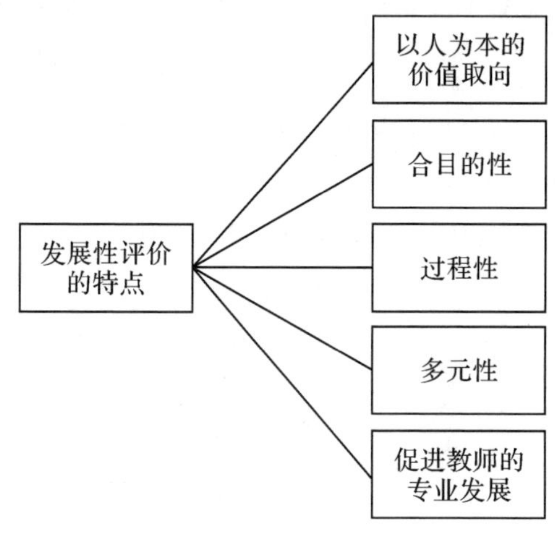

图 1-23　发展性评价的特点

(3)发展性评价的概念边界

对发展性评价的理解,需要与其他评价概念进行比较,来确定其概念的边界。

①发展性评价与形成性评价的比较

表 1–12　发展性评价与形成性评价的比较

比较	形成性评价	发展性评价
共同点	评价的目的、功能是为了促进和改进学生的发展 注重评价与教学的结合,即评价在教学过程中持续进行,同时利用评价结果为改进教学和促进学生发展服务 过程评价与结果评价同等重要,不能忽视对过程的评价	
不同点	从强调评价过程的角度出发,注重评价过程与评价结果的结合	从评价的功能、目的角度出发,强调发挥评价的改进和促进功能
	虽然也强调在评价过程中主客体之间的相互作用,但它还没有彻底摆脱主客体之间的绝对对立	完全消除了主客体之间绝对的二元对立,进一步强调了评价主体与客体之间的相互理解和共同的意义建构,强调评价者的自我评价,突显和提升了被评价者的主体性

②发展性评价与表现性评价的比较

表 1–13　发展性评价与表现性评价的比较

比较	表现性评价	发展性评价
共同点	终极目的、功能取向上基本一致 注重评价学生的学习过程与结果,强调过程与结果同等重要	
不同点	表现性评价更多是从评价的方法和如何收集有效的资料等角度出发,强调重视学生真实的行为表现	主要是从评价的目的、功能角度出发,强调多种评价方法的综合运用
	强调设计接近真实情境的表现性任务,通过学生完成表现性任务的实际情况,评价学生的表现	强调多种评价方法和评价方式的综合运用,可以通过表现性任务,也可以通过收集学生日常学习的各种行为表现,全面了解学生的学习与发展

(4)发展性评价的基本作用

表 1-14　发展性评价的基本作用

作用	叙述
提供积极反馈	通过评价,让学生充分认识到自己的优点和不足。对优点进行评价,增强学生的自信心,激发学生的学习热情,可促使学生进一步放大自己的优点;对不足进行评价,可使学生对自己的不足进行准确定位,并根据评价中的建议去努力改善自己的不足,最终实现全面发展
支持教学调控	通过师生之间的互动,让教师即时知道自身教学方面的薄弱环节,随时进行调节,使教学内容更加充实,教学方式更加科学合理
引领自我评价	有助于学生学会积极地自我评价,走向人格的成熟。鼓励更多地看到学生的优点、长处,多肯定、鼓励,少讽刺、挖苦,使学生经常形成积极的自我评价,把消极的、抵制的情绪变为积极向上的动力,促使学生不断进步
促进全面发展	很好地解决了传统评价中过度强调甄别和选拔功能的问题。通过对学生多层次的形成性评价,诊断出学生的学习效果和存在的问题,激励被评价者发现问题、对照问题改进自己、完善自己,求得发展
指向目标达成	重视评价的过程,着眼质性评价。量的评价直观、简明、便于操作,但如果把量的评价用于所有的教育评价活动中,其结果会走向评价目标的反面
实施因材施教	关注每一个学生,激发每一个学生个性的创造力。发展性评价鼓励学生在学习过程中发挥个性化思维,创造性地提出问题和解决问题,这就从根本上解决了过去用一把尺子衡量全体学生所造成的思维僵化问题,为提升学生的思维能力和创新能力打下了基础

(5)发展性评价的实施策略

表 1-15　发展性评价策略一览

<table>
<tr><th colspan="2">策略分类</th><th>策略内涵</th></tr>
<tr><td colspan="2">总体策略</td><td>以学生为本:以激发学生的内在情感、意志、态度为目标,以促进学生的自我完善、自我发展为方向
适当强调评价主体的多元性,使更多的相关人士成为学生、学习、教学评价的主体,特别是使评价对象、也就是学生成为评价主体,重视学生的自我评价、自我认识、自我反馈和自我调节
强调评价内容的多元性,在重视施教过程中静态因素的同时,更加关注施教过程中的动态变化因素,特别注重由于教学而产生的学生学习的"增值"
强调学生的个性化,因而重视差异性评价
重视教育教学的可测性目标的评价(得到的测量结果就是量化指标),同时也重视教育教学的不可测目标的评价(表现为不能直接量化的指标),强调定性评价和定量评价的统整</td></tr>
<tr><td rowspan="3">方向性策略</td><td>评价方式</td><td>评价方式多元化是最基本的特点,也是主要的策略之一——针对具体的情境和条件采用尽可能多样的评价方式,不同评价方式各有自己的优点和局限性,特别对评价学生的发展更是这样。不过如果采取多样的评价方式,它们就具有互补的可能
关注与评价学生的发展——特别是通过教学过程中学生发展所产生的"增值",这个"增值"表述出教学的作用</td></tr>
<tr><td>评价主体</td><td>评价主体多元化也是最基本的特点和最主要的策略之一——不仅教师是教学评价的主体,而且其他有关人士(例如对于教学而言的第三方)都可以成为评价的主体。特别应该指出的是,学生自己也是学习评价的主体</td></tr>
<tr><td>评价内容</td><td>多元化也是评价内容确定的基本策略之一,这个策略要求对学习的评价不仅仅要关注学生的知识学习,也要关注学生的认知过程以及学生发展过程中的情感、态度、价值观等因素,普通高中评价的一个重点是学生的各个学科的学科核心素养的发展</td></tr>
</table>

续表

策略分类		策略内涵
具体策略	表现性评价	通过完成一些实际的任务,诱导出学生的真实表现,以此评价学生掌握和运用知识和能力的方法。具体来说,就是用真实的任务或模拟的练习来引发学生真实的反应,由教师或高水平评定者按照一定标准进行直接的观察、评判。表现性评价的形式可以有多种,主要有反应题、书面报告、作文、演说、操作、实验、资料收集、作品展示等
	档案袋评价	档案袋是指用以显示被评价者学习成就或持续进步信息的相关记录和资料的汇集。档案袋主要的两种用途: (1)展示作品。收集被评价者最好的或最喜欢的作品 (2)反映进步。收集能反映被评价者进步情况的作品、测验卷、家长信、学习心得、反省材料等
	非正式评价	非正式评价是针对个别学生的评价,且评价的资料大多采用非正式方式收集。根据实施评价的正式程度,可以将教师对学生的评价分为正式评价与非正式评价。正式评价指教师通过相对规范的评价程序和测验(通常是纸笔测验)工具,或通过一些正式举行的活动(例如知识竞赛、演讲比赛等)有针对性地了解学生情况的评价方式;非正式评价是指教师在与学生日常教学的接触、互动过程中,以观察(包括直接和间接的观察)和交流为主要方式,不断地了解学生,进而在有意或无意之间形成对学生某种看法和判断的一种评价方式
实施策略的方法	举例:实施非正式评价的方法	交流评议法:参与者对评价内容进行事实判断之后,发表不同的见解,进行价值判断。例如,学生在期末召开总结会议,被评价的学生在小组内进行自我汇报,然后由与会者对被评价者做出评议,分析被评价者的现状,指出长处,以便发扬;指出不足,以便改正 课堂即时评价:在课堂教学的过程中对学生的学习活动进行随时随地的评价

【评说】实际上最能体现发展性评价的是评价学校教师和学生的教学成绩增值的策略,也就是增值评价的策略。增值评价是最典型、最充分、最准确描述出学生学业成绩发展的评价方法,它强调排除了自然发展之外学校和师生的共同努力,这正是学生在教学中发展的题中应有之义。增值评价就是一种发展性评价,换个角度看,进行发展性评价的一个抓手就是增值评价。

例 1.12　小学科学发展性评价方式

表 1-16　小学科学的教学评价设计表

年级　　　班　　　　　　　　　　　　　姓名

<table>
<tr><td rowspan="12">评价项目</td><td>评价项目</td><td colspan="2">评价方法</td><td>指向目标</td><td>评价</td></tr>
<tr><td>1. 勤于思考,积极提问</td><td colspan="2">方法甲~己都可以评价此项</td><td>情感态度与价值观</td><td></td></tr>
<tr><td>2. 提出假设,并设计实验加以验证</td><td colspan="2">方法甲和方法乙</td><td>过程与方法</td><td></td></tr>
<tr><td>3. 按课本和教师的指导进行实验</td><td colspan="2">方法甲、丙、戊</td><td>同 2</td><td></td></tr>
<tr><td>4. 用工具进行观察和测量</td><td colspan="2">方法甲、乙、己</td><td>同 2</td><td></td></tr>
<tr><td>5. 认真记录观察结果</td><td colspan="2">方法甲、乙、戊、己</td><td>同 2</td><td></td></tr>
<tr><td>6. 按课本和教师的指导制作物品</td><td colspan="2">方法甲、丙、丁、戊</td><td>知识与技能</td><td></td></tr>
<tr><td>7. 积极收集资料,进行探究调研活动</td><td colspan="2">方法甲、乙、丁、己</td><td>同 1,同 2,同 6</td><td></td></tr>
<tr><td>8. 与同学交流心得,互相评价</td><td colspan="2">方法甲、丙、戊</td><td>同 1,同 2</td><td></td></tr>
<tr><td>9. 正确理解所学知识</td><td colspan="2">方法乙、丙</td><td>同 6</td><td></td></tr>
<tr><td>10. 乐于把所学的知识用于实际</td><td colspan="2">方法甲、乙、己</td><td>同 1,同 6</td><td></td></tr>
<tr><td colspan="4">总的评价</td><td></td></tr>
<tr><td rowspan="4">评价方法</td><td rowspan="4">甲、学生成长记录(档案)袋</td><td colspan="3">实施过程</td><td>赋分</td></tr>
<tr><td colspan="2">构成</td><td>评价</td><td rowspan="3">20%</td></tr>
<tr><td>焦点</td><td>实验室成果,问题解决,科学交流,小设计,从错误中学习,科学素养</td><td rowspan="2">对项目进行评价,分为:优秀、良好、合格、勉强合格。对每一种做出评议并赋分</td></tr>
<tr><td>项目</td><td>难题(非常规问题)
实验探究
科学交流
发展
反思</td></tr>
</table>

续表

<table>
<tr><td rowspan="8"></td><td>乙、教学测验</td><td colspan="2">要体现科学课程评价的综合性、具体性和整体性的特点。科学知识与技能、情感态度与价值观的评价要渗透到科学探究过程中整体进行。例如,设计一个情境,要求学生提出问题、形成假设,并设计实验来验证假设、解决问题</td><td>40%</td></tr>
<tr><td>丙、班主任老师评价</td><td colspan="2">单项选择的问卷方式(按“评价项目”设计问卷,下同)</td><td>10%</td></tr>
<tr><td>丁、家长评价</td><td colspan="2">调查表方式的问卷重点在了解学生的爱好、情感和态度,重在事例说明(事例是“积分点”)</td><td>10%</td></tr>
<tr><td rowspan="2">戊、同学评价</td><td>科学课学习小组的同学</td><td>课外活动小组的同学</td><td rowspan="2">10%</td></tr>
<tr><td>用“按问题提出人”的方法</td><td>同左</td></tr>
<tr><td>己、自我评价</td><td colspan="2">单项选择的问卷方式或关于自我活动的表述方式</td><td>10%</td></tr>
<tr><td colspan="3">总的评价</td><td>100%</td></tr>
<tr><td colspan="3"></td><td></td></tr>
</table>

注:“赋分”栏中的百分数是有关评价在总评价中的比例。

【评说】这是一个具有发展性、指向性、客观性、多元化的评价设计。虽然内容是小学科学学科的,但其思路和方法可以为其他学科所借鉴。

1.4.2.5 对评价结果的解释

从对教学评价、特别是测验结果解释的角度,教学评价可分为常模参照评价(NRE)和标准参照评价(CRE)两种类型。

常模参照评价描述的是学生的表现在已知群体中的相对位置,即以学生群体测验的平均成绩作为参照标准,说明某一学生在群体中的相对位置,将学生分类排队。这种评价重在个人与个人之间的比较,主要用于选拔或编组、编班,要求试题难度适中,尽量能面对所有学生,有较强的鉴别力和区分度。所谓“常模”,实际上即是某群体在测验中的平均成绩,学生成绩是以常模为参照标准来确定的。这一测验衡量的是学生的相对水平,故其评分属相对评价范畴。

标准参照评价描述学生具体的行为表现,把学生的行为与已经确定了的学生的行为表现标准相比较，这个标准是已经明确界定了的学习任务。如果把解释限定于达成某种具体目标，也可以称为目标参照解释。标准参照测验可以用来衡量学生是否达到预期教学目标，将个人分数与特定的标准相比较，评价学生是否合格，而不考虑学生在团体中的相对位置，可以说是一种绝对评价。

表 1–17　常模参照测验和标准参照测验比较

比较	领域	常模参照测验	标准参照测验
不同点	测验目的	通过测量相关领域和内容，决定个体在群体中的相对位置	通过界定良好的行为领域，判定个体对该领域的掌握程度和掌握状态
	领域界定	需要限定和明确测验的内容和范围，但不像标准参照测验那样严格界定测量领域	严格界定测验领域，需要事先确定——制定测验的依据——测验领域或者学习任务的标准
	测验编制	必须尽可能地区分应试者，依此提高测验分数的稳定性和可靠性。只有对分数变异有所贡献的题目，才会保留在此测验中，因此，在选择测验题目时常会刻意追求中等难度(0. 3～0. 7)、高区分度(0. 3)和测验长度	选题原则是：(1)符合测验领域和测量目标；(2)题目样本具有很好的代表性，对区分度没有严格的要求
	分数解释	相对分数解释，重点在于学生在群体中的名次	绝对分数解释，重点在于学生是否达标
共同点	需要说明要测验的成就范围		
	需要一个恰当的具有代表性的测验题目样本		
	使用基本一致的题型		
	使用大致相同的题目标定原则(难度要求除外)		
	采用相同的测验质量评价标准(信度和效度)		

1.4.3 教学评价概念的综合理解

表 1–18 教学评价总表

序号	分类依据	评价类型	评价功能	工具举例	关系描述
1	评价形式	客观题测试	对知识和能力的有效测量	标准化的选择题测验	在各种评价中使用,特别适合于总结性评价、终结性评价、甄别性评价
		表现性评价	在一定情境中,对个体在解决自认为有价值问题上的表现进行测量	动手实验、设计、论文、口头表述	可以用于各种评价之中,在甄别性评价和终结性评价中慎用
2	评价用途	安置性评价(也可以称为“起点评价”)	确定学生学习的初始状态,了解学生学习的准备情况、对课程目标的掌握程度或者最佳学习模式	预备测验、能力倾向测验、对课程目标的测验、自陈量表、观察学生的表现	过程性评价; 可采用客观测试,也可以采用表现性工具
		形成性评价	确定学业进展,提供反馈以强化学习,并纠正学习错误,强化薄弱环节教学	教师自编的测验、现成的练习册提供的测验、观察学生的表现、档案袋	过程性评价; 测验和表现均可用
		诊断性评价	确定造成持续性学习困难的原因(智力的、生理的、情感的、环境的、教学的)	专门的诊断测验、教师自编的诊断测验,观察学生的表现、档案袋	过程性评价; 以测验为主,亦可用表现性工具

续表

序号	分类依据	评价类型	评价功能	工具举例	关系描述
	评价用途	总结性评价	某一单元结束时,对学生学习成就的总结,也是对教师教学的总结,从而对学生的学习和教师的教学做出判断,以便进一步改进	单元测验题(教师自编或者采用现成的随教材编订出来的)、表现性作业、作品	过程性评价; 以单元测验为主,也可以适当采用表现性工具
3	评价目的	发展性评价	为了促进学生的发展,促进学生潜能、个性、创造性的充分发挥,使每一个学生建立起自信心,获得持续发展的能力	各种评价工具,特别重视表现性评价和过程性评价,当然也包括各种测验(怎样使测验产生发展性评价的作用?这是本书后面的主要阐述内容)	前述所有的评价方式都可以使用,关键在于目的,可以视为过程性评价
		甄别性评价	对被评价对象做出某种资格证明,如选拔、评优、分级排名次等。选拔占有极为重要的地位,如高校选拔新生、政府录用公务员等	考试、测验、分数,大规模教育考试,各种资格考试和录用考试	以客观测验纸笔考试为主,是一种终结性评价

续表

序号	分类依据	评价类型	评价功能	工具举例	关系描述
4	评价时机	过程性评价	对学习活动的价值进行判定，揭示学习的价值	各种工具都可以使用	课堂教学中的评价一般都属于过程性评价
		终结性评价	对学生的整个学习做出结论，并且评定等级、组织学科结业考试、学科学段毕业考试	客观性纸笔测验	甄别性评价
5	对结果的解释	常模参照评价	确定个体在群体中的位置	客观性纸笔测验	甄别性评价常用的解释方式
		标准参照评价	确定个体是否达成标准	客观性纸笔测验，一定条件下也可以采用表现性方式	用于终结性评价的解释，也可以用于过程性评价的解释
		基线参照评价	确定个体经过一段学习后的“增长”或者“增值”，又称为增长参照评价	客观性纸笔测验或者某些特定的表现性方式	事先要进行一次“基线测试”作为学生日后发展的基准，典型的发展性评价是一种过程性评价

第二章　增值评价的需要和可能

现代教学评价的发展提出了增值评价的需求，而现代教育技术的发展又为增值评价提供了可能，使得增值评价得以产生和发展，再到现在可以进行全面的探索。

当代信息技术迅速的、全方位的发展给社会各领域带来了前所未有的变革。在教育领域引起的变革，人们用“突破(Breakthrough)”来形容。

一本十几年前出版的、专门探索教育变革的著作《突破》一书的作者认为，信息技术在教育领域引起的突破有以下三个核心成分：①

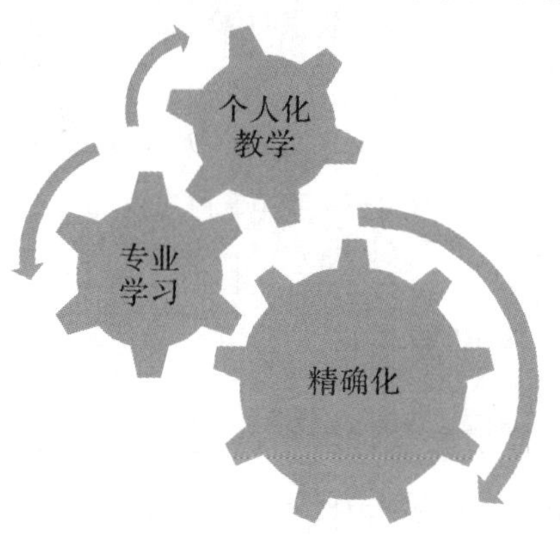

图 2-1　教育领域“突破”的三个核心成分

显然，在这三个核心成分中，精确化占有重要且特殊的地位：个人化教学是教育变革的目标——以学生为本，促进每一个学生的发展，促进学生的个性发展和全面发展，最理想的就是个人化教学。为了做到这一点，就必须使教学精确化，精确到能够明确指出学生的每一点进步以及每一个发展中的问题，例如每一段学习期间学业成绩的增值、引起增值的教学和其他有关因素的影响，等等。而在精确化的教学中，精确化的教学评价处于中心的位置（增值和影响都需要精确化的评价才能得到）。实际上，所谓“精确化”就是

① （加）迈克尔·富兰，彼得·希尔，（澳）卡梅尔·克瑞沃拉著.突破.孙静萍，刘继安译.[M].北京：教育科学出版社，2009：17.

用准确的数据驱动教学,用准确的数据方式进行精确的教学评价。为了实现教学精确化,教师的专业水平就必须有极大的提高,即"在自己的工作环境中做正确的事情",这种在精确化教学环境中做正确事情的能力就是教师需要具备的专业能力。教师专业水平的提高将有效地促进教学的精确化,从而促进个人化教学的发展,而个人化教学就是真正实现了因材施教原则、从而促进学生更好发展的教学。这就是突破的结果。在教育评价方面,发展性评价的精确化、信息化,是教育取得的突破性发展,其主要的实施方式就是增值评价,可以说,教学评价的发展需要增值评价。

本节围绕以上三个核心成分阐述信息技术带来的教育、尤其是教育评价中增值评价的突破。

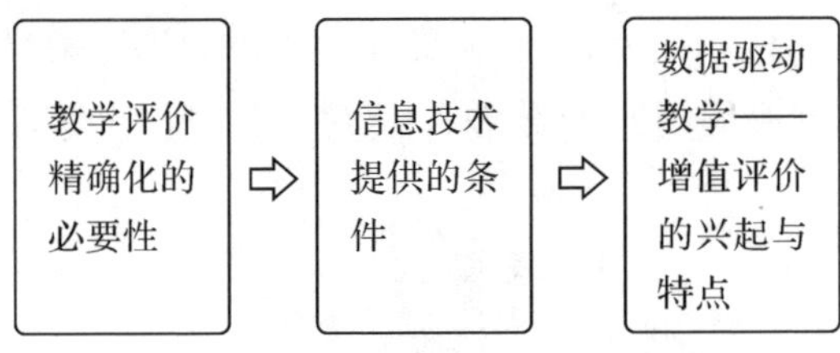

图 2-2　本节主要内容

2.1 教学评价精确化的必要性

教学评价的现状,需要教学评价精确化;教育未来的突破性发展,也要求教学评价精确化。两者结合起来有助于探讨发展性评价精确化的必要性。

2.1.1 从教学评价的现状来看

这里所谓现状并非传统的单一采用纸笔测验的教学评价时期,而是上一章所引用的发展性评价的案例(例 1.12)所代表的阶段。

2.1.1.1 评价的主观性问题

第一章例 1.12 中建构的发展性评价体系是一个符合多元特点的发展性评价体系,包括形成性评价、终结性评价和表现性评价,各自都有具体的评价方法。问题是,这些评价最后必须整合到一起,怎样整合?例子中给出的方法是对具体的评价方法赋分,也就是给予一定的权重,每种方法得出的评分乘以权重再相加,就得到了整合的评分,也就是评价的结果。

各种评价方法的权重是从何而来呢?评价的权重由教师主观确定。既然是主观确定，就有一定的随意性，也就是评价本身存在某种不确定性。例子清晰地标示出各种评价方法的权重、规定：档案袋评价法权重为20%，教学测验为40%，班主任教师、家长、同学和学生权重各10%。这样的权重有什么依据？也许教师可以说出许多依据来，但是所有的依据都无法准确地导出所采用的评价法必须给以这样的权重。因为利用同样的依据，有的学校、有的教师就采用了与此不同的权重，例如测验50%，档案袋30%，其余各5%。这样似乎也无可非议，但是采用不同的权重，学生最后得到的评价结果即评分却完全不同。尤其当同学之间进行比较时更是这样：对一个班级的同学用不同的权重进行各种评价，得分的整合即最终评分的高低会有很大的变化。这就意味着这种主观的权重设计方式因缺乏客观性而影响了整个评价的客观性。缺乏客观性的评价必然缺乏精确性，例如只能定性描述，也就是运用语言进行评价，最好的情况是评出等级，例如A、B、C、D四个等级。而不够精确的评价，一般很难走得更远，所以实际上没有多少学校真的采用这种方式对学生的学业进行评价，所举的例子主要是研究或者实验用的。尤其是在高利害的评价之中，人们普遍会自觉地拒绝非客观性的、缺乏精确性的评价。如果高中阶段的平时成绩计入高考成绩中，学校所有的重要学业评价，例如期中成绩、期末成绩都成为高利害的评价——它们的积累就是平日成绩，将直接以某种权重进入高考成绩之中，因而不允许加上任何有意识的主观色彩，必须精确。如果说例1.12的小学科学发展性评价还有可能在实际中实施的话——一般来说，小学没有升学考试，所以其教学测验实际上不具有高利害性质，那么就应该允许不够精确的评分存在。在一定程度上看，这种评分的模糊性或许对儿童教育存在有利的一面。现在高中各学科的学年评价在一些省市只能停留在理论探讨了，主要的评价方式还是回到了考试而且主要是纸笔测验的方式。

这使得发展性评价必须适应评价客观性的要求，以尽可能精确的方式进行，特别要适应以考试测验为主要评价方法的现实，以更精确的方式探索进行发展性评价的可能。

2.1.1.2 对测验结果解读的片面性问题

现实中，发展性评价往往又回归为考试评价，而当前的考试评价存在着以下问题。十年前两位研究者的成果，直到今天也非常有意义。

首先,评价标准过于单一。各级各类大规模教育考试的成绩被普遍用来作为评价学生、教师及学校教育成果的唯一法宝,从而导致了对分数片面、盲目的追求。由于目前最主要的高利害考试(如中考、高考等)都较侧重书本知识,教学实践往往受其影响,强调记忆性知识,而忽略其他能力素质、实践技能等,严重制约了学生全面、均衡发展。

其次,评价技术比较落后。一方面,我国在命题技术上与教育发达的国家的考试命题存在一定差距;另一方面,在我国目前的教育评价实践中,对考试成绩的解读仅止于得到一些简单的描述统计量(如原始分、平均分、排名等),而往往忽略评价结果所能提供的如何提高教学的宝贵信息。原始分、平均分等数字貌似非常精确,容易统计,便于比较,但它们完全不同于物理测量单位的直观含义,纠缠其中实在是极大的谬误。

例如,在同一次考试中,60 分和 70 分的差距截然不同于 90 分和 100 分的差距。即使两个考生的分数完全相等,也不能认为他们的知识、能力与学习成果完全相同,因为构成总分数的各部分的具体分数可能存在差异。同理,某次考试的 70 分和另一次考试的 80 分也无从比较,因为试题内容、难度等都可能存在较大差异。并且,这些统计量与各学科预设的学业质量标准缺乏联系,使得我们无法从中解读到学生是如何取得进步的反馈信息。学生仅能看到自己依据本次考试在群组中的排名,但究竟哪些方面学好了、哪些方面存在欠缺、是否取得进步,却不能从考试结果中体现出来,更不用说客观评价学生进步的程度了。这很容易造成学生死啃书本却收效甚微,逐渐失去自信心的结果,影响他们的健康发展。

最后,在对教师、学校进行评价时,方法上存在着非科学性和不公平性。在对教师的评价中,常以学生成绩或教师的教龄为依据;而对学校的评价中,常以办学条件代替教学效果,或单以升学率为依据。以单一考试(或升学率)为主要依据的评价方式不仅会使教学活动进入应试教育的误区,而且由于这种做法不考虑学生入校时的基础、学生的家庭背景、培养成本等因素,还会对一些入学学生

> 基础较差的学校产生较严重的负面影响，使学校之间争夺优质生源，导致优质生源不合理地集中在少数甚至个别学校。在一些“差校”，教师和学生都缺少成就感、缺乏自信，学生学业、心理、道德等多方面都受到这种消极因素的侵害。[①]

第二方面评价技术的问题就产生于我们对考试测验数据解读不当，或者说对数据的解读不够精确，由此产生了更为严重的后果。例如小学没有升学考试，其教学测验实际上不具有高利害性质，应该允许不够精确的评分的存在，这种评分的模糊性或许对儿童教育存在有利的一面，所以类似例 1.12 举出的小学科学发展性评价的方式在小学中能够得到广泛实施。但在实践中，小学期间的许多考试，例如期末考试、学年考试被赋予了高利害的性质，用学生的考试成绩作为对学校进行全县或者全区的排序依据，作为对学校教育教学水平和教师教学能力的评价依据。姑且不谈这样做是否具有科学性、合理性，只是这样一来，小学阶段的学业考试由于被赋予了高利害——特别是对学校、对教师的高利害性质，使小学阶段的评价也产生了对评价结果精确性的要求，于是也像其他学段一样，小学期间的考试测验成了评价学生学业成绩、教师教学水平，甚至学校的教育教学能力、管理水平的依据。例 1.12 中的发展性评价对许多地方的小学也成为遥不可及的事情了。这促使对小学生的发展性评价也必须适应这种情况，以尽可能精确的方式进行，特别是需要适应以考试测验为主要评价方法的现实，以更精确的方式探索进行发展性评价的可能。

解决这种对考试测验数据解读不当的问题，关键在于对测验结果解读的精确化。首要的是从精确化的考试数据中解读出学生获得学习成就的原因、存在的问题、努力的方向及能达到的目标。这种精确化解读实际上也就是发展性解读。重要的是，这里的“学生”，既指所有的学生，即学生群体；也指每一个学生，即学生个体。对每一个学生的考试数据做出这样的解读是非常有意义的，是真正以学生为本的教育教学的需要，也是实施发展性评价，落实以学生为本，重视个体差异，促进每一个学生发展的需要。推而广之，对考试数据的精确化解读也是对教师、学校的教育教学工作水平科学、客观评价的重要依据。

---

① 谈松华，黄晓婷. 我国教育评价现状与改进建议[J]. 中国教育学刊，2012(1)：8-11.

2.1.1.3 课堂教学的两难问题

《突破》的作者提到课堂教学不可避免的两难选择：一个教师和30个学生，每个学生都有不同的学习动机、不同的起点、不同的能力和不同的阻碍学习的弱点。人们设计发明出来许多策略以应对这些个体差异，从年段分流到班内分组，但每个策略都是在忽略个体差异的基础上进行微调。学生被划分成不同的年级，主要根据是他们的年龄而不是他们的学习状况。每个年级都有不同的课程目标和成绩标准，在同一年级里每个学生都受教于同一个教师，一年后，许多学生升入下一年级，面临新的课程目标、标准和新的教师，无论他们对上一年级的知识掌握得如何，不管他们与教师建立起怎样的关系，也不管教师对学生的了解如何。

这种年级累进模式是工厂流水线模式在学校的翻版，它假定同龄人具有同等的学习基础和学习进度。这个模式持续使用着，尽管大量的证据表明，大约在三年级，同一年级学生的学业差距可能多达五年或者更多。这种模式使得对学生的评估与他们的起点无关，因为起点是规定好的，而不是学生自己选择的。所以，学生间的差距一直存在并且成为关键的问题，而解决这一问题的办法即多年未解决的老问题——个人化教学。

正是这个两难——教学既要应对个体的需求，又必须顾及一个30人的班集体或者说按年龄划分的集体，但又缺乏清晰的思路去面对学生的个体需求——使得课堂教学问题重重。① 即便倡导发展性评价，也未能解决这一两难问题。从例1.12中可以发现，学校在实施发展性评价方案时，并没有从学生自身的认知起点出发，而仅仅是从教学既定的知识和在这种既定知识的基础上设计的活动出发。解决这个问题的关键在于充分了解每个学生的学习起点，并将学业评价与学生的学习起点或者认知起点联系起来，这才是真正意义下的发展性评价——评价的是每一个学生从自己的认知起点出发所获得的成就。

不过这样一来，我们又会面临新的问题：怎样才能确切地把握自己所教的每个学生在某一学段、某门课程的认知起点呢？教学的起点在对学生进行的测验评价中起怎样的作用？对这两个问题的解决直接指向了教学精确化，

---

① (加)迈克尔·富兰，彼得·希尔，(澳)卡梅尔·克瑞沃拉著.孙静萍，刘继安译.突破.[M].北京：教育科学出版社，2009：32-33.

特别是教学评价、发展性评价的精确化。于是我们看到：

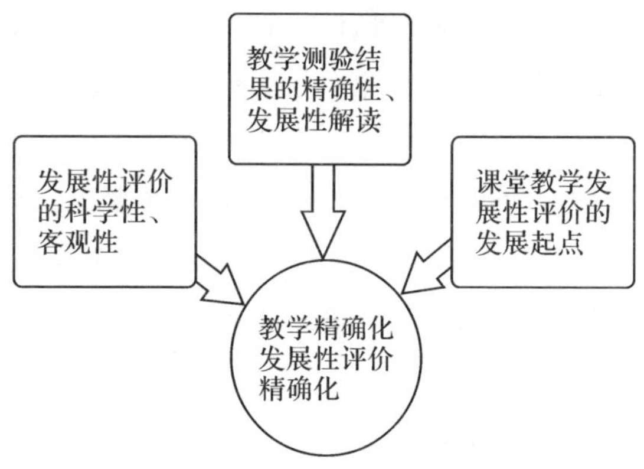

图 2-3　从评价现状到评价指向

CIPP 评价模式已经提出了评价的精确化问题："评价应当是精确的(accurate)。评价应该清楚地表述评价对象的发展和背景；评价能够提供有效的、可靠的数据，并以此对学生未来发展做出预测。"

按照 2021 年教育部办公厅《关于加强义务教育学校考试管理的通知》精神，为深入贯彻落实中央关于教育评价改革和"双减"工作部署要求，严格规范学校教育教学行为，切实降低学生考试压力，促进学生全面发展健康成长，必须大幅压减考试次数。这就要求，通过较少的考试做出精确的评价，这是评价精确化的另一个需要。

2.1.2 从教学评价发展的角度来看

从教学评价现代发展的角度，教育评价的精准化既有理论要求，也有实践需要。

2.1.2.1 四个理论要求

《突破》这本著作中有一段话出现了三次，那就是所谓"四个新成分"：

1. 一套有力的评估工具。这套工具与每堂课的学习目的相配套，它使教师每日获得每个学生进步的准确的、综合的信息。这套工具的管理使用不会过度干扰正常的课堂秩序。

2. 一个不用太多时间而又能捕捉到过程且可以评估数据的方法。这种方法能自动分析数据，并把数据转换成可有效推动教学的信息，使教师可以很快做出教学方案，而无须等到将来。

3. 一种使用每个学生的评估信息来设计并实施个人化教学的措施。这种措施使得为教学而评估成为提高教学精确性的策略。

4. 一套嵌入的手段来监测和管理学习。这种手段可以测试哪些评估信息能有效、系统地提高课堂教学效果,从而使之更加精确地应对教室中每个学生的学习需求。

目前的一些教学活动接近实现以上一个或几个要求,但以上四个还没有包含将之统一起来的教学实践。例如,DIBELS(Good & Kaminski,2002)做了大量的工作,发现要对阅读技巧进行监测评估,就会忽略口语发展、综合理解以及批判性读写等关键领域。①

这里提出了数据分析的要求,就是评价的精确化,精确到能够评价每个学生的学习生活,特别是每一时期学生的发展情况,也就是学生学习的增值情况——增值部分才是教师和学生努力的结果。这种评价能够自动或者很方便地转化为教师的教学方案,使教师能够有针对性地促使学生得到更大的进步、更新的发展、更大的增值。这种精确化的个人学习评估为个人化教学奠定了基础,也只有精确化的关于增值的评价才是发展性评价,才能满足个人化教学的需求,满足学校、教师对学生学习管理和监测的需要。这几项教学评价发展的指向是精确化。

2.1.2.2 评价有关方对评价的要求

前文引文中"更加精确地应对教室中每个学生的学习需求",也是针对教学评价本身的要求,进一步可以问学生对教学评价有怎样的要求。学生的要求不外乎自己的学业成就如何,这个学业成就在测验中的表现分数,这个表现分数在自己所在的群体(班级、学校)中所占的位置,自己各学科的成绩存在什么样的差异,在测验的知识技能和能力方面自己掌握了什么,学会了什么……更重要的是,这段学习期间,在教师指引下,自己的学业取得了什么样的进步(严格地说是"增值"),还存在哪些问题(例如知识上的问题、认知过程上的问题、这些问题可能的来源、相关的学习背景的问题),如何解决这些问题,自己在未来的重要考试中可能取得怎样的成绩,对成绩的预测和可能达到的期望……学生还希望能够随时查询到自己历来的测验成绩和所有的上述内容,以便明确自己存在的问题、解决途径和改进状况。

---

① (加)迈克尔·富兰,彼得·希尔,(澳)卡梅尔·克瑞沃拉著.孙静萍,刘继安译.突破.[M].北京:教育科学出版社,2009:39,50-51,81.

学生对教学评价的要求,基本上也是家长对教学评价的要求。家长的目的在于准确了解孩子的学习状况,特别是与上一阶段比,孩子有哪些出于努力而获得的发展(增值),明确学生的成就和存在的问题。一方面对孩子未来的成绩有一个合理的期待,另一方面帮助孩子制订学习计划,解决存在的问题,为争取更好的成绩而努力。家长对教学评价的要求还在于能够据此进行重要的教育决策,例如帮助学生进行专业发展选择,制订升学计划、职业生涯计划,等等。

教师对教学评价的要求也有与学生一致的地方,那就是他也要了解学生的学习情况,特别是自己的教学努力在何种程度上提高了学生的学业成绩(增值),这是对他教学工作的总结。由于他要对学生进行个人化的教学,因此他要能够随时查询和自己学生的学习评价有关的情况。此外,教师自然还要关注自己所教学科的成绩分布情况及在学校整个学科教学中所占的位置和增值。如果是班主任老师,他还要关心自己班级的各个学科在学校所占的位置、有哪些增值;还需要了解自己所教学科成绩的成因和存在的问题,以期改进自己的教学,并对所教学科的成绩进行预测,提出对学生的学习期望。

教育行政部门和学校对教学评价的要求是能够随时查询到各个学校、各个班级学生的成绩,希望能够了解学生在学校的现有成绩和历来的成绩,更希望由此可以得到学校和教师的教学效能(通过增值),为制定教育行政管理政策和学校发展规划提供科学依据。教育行政部门需要运用教学评价将不同的学校放在一起进行科学的比较,学校则需要运用教学评价将不同学科的教师放在同一平台上进行教学效能的比较,以便能够科学、公正、客观、准确地对学校和教师的教育教学效能进行评价,这对学校、教师和学生的发展是极为有益的。

教育督导部门对学校和地方教育行政部门进行督导时需要随时查询学生学习发展、学校效能的各种增值数据,发现学校和地方教育存在的问题,以此帮助学校解决问题,提高效能,帮助地方教育行政部门改进教育管理方式,共同促进学校效能的提高,促进学生更好地发展。

学生、家长、教师、学校、教育行政部门是教学评价最基本的有关方,在现代教学评价特别是发展性评价中,他们又都是评价的主体,他们对教学评价、特别是(教学增值)发展性评价的要求,就是教学评价发展的方向。

以上有关方对发展性评价的要求,从本质上看,就是精确化。

首先,随时查询离开精确化就根本没有可能,学生、家长、教师、学校、教育行政部门,这五类用户都需要对学生的成绩进行随时查询,查询的权限就要有精确的划分。例如学生只能查询自己的评价报告,家长可以查询自己孩子的评价报告,教师则可以查询自己所教的学生本学科的评价报告、自己所担任班主任的班级学生的所有评价报告(班级的或者学科的评价报告),校长或者学校的代表可以查询本校所有学生的评价报告和所有班级的评价报告。教育行政部门就更广泛一点,可以查询自己管区内所有学校、班级和学生的评价报告。

其次,各种各样成绩(评价报告)的产生都是精确化评价的结果,特别是进行科学、公正、客观、准确的比较,离开精确化的评价就没有可能。对发展的评价,对取得多少进步的评价,对存在问题的评价,对学生可能进一步取得成就的预测,都只有建立在精确化的数据分析基础之上才有可能实现。因而从本质上看,评价有关方对评价的要求也指向了评价的精确化。

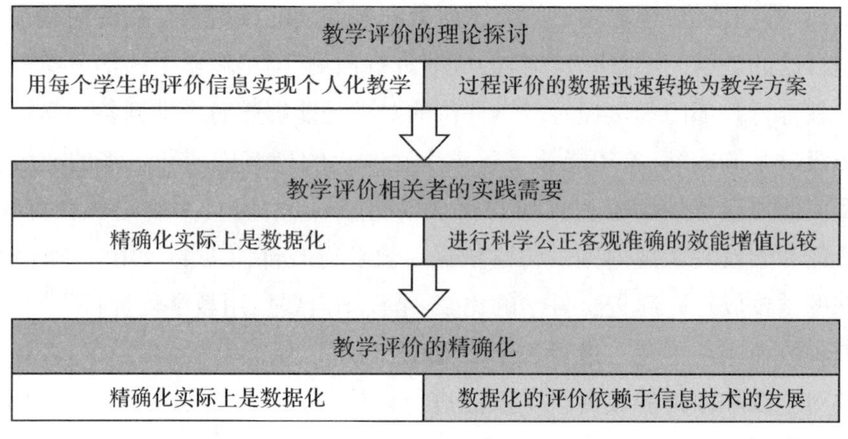

图 2-4　教学评价发展的指向

2.2 信息技术提供的条件

事实上,信息技术的现代发展已经为教学评价的精确化提供了全部条件。

2.2.1 教育信息化作为国家教育发展战略

早在 2010 年,《国家中长期教育改革和发展规划纲要(2010—2020 年)》就对“加快教育信息化进程”进行了规划:

> 加快教育信息基础设施建设。信息技术对教育发展具有革命性影响，必须予以高度重视。把教育信息化纳入国家信息化发展整体战略，超前部署教育信息网络。到 2020 年，基本建成覆盖城乡各级各类学校的教育信息化体系，促进教育内容、教学手段和方法现代化。充分利用优质资源和先进技术，创新运行机制和管理模式，整合现有资源，构建先进、高效、实用的数字化教育基础设施。加快终端设施普及，推进数字化校园建设，实现多种方式接入互联网。重点加强农村学校信息基础建设，缩小城乡数字化差距。加快中国教育和科研计算机网、中国教育卫星宽带传输网升级换代。制定教育信息化基本标准，促进信息系统互联互通。
>
> 加强优质教育资源开发与应用。加强网络教学资源体系建设。引进国际优质数字化教学资源。开发网络学习课程。建立数字图书馆和虚拟实验室。建立开放灵活的教育资源公共服务平台，促进优质教育资源普及共享。创新网络教学模式，开展高质量高水平远程学历教育。继续推进农村中小学远程教育，使农村和边远地区师生能够享受优质教育资源。
>
> 强化信息技术应用。提高教师应用信息技术水平，更新教学观念，改进教学方法，提高教学效果。鼓励学生利用信息手段主动学习、自主学习，增强运用信息技术分析解决问题能力。加快全民信息技术普及和应用。
>
> 构建国家教育管理信息系统。制定学校基础信息管理要求，加快学校管理信息化进程，促进学校管理标准化、规范化。推进政府教育管理信息化，积累基础资料，掌握总体状况，加强动态监测，提高管理效率。整合各级各类教育管理资源，搭建国家教育管理公共服务平台，为宏观决策提供科学依据，为公众提供公共教育信息，不断提高教育管理现代化水平。

由此可见，国家对教育信息化给予高度的重视，随后各地制定的教育发展规划纲要也无不把教育信息化作为地方教育的重要发展战略。

当前，教育规划纲要关于教育信息化的要求和方案得到了超额实现。网络的发展、移动设备的普及使得网络教学的远程管理成为可能。2020 年新冠肺炎疫情防控期间，网上教学得到了空前的发展，许多相关的问题得到了迅速解决,线上和线下相结合的教学方式已经成为许多地方教学的常项。采用信息技术解决教育教学问题、教育管理问题成为常态,学校基本上做到了“教育内容、教学手段和方法现代化。充分利用优质资源和先进技术,创新运行机制和管理模式,整合现有资源,构建先进、高效、实用的数字化教育基础设施”,各种课堂教学、教学评价、教学管理的软件系统更如雨后春笋般涌现出来。随着大数据技术的发展,数据分析将从“随机采样”“精确求解”和“强调因果”的传统模式演变为大数据时代的“全体数据”“近似求解”和“只看关联不问因果”的新模式,这为创造性地解决体现整体和个性、精确和近似、相关和因果等辩证关系的算法技术奠定了基础。大数据从本质上提供了人类认识复杂系统的新思维和新手段。就理论上而言,在足够小的时间和空间里,对现实世界数字化,可以构造一个现实世界的数字虚拟映像,这个映像承载了现实世界的运行规律。在拥有充足的计算能力和高效的数据分析方法前提下,对这个数字虚拟映像的深度分析,将有可能理解和发现现实复杂系统的运行行为、状态和规律。大数据为人类提供了全新的思维方式和探知客观规律、改造自然和社会的新手段,这也是大数据引发经济社会变革最根本性的原因①。这为运用信息技术解决教学评价面临的现实复杂系统的运行行为、状态和规律问题——教学评价精确化问题——指明了方向,评价当然就是教育管理、学校管理的问题。这样既有了运用信息技术解决教学评价遇到的问题的方向,又有了信息技术的物质和技术基础,用信息技术解决教学评价精确化的问题也就有了条件。

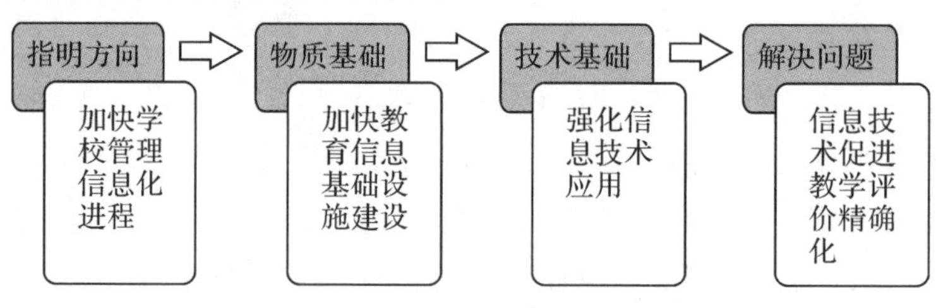

图 2-5 教育信息化提供的条件

2.2.2 对公民基本能力的影响

信息技术能不能解决我们遇到的教学评价精确化的问题或者能不能解决教育教学的问题?这需要从信息技术对教育所产生的变革谈起。而教育

① 梅宏.大数据:发展现状与未来趋势[EB/OL].(2019-10-30)[2021-7-9]18:18.中国人大网.

变革则应该从教育最基本的目标——培养社会公民的基本能力——开始言说。

阅读、书写和计算是社会公民的基本能力，是教育的三大基石，基础教育的第一位目标就是培养学生掌握这三种能力。信息技术的发展引起了这三种能力获取途径的巨大变化。

2.2.2.1 阅读：从文本到超文本，从读文到读图

阅读自然离不开文本，离不开文字词句，但是信息技术的发展使得人们的阅读日益从文本经过高效检索走向了超文本阅读，人们阅读的内容也从文字经由图文并茂走向了读图。

计算机网络中的知识联结是网状的、非线性的，可以有多种联结组合方式与检索方式，网络资源从传统的文字、篇章扩展为图像、动画、音频、视频等非文本形式，于是产生了需要人的全部感官共同介入的全息式阅读。在这种状态下，人们的阅读和感受、知识和体验同时产生并结合在一起，极大地提高了人们阅读的兴趣和效率。网络阅读的高效率检索是超文本阅读的原因和结果，这种检索固然能使人们迅速地找到要阅读的信息，但也能使人们的阅读离题万里，远离原来想阅读的内容，使阅读带有随机性和不确定性。

"读图时代"人们的阅读习惯已经深深地影响到书籍的设计和教育教学的方式。一方面，图文并茂成了图书出版的必要条件；另一方面，知识的可视化成为教育教学的一个方向。

2.2.2.2 书写：从纸笔到键盘，从私人写作到公共写作

就书写方式而言，现代社会由于电脑的普及，键盘输入替代了纸笔写字，许多人已经不会写字了，纸笔写字成了保护传统文化之举或者艺术行为，不再是主要的交流手段。

就写作来说，除了有意发表的作品，原来的私人写作，如日记、笔记和信件，在信息时代已多被网络写作所替代，只要发到网上就可以为大众所阅读，成为公共写作，例如博客写作、微博写作、微信写作这些写作便于存储与管理，也便于了解他人的意见，所以受到人们的欢迎。网上可以实现多样化的写作，特别是视频写作，现在有了突飞猛进的发展，人们可以利用网络实现全方位的交流。

2.2.2.3 计算：从操作到思考，从数字到数据

传统的计算作为一种操作技能或者操作能力为世人所推崇，为了实现快

速操作,计算表现出与熟练相依存的高度的技巧性,心算大师的计算技能一度成为人们学习的榜样。信息技术的发展则改变了这种状况,计算根本不算作什么技能了,因为计算机甚至简单的计算器都能够立刻解决原来必须是大师级的人士才能解决的复杂计算,人的操作不过按几个按键而已。在计算方面人们面临的是设计算法——思考怎样通过计算来解决某一个问题,更进一步是开发软件——为用计算机解决问题而设计可以解决问题的机器程序。凡是能编出软件的问题,理论上就是可以用信息技术解决的问题;凡是设计出算法的问题,理论上就是计算机能够处理其数据,并得到需要的结果的问题。现在的计算能力是算法设计能力,也是问题解决能力。这是从计算者的角度考察的计算的变化。

从计算处理的对象来看,一方面,计算的发展是从对单纯的数(数字)进行操作发展到对数据进行操作。数据是什么?各种各样的统计数据、社会生活和生产各个部门产生的数据,这还只是具有传统意义的数据,但是运用的范围有了极大的拓展。对高度复杂的、曾经无法处理的数据,现在有了处理工具,统计分析得以应用到更广泛的领域。另一方面,通过科学的数字化,特别是各个领域随着计算机的应用而出现的数字化,数据也得到前所未有的拓展:所有可以数字化的内容都产生数据,而这些数据都是可以计算的。不仅文字、图像、音频、视频可以转化为数字——它们就是数据或者可以用数据来表示,而且热门的活动也可以数据化或者可以用数据来表示,至于现在流行的云计算已经把数据处理或者说数据计算推广到了社会的一切领域和人类所有的活动之中。所谓云计算(cloud computing)尚没有一致性的定义,一般可以这样理解:云计算是一种新型的商业计算模型,通过分布式计算、并行计算和网格计算,把基于互联服务的大规模数据处理能力和存储能力整合起来,形成易于获取的服务,使各种应用系统能够根据自己的需要获取计算能力、存储空间和各种软件服务。实际上,所谓"云"就是基于互联网的一系列软硬件计算机系统,由构成"云"的这些软硬件提供的计算服务就是云计算服务。对于用户来说,作为"云"的那些软硬件在什么地方并不重要,重要的是可以通过互联网获得服务。

回到关于教学评价精确化的问题,从信息技术角度看,就是针对问题开发出软件、设计出算法,然后进行"计算"——数据处理;从信息技术为教育带来变革的角度看,信息技术为解决教学评价精确化提供了软件化、算法化的解决方案。

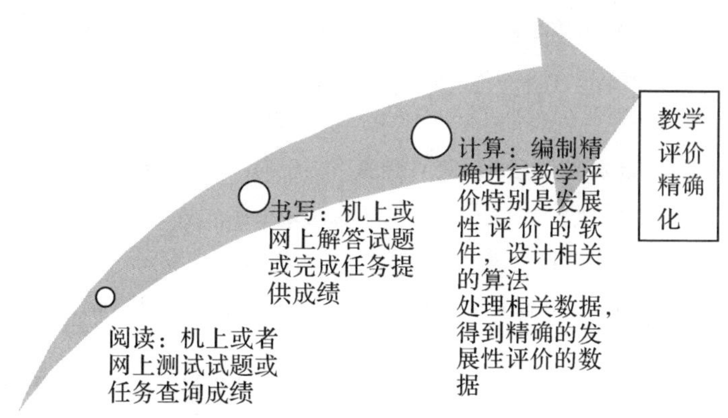

图 2-6　教育信息化引起的变革条件

2.2.3 信息技术对学生学习的影响

信息技术的发展对教育最为重大的影响还是学生的学习。学生首先是教育信息化的受动者,《国家中长期教育改革和发展规划纲要(2010—2020年)》指出:“提高教师应用信息技术水平,更新教学观念,改进教学方法,提高教学效果。鼓励学生利用信息手段主动学习、自主学习,增强运用信息技术分析解决问题能力。”2018 年教育部发布《教育信息化 2.0 行动计划》,我国教育信息化从 1.0 时代迈入 2.0 时代,教育信息化由“专用资源服务”向“大资源服务”转变。在教育信息化 2.0 时代,教育信息化作为教育系统性革新的内生变量,支撑教育现代化开展,推进教育理念更新、形式革新、系统重构。教育信息化 2.0 的目标是 2022 年基本完成“三全两高一大”的发展目标,即教学应用覆盖全体教师、学习应用覆盖全体适龄学生、数字学校建造覆盖全体学校,信息化应用水平和师生信息素养普遍提高,建成“互联网+教育”大平台。这样有利的宏观政策环境为教育信息化的发展提供了有利的环境。教育信息化要求或者鼓励学生进入信息化的天地,随之而来的是学生将成为教育信息化的主动者、主体,而且学生的学习主体地位得到了前所未有的加强。这得益于国家的设计、学校和教师的努力,但是更根本的原因在于信息技术自身的特点,例如网络具有非线性的联结,虚拟空间的自由度较高,网络技术和网络自身的透明性、公开性,等等。

表 2-1　教育信息化 1.0 和教育信息化 2.0 的对比①

	教育信息化 1.0	教育信息化 2.0
时间节点	改革开放—十九大(2017 年)	十九大(2017 年)—至今
主要内容	三通:宽带网络校校通、优质资源班班通、网络学习空间人人通 两平台:建设教育资源公共服务平台、教育管理公共服务平台	三全:教学应用覆盖全体教师、学习应用覆盖全体适龄学生、数字校园建设覆盖全体学校 两高:信息化应用水平和师生信息素养普遍提高 一大:建成“互联网+教育”大平台
主要基础	以硬件为基础	以软件、数据为基础
主要内涵	引入外部变量,提升师生及管理人员的信息技术能力	将外部变量转化成内生变量,实现数字教育资源开放共享,引领教育现代化
二者关系	教育信息化 2.0 是教育信息化 1.0 的升级,是由“专用资源服务”向“大资源服务”的转变	
二者区别	1. 教育信息化 1.0 的资源建设是自上而下的,是政府主导的,重点突出教学的线上化;教育信息化 2.0 的资源建设是双向的,突出自下而上的资源建设和共建共享 2. 教育信息化 1.0 突出解决和全面提升广大教师、学生及教育管理人的信息技术应用能力;教育信息化 2.0 则是将提升学生信息技术应用能力向提升学生信息技术素养转变	

教育信息技术领域的专业公开情况也是表明技术发展的一个方面。以“教育系统”为关键词在 SooPAT 网站进行专利公开数量搜索,从得出的数据来看,自 2010 年到 2020 年 7 月,中国教育信息化产业教学系统专利公开数量总体上呈波动趋势。专利公开数量从 2010 年的 13 件增加到 2017 年的 94

① 表 2-1 和图 2-8 均见:前瞻产业研究院. 2020 年中国教育信息化市场发展现状分析教育信息化迎来 2.0 时代[EB/OL]. (20-08-14)17:13[2021-7-9],东方财富网.

件,且 2017 年专利公开数量创近几年新高。2018 年以来,虽专利公开数量有所下降,但总体趋于稳定。从下图中可见 10 年来专利数量的发展,从而反映了教育信息技术教学系统的发展。

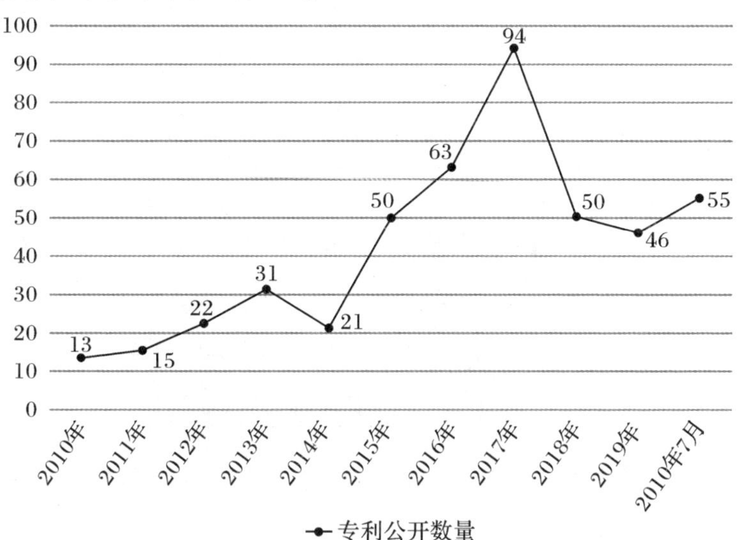

图 2-7 2010.1—2020.7 中国教育信息化产业教学系统专利公开数量趋势(件)

2.2.3.1 教育信息技术发展举例

我们以十多年前的一个在当时对教育产生巨大影响的新信息技术领域的预期事件为例,来看教育信息技术的发展。

2011 年《地平线报告》提出了未来五年改变教育的六大技术。① 实际上是指出了当时面对着信息技术的高速发展,通过网络即可方便获取到丰富资源的现状,向教育教学提出了挑战。例如,教师和学生可以及时掌握迅速增长、变化的信息、软件工具和设备,并且能够在教学和学习中应用。报告指出,教育教学的目标应该不仅仅是学会利用相关的信息技术来学习,还应该学会把握信息技术的发展趋势,并能利用信息技术进行创新。也就是说,教育教学还要充分提高学生的信息技术能力。下面分别简述一下这六

① 见《上海教育》,2011(08AB):6-22。所谓《地平线报告》是新媒体联盟从 2002 年启动实施的地平线项目——一个以新兴信息技术进入教育主流应用的潜能作为主要评估标准,开展持续而序列化的质性研究,从 2004 年起每年提供一份年度《地平线报告》。新媒体联盟是由全世界近 300 个来自美国、加拿大、澳大利亚及欧洲、亚洲等国家和地区的高校、博物馆、学习中心、基金会等教育及学习机构组成的非营利性研究机构,致力于促进信息技术在教育中的研究和运用,总部位于美国德克萨斯州的奥斯汀。

大技术。

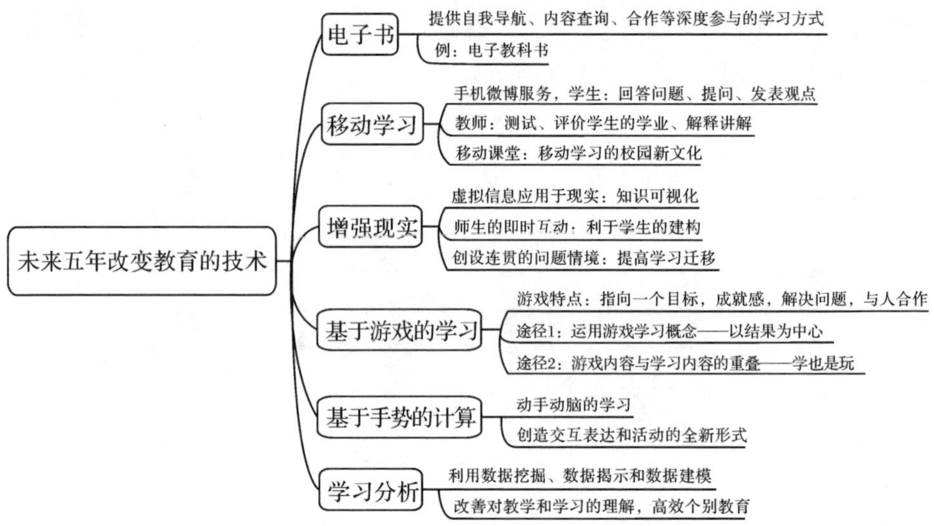

图 2-8　2011 年提出的未来五年改变教育的六大技术

(1)电子书

电子书是指将文字、图片、声音、影像等讯息内容数字化的出版物和植入或下载数字化文字、图片、声音、影像等讯息内容的集存储和显示终端于一体的手持阅读器。电子书通过数码方式记录在以光、电、磁为介质的设备中，必须借助于设备来读取、复制和传输 。其依托的关键技术提供了一种全新的阅读体验，表现出学习方式变革的可能性——自我学习导航、方便的内容查询、合作学习以及其他深度参与的学习方式。人们持续不断地为电子教科书提供内容和扩充材料，开发虚拟学具(工具)、数字化学习终端(设施)等有效连通、无缝对接的学习服务(如引领、分享、合作、评价)平台。

现在，电子书已十分成熟并广泛应用。人们可以在网上找到中小学所有教科书的电子版，也就是电子教科书；可以下载到阅读器阅读，也可以在线阅读。许多教育教学网站开辟了在线学习平台，提供相应的学习服务。

(2)移动学习

移动学习(Mobile Learning，缩写为 M-Learning)，是一种跨越地域限制，充分利用可携技术的学习方式。移动学习消除了地域对一般可携带装置机动性的限制，在不同的社会群体中有不同的含义。虽然它与网络学习和远距离教学相关，但它的特点在于学习的全面性以及使用手持设备学习。随着移动学习的广泛开展，相应的服务也正在建设，主要表现为各种移动教学系统的设立、教师和学生的互动沟通、教学课程的管理、在线测试评价服务、在线问答、智能可视化学习、学习管理，等等。移动学习有三点优势：一是学习交流的方式限制更少，理论上只要有一部安装了交流软件的手机，就可以和全球所有学习同样课程的同学交流，可以和全球所有教同样课程的教师分享教学体会；二是学习互动的空间无限扩大，可以组织所有学生参加实时在线讨论，使师生互动、生生互动突破了空间的限制；三是资源的获取方便快捷，可以随时获取全球顶尖学校的课程资源，以此促进教学。

现在，移动学习以及线上线下交融的学习已经成为一种常态。2019—2020 学年第二学期，在新冠肺炎疫情的影响下，全国各级各类学校都进行了线上教学，其间，移动学习技术得到极大的提高，许多学校结合移动学习的优势开展教学活动。

以下是 2019—2020 学年疫情防控期间，信息技术为实现移动学习所做的服务工作：①

表 2-2　疫情防控期间信息化支持教育教学工作情况

主要任务	具体措施
改善网络支撑条件	电信运营企业加强对国家和各地教育资源公共服务平台、各级各类学校网络的保障，为各地各校开展网络教学、师生和家长获取数字教育资源、开展在线学习提供快速稳定的网络服务。
提升平台服务能力	各地各校要依托国家数字教育资源公共服务体系（以下简称国家体系）以及地方、企业等各类教育公共服务平台，畅通网络学习空间应用，积极支持学校教育教学活动开展，包括发布通知、组织网络教学、开展家校协同、辅导学生学习等。
汇聚社会各方资源	依托国家体系整合各方力量，广泛汇聚教育服务能力，为各级平台提供在线学习、名师课堂等工具和丰富的学习资源，免费供各地各校和师生、家长使用。

① 2020 年中国教育信息化发展现状：疫情催化需求及教育全市场数据分析［EB/OL］. https://www.chyxx.com/industry/202002/836132.html.

续表

主要任务	具体措施
采取适宜的教学方式	通过国家平台开通"国家中小学网络云课堂",免费提供给教师、学生、家长和社会学习者使用。各地各校应根据行政区域内和本校教学条件,在学校延期开学期间通过网络平台、数字电视、移动终端等方式,自主选择在线直播课堂、网络点播教学、大规模在线开放课程(MOOC)、小规模视频公开课(SPOC)、学生自主学习、集中辅导答疑等形式,开展线上教学。
优化教育管理服务	各地各校要充分利用各类管理平台,做好数据监测分析,确保统计数据权威可靠,提供优质的"互联网+服务"。
强化网络安全保障	加强对重要信息系统(网站)的网络安全监测通报,组织电信运营商和网络安全服务商为国家体系等重要信息系统(网站)提供重点保障。

(3)增强现实

增强现实(AR),也称混合现实。它通过电脑技术,将虚拟的信息应用到真实世界,真实的环境和虚拟的物体实时叠加到了同一个画面或空间同时存在。增强现实提供了在一般情况下不同于人类可以感知的信息。它不仅展现了真实世界的信息,而且将虚拟的信息同时显示出来,两种信息相互补充、叠加。在视觉化的增强现实中,用户利用头盔显示器,把真实世界与电脑图形重合成在一起,便可以看到真实的世界围绕着他。最新的技术,一个是美国宇航局研制出的一种新型增强现实眼镜,能够帮助客机飞行员看穿浓雾,能够追踪飞行员的头部移动,将跑道、指挥塔以及其他客机的图像组合到一起①。另一项是透明的计算机屏幕——可以不戴眼镜直接看到增强的现实。增强现实借助计算机图形技术和可视化技术,可以产生现实环境中不存在的

① 信莲. NASA 研发新型防护眼镜飞行员可在大雾中保持视线清晰[EB/OL].(2012-03-15). http://www.chinadaily.com.cn/hqzx/2012-03/15/content_14836652.htm.

虚拟对象,并通过传感技术将虚拟对象准确“放置”在真实环境中,借助显示设备将虚拟对象与真实环境融为一体,并呈现给使用者一个感官效果真实的新环境。因此,增强现实系统具有虚实结合、实时交互、三维呈现的新特点。其应用在教学评价方面,处理学生的表现性评价更为合适、精确。此外,增强现实技术为发现学习打开了新的途径,真实的和虚拟的现实叠加,将再现科学发现的情境,促进学生自己发现。例如,对某个地方历史情境的层层叠加,在历史学习、理解历史方面将产生“历史”重现的效果——学生似乎能够亲自“走进”历史场景,直观历史事件。

增强现实已经在一些学校的教育教学中有所应用,例如虚拟物理、化学、生物实验室,具有实际感受的各种智能设备,使虚拟试验更加真实。受具体条件的限制,增强现实尚未能在中小学普及,但真实与虚拟现实叠加的教学系统已经在一些历史课、生物课、化学课中有所应用。

(4)基于游戏的学习

游戏给学生提供了环境, 这个环境是虚拟的, 在这个虚拟世界里, 学生用自己的知识解决遇到的问题。基于游戏的学习把游戏的机制引入到教学中, 把教学当作游戏, 让学生热爱学习, 享受学习。游戏化学习成功地推动了几大关系的转变: ①教师角色的转变——教师由处于中心位置的讲解者变为学生学习的指导者和活动的组织者; ②学习者地位的转变——从被动接受的地位变为主动参与、发现、探究和知识建构的主体地位; ③媒体作用的转变——由作为教师讲解的演示工具变为学生的认知工具; ④教学过程的转变——由演示、讲解和说明的进程变为情景创设、问题探究、协商学习、意义建构等的过程。基于游戏的学习得到了应用,相当多的游戏学习软件被开发出来,在教学实践中产生了积极的效果。

(5)基于手势的计算

基于手势的计算提供了一种新的动手动脑相结合的学习方式,能使学习者的所见、所感、所行与真实世界保持一致,对技能的训练具有独特的意义。

(6)学习分析

学习分析指的是在一定范围内对学生学习生成的数据进行解释和分析,以评价学生的学术进展,预测未来的表现,发现潜在的问题。数据从学生的明确行为收集而来，例如完成作业、参加考试、网上社会互动、课外活动，以及其他不直接与学生发生联系的教育进展评估活动。学习分析的目标是学校和教师根据学生不同程度的水平和需求，为每一个到学校接受教育的孩子提供不同的教学机会。

学习分析应用的是相当普遍和深入的技术，实际上，已经广泛应用的增值评价系统、学习诊断系统、教学评价系统、教学管理系统，都是在学习分析技术的基础上建构起来的。学习分析对教育信息化有重要意义，10 年来的《地平线报告》多次把学习分析列为改变教育或者发展教育的技术之一。

当然，《地平线报告》也提出其他影响教育的技术，2016 年和 2017 年两年的报告中都提出的"编程素养"，在各国教育界引起广泛的反响。在我国，2017 年 7 月由国务院印发的《新一代人工智能发展规划》中明确提出，要在中小学阶段设置人工智能相关课程，逐步推广编程教育，以培养学生的计算思维，同时鼓励社会的各类资源积极汇聚到编程软件的开发、制作和推广中。编程也不再局限于传统的 C 语言、JAVA 语言等相对复杂的编程语言，在中小学中更倾向于类似拖曳方式实现的以 Scratch、Python 为主的编程语言。目前，这些语言被相继编入到中小学信息技术教材中。在移动学习的基础上，2014 年，《地平线报告》提出了"翻转课堂"技术，立刻得到响应，在接下来的几年中被广泛研究和运用。

如《突破》一书所指出的，个性化学习始终是基础教育领域所面临的主要挑战。从 2012 年《地平线报告》提出个性化学习技术，到 2014 年把它归为"可解决"的问题，到 2016 年又归为"困难"的问题，个性化学习并没有因为资源的开发和措施的推行而变得容易。个性化学习更加强调学习者对学习内容的自主性以及个人自控力，对技术、设施、空间都有相当高的要求，各国都深刻意识到基础教育中个性化学习的重要性，通过国家政策的把控，不断改进及利用技术推动个性化学习的实施。① 个性化学习既是我们寄希望于信息化技术解决的问题，也是信息化技术带来的一个新的问题。下面具体考察一下新技术的教学应用。

---

① 徐多. 基础教育阶段《地平线报告》回顾与启示[J]. 中小学信息技术教育，2018(9)：82-84.

例 2.1　新技术下的教学提问

教学提问是教学的基本环节,也是课堂即时评价的重要方法。在新技术条件下,教学提问有怎样的变化?应该怎样保证它的高效?这是我们面临的挑战。未雨绸缪,为应对新技术的预做准备。

例 2.2　学习分析的应用

学习分析的核心就是收集、处理关于学生学习的大量信息,并以数据的形式表述出来。对这些数据进行教育教学的解释和进一步的分析,就可以很好地解决《突破》一书对评价要建立在数据分析之上的理论要求,同时也能满足教学评价精确化的要求。可以说,学习分析就是能够满足教学评价、特别是发展性评价精确化的基本方法,也是信息技术满足评价精确化的核心条件。

2.3 数据驱动教学——增值评价的兴起和特点

探讨了教学评价精确化的必要性(有理论上和实践上的需要)和可能性(信息技术提供的条件),就可以精确实施教学评价、特别是发展性评价了,这实际上就是实现教学的精确化。

2.3.1 教学精确化的关键是数据处理

精确化的教学评价满足《突破》一书提出的对教学评价的四个理论要求:一是一套有力的评估工具;二是一个不用太多时间就能捕捉到过程,并可以评估数据的方法;三是一种使用每个学生的评估信息来设计并实施个人化教学的措施;四是一套用来监测和管理学习的嵌入手段。这样满足要求的评价应该与教学构成一个循环。①

需要进行两次测试。第一次是基线测试,解决学生的学习起点问题,注意,是每个学生的学习起点问题,解决“学生的学习起点是由学年年级、课程事先确定好的,而不是具体的每个学生实际的学习起点情况(知识和认知能力的准备情况)”。由于在教学时教师对某些学生很可能无的放矢,学生间

① (加)迈克尔·富兰,彼得·希尔,(澳)卡梅尔·克瑞沃拉著.孙静萍,刘继安译.突破.[M].北京:教育科学出版社,2009:64.

的差距仍然存在,个人化的教学无法实现;而在对学生进行发展性评价时,由于不知道学生的起点,也就无法评价他的学习进步、他面临的困难以及发展的方向。有了学习前测试的结果,就有了对每个学生进行教学的出发点,也有了评价每个学生的发展进步的基础,这样就建立了解决个人化教学和个性化评价问题的基础。基线测试的目的是评价每个学生的学习起点,就是评价在达成本阶段教学目标方面学生的准备情况。按照布卢姆的教学目标理论,教学目标分为知识和认知过程两个维度,达成目标的准备也必须包括这两个方面,于是学习前的测试可以评价学生对教学目标的知识和认知过程方面的准备是否充分。一个学习阶段的知识是相对固定的,而认知过程则包括了 6 个层次,这就使得学生的学习准备变得复杂。教师通过测试,得到了学生相当多的数据,由此列成学生的学习档案。教师必须利用这些数据与教学目标的相应数据相比较,再按学生的测试状况、成绩分布划分不同的学习小组,为每个小组制定不同的学习策略,为每个学生制定自我学习策略,为不同小组的学生做出有针对性的教学设计,随时对学生的学习进行观察和监控和即时评价、反馈,然后再根据评价和新的教学目标开展进一步的教学,对学生进行新的帮助和引领,如此继续下去,直到完成整个阶段的教学。

整个教学是否达成了教学目标?需要对学生进行第二次测试即增值测试。测试的结果分析既要包括整个班级教学目标的达成情况,又要包括每个学生的学习成就,这一成就和学生的基线测试也就是学习起点相比较,就能够发现学生的知识和认知过程方面的进步情况,特别是得出学生因学习而得到的成绩的增值,再将增值记入学生学习档案,进行下一阶段的教学,重复以上教学过程。

这一教学过程产生了大量的数据,例如对每一个学生而言,要有他基线测试的知识和认知过程方面学习准备状况的数据,有他的准备状况与教学目标之间差距的数据——这个差距表现在各个方面,例如知识方面、认知过程的层次方面。为此,需要采用积极的教学策略引领学生制定自己的学习策略,进行针对性教学、监控评价、反馈指导等,所有这些都产生大量的数据,必须准确地处理数据才能进行精确化教学。数据处理成为教学精确化的关键环节。

2.3.2 数据处理技术的发展

既然教学精确化、教学评价精确化都依赖于数据处理，那么，数据处理技术能否胜任这一任务呢？从以下几个角度来看这个问题。

2.3.2.1 互联网信息技术的发展

(1)全球互联网的发展

截至 2021 年 1 月，全球手机用户数量为 52.2 亿，互联网用户数量为 46.6 亿，而社交媒体用户数量为 42 亿。截至 2021 年 1 月，世界人口数量为 78.3 亿。据联合国报告称，世界人口数量目前正以每年 1%的速度增长。这意味着自 2020 年年初以来，全球人口总数增加了 8000 多万人。

目前，全球有 52.2 亿人使用手机，相当于世界总人口的 66.6%。自 2020 年 1 月以来，手机用户数量增长了 1.8%(9300 万)，而移动连接总数(一人拥有多部设备)增长了 0.9%(7200 万)，达到 80.2 亿(2021 年 1 月)。

2021 年 1 月，全球使用互联网的人数达到了 46.6 亿，比 2020 年同期增加了 3.16 亿人，增长了 7.3%。目前，全球互联网普及率为 59.5%。新冠病毒疫情对互联网用户数量的报告产生了重大影响，实际数字可能会更高。

当前，全球有 42 亿社交媒体用户。这一数字在过去 12 个月里增加了 4.9 亿，同比增长逾 13%。社交媒体用户数量占全球总人口的 53%以上。

通过比较，可见发展速度：2011 年全球互联网用户总量为 17 亿左右，相比之下，全球的总人口数则为 67 亿，连接在互联网上的计算机主机大概有 5.75 亿台，人们预计互联网将最终走向无线化。那时，移动宽带网的用户已经呈现出爆发式增长的迹象。目前，亚洲地区是无线宽带网用户最多的地区，不过用户增长率最强劲的地区则是拉丁美洲地区。按当时 Informa 预计，到 2014 年，全球无线宽带网的用户数量将提升到 25 亿人左右。当前，全球互联网的发展表现出以下特点：

①社交媒体普及率激增

社交媒体用户数量在 2020 年增加了 13%以上，到 2021 年年初，全球新增用户近 5 亿，全球用户总数达到近 42 亿。2020 年，平均每天有超过 130 万新用户加入社交媒体，相当于每秒钟约有 15.5 万新用户。一般用户每天在社交媒体上花费 2 小时 25 分钟。2021 年,全球社交媒体用户在社交媒体上花费的时间将达到 3.7 万亿小时。

②手机已成为我们的"第一屏"

App Annie 数据显示,目前全球安卓用户每天使用手机的平均时间超过 4 小时。这意味着安卓用户在过去 12 个月中累计使用手机的时间超过 3.5 万亿小时。此外,App Annie 发布的 2021 年移动状况报告还显示,现在人们使用手机的时间比电视更多。另有数据显示,对于一般的互联网用户,每天使用手机上网的平均时间为 3 小时 39 分钟,每天看电视的平均时间为 3 小时 24 分钟。这意味着,目前互联网用户在手机上使用联网服务的时间比看电视的时间长约 7%。

③上网时间延长

互联网用户平均每天在所有设备上使用互联网的时间接近 7 小时,相当于每周上网时间超过 48 小时,也就是每 7 天中有 2 天是上网时间。假设每个人每天的平均睡眠时间在 7~8 小时,这意味着我们现在醒着的生活中,大约 42%的时间是在网上度过的,我们使用互联网的时间几乎和我们睡觉的时间一样多。

如果互联网使用量在整个 2021 年保持在这样的水平,则 2022 年全球互联网用户将花费近 12 万亿小时在线。

④在线搜索习惯正在改变

传统搜索引擎仍不可少,98%的受访者表示,他们每月都会使用搜索引擎。但是,超过 70%的受访者还表示,他们现在每月至少使用一种工具,而不是基于文本的搜索引擎来查找信息。语音界面是最受欢迎的选择,45%的全球互联网用户表示,他们在过去 30 天里使用了语音搜索或语音命令。与此同时,全球近三分之一的互联网用户每月也会在手机上使用图像识别工具。在拉丁美洲和东南亚,Pinterest Lens 和 Google Lens 等工具的使用率较高。在不断演变的搜索行为中,最有趣的趋势可能是社交搜索的兴起。大约 45%的全球互联网用户表示,当他们在寻找产品或服务的信息时,会求助于社交网络。

这一数字在年轻用户中更高,Z 世代(1995—2009 年出生的人)用户表示,他们更有可能在社交媒体上而不是在搜索引擎上搜索品牌。

⑤多设备策略仍然必不可少

如今,手机上网占全球上网总时间的53%,但其他设备在我们的互联生活中仍扮演着重要角色。数据显示,90%的互联网用户通过智能手机上网,但2/3的人同时表示,他们使用笔记本电脑或台式电脑上网。在2020年12月被访问的网页中,超过40%是由笔记本电脑和台式电脑上运行的网络浏览器请求的,与2019年12月相比,该比例略有下滑。

⑥网上售货与电子商务的兴起

全球范围内,在16~64岁的网民中,有近77%的人表示他们每月都会在网上购物。①

(2)中国互联网的发展

国家统计局发布的《2020年国民经济和社会发展统计公报》对2020年我国各行业的数据进行总结及公布,包含农业、工业、服务业等领域。

公报数据显示,2020年年末互联网使用人数9.89亿人,其中手机上网人数9.86亿人;互联网普及率达70.4%,其中农村地区互联网普及率为55.9%;全年移动互联网用户接入流量1656亿GB,较上年增长35.7%。

同时,全国电话用户共计177598万户,其中移动电话用户有159407万户,移动电话的普及率达到每百人113.9部,平均每人拥有一部以上的移动电话,全年软件和信息技术服务业完成软件业务收入81616亿元。

此外,国内固定互联网宽带接入用户为48355万户,比上年年末增加3427万户,包含固定互联网光纤宽带接入用户45414万户,增加3675万户。

2.3.2.2 数据存储能力

2008年,美国研究者的一份研究报告显示,2007年,全世界的电子数据储存能力为295万亿兆字节,全球的通用计算机每秒传输2000万亿兆字节的数据,执行6.4万亿条指令。1兆字节等于800万个比特,比特是最小的信息单位。据希尔伯特和洛佩兹称,若将295万亿兆字节存储在CD碟片中,这些CD叠在一起的厚度相当于从地球到月球的距离。

这项研究"通过跟踪1986—2007年使用的60种模拟和数字技术,推算出了全世界信息存储、传输和计算的能力"。该研究还为深入了解这三项能力的年增长速度提供了机会。据希尔伯特和洛佩兹估算,过去20年来,全世

① https://baijiahao.baidu.com/s?id=1690048817617486454&wfr=spider&for=pc[2021-9-10].

界专用应用设备的信息计算能力大约每 14 个月就提升一倍,而全球通用计算机的能力则每 18 个月增长一倍。以下是报告中的一些数字:

* 通用计算机的计算能力年增长率为 58%
* 双向通讯年增长率为 28%
* 全球信息储存量年增长率为 23%

看看 2010—2019 年的数据:

根据国际数据公司（ IDC,2019）的监测数据显示,2010 年全球大数据储量为 1. 2ZB(约 1.2×10^9TB,相当于 12 亿个 1TB 硬盘的容量),2013 年全球大数据储量为 4. 3ZB,2014 年和 2015 年全球大数据储量分别为 6. 6ZB 和 8. 6ZB。近几年全球大数据储量的增速每年都保持在 40%,2016 年甚至达到了 87. 21%的增长率。2016 年和 2017 年全球大数据储量分别为 16. 1ZB 和 21. 6ZB,2018 年全球大数据储量达到 33ZB,2019 年全球大数据储量达到 41ZB。如图 2-9 所示。

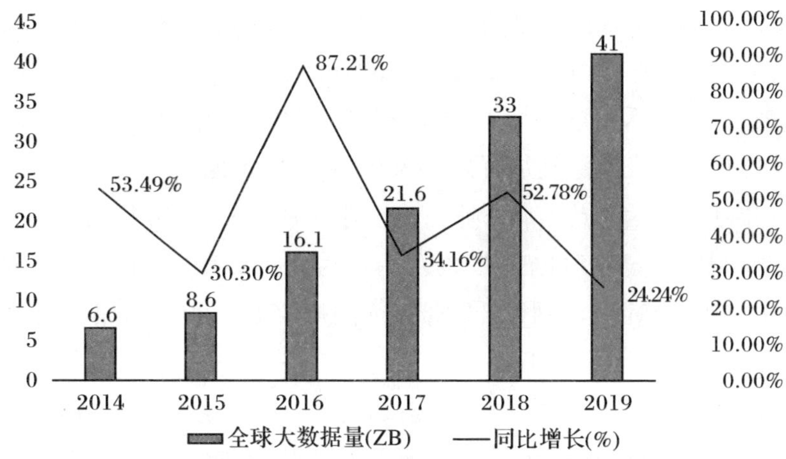

图 2-9　2014—2019 年 全球大数据储量及其变化情况(单位:ZB,%)①

这里 2019 年数据是当年的预测数,实际上全球 2019 年的数据量为 42ZB。

据《国家数据资源调查报告(2020)》显示,2019 年,我国数据产量总规模为 3. 9ZB,同比增加 29. 3%,占全球数据总产量(42ZB)的 9. 3%。

① 2021 年全球行业大数据市场现状及发展趋势分析[EB/OL]. https://baijiahao. baidu. com/s? id = 1692491483580936748&wfr=spider&for=pc.

在人均数据产量方面，2019 年我国人均数据产量为 3TB，同比增加 25%。

在数据来源结构方面，数据主要由行业机构及个人持有的各类设备产生，其中行业机构一直占据数据生产的主体地位。2019 年，我国行业机构数据产量达到 3ZB，占全国数据总产量的 76.9%，个人数据产量占比为 23.1%。近三年，行业机构数据产量占比逐年提升。

在数据流通方面，截至 2020 年年底，我国各级地方政府共上线 142 个数据开放平台，开放有效数据集 98558 个，省级开放平台达到 20 个。

在数据存储方面，截至 2019 年年底，我国数据总存量约为 332EB，占全球总存量（约 2800EB）的 11.9%；从数据存储密度看，截至 2019 年年底，我国总体数据密度为 0.035PB/平方千米；从数据存储主体看，我国个人端拥有最大规模的存量数据。截至 2019 年年底，我国 67.8%的数据存储于个人手机、电脑、移动硬盘等终端设备中，个人数据存量约是行业机构数据存量的 2.1 倍。

在数据应用方面，截至 2020 年年底，国家政务服务平台已经陆续接入地方政府 500 多万项政务服务事项和 1.1 万项便民服务应用。从用户规模看，截至 2020 年 12 月，全国一体化政务服务平台实名用户数达到 8.1 亿。从应用领域看，工业大数据融合应用类项目最多，有 90 个，其中涉及制造业的项目达到 53 个，汽车制造业、电器机械和器材制造业、化学原料和化学制品制造业等细分行业是热点应用领域。①

互联网的数据传输量将增加到艾字节（EB，exabyte），乃至泽它字节（ZB，zettabyte）级别（分别为 10^{18} 比特和 10^{21} 比特）②。

2.3.2.3 科学研究的第四范式（The Fourth Paradigm of Science Research）

微软公司于 2009 年 10 月发布了《e-Science：科学研究的第四种范式》论

① 苏晓. 我国数据产量占全球总量 9.3%[J]. 人民邮电报，2021(05).

② 关于"字节（比特）"的符号有如下规范：

字节	B		
千字节	KB	=1024B	10^3
兆字节	MB	=1024KB	10^6
吉字节	GB	=1024MB	10^9
太字节	TB	（同上倍数）	10^{12}
拍字节	PB		10^{15}
艾字节	EB		10^{18}
泽它字节	ZB（zetta）		10^{21}
尧它字节	YB		10^{24}

文集，首次全面描述了快速兴起的数据密集型科学研究。这些论文扩展了计算机科学图灵奖获得者——吉姆·格雷(Jim Gray)的思想，提出基于数据密集型的第四范式发现，提供了如何将其全面实现的见解。

所谓第四范式就是运用在大数据或者密集数据基础上的数据挖掘与处理技术(也就是运用计算机程序对大数据进行分析处理)的范式。

例 3 不同范式下人的行为比较

这是个平常的上班日，你出门时照例先看天气预报再听交通广播。当然你懂的，能不能心情很爽地准时在办公室亮相可不仅取决这些。你无法知道的是，来路上那位出租车司机昨晚被人“碰瓷”诈了五百元，一早就脾气很坏；今天空气悬浮颗粒中花粉比例突然增高，你的过敏体质将会有强烈反应；而你在途中查看iPhone找到一款满意的相机打算出差回来去下单，却不知道因为水灾，明天那款“泰国制造”的优惠折扣就要取消……

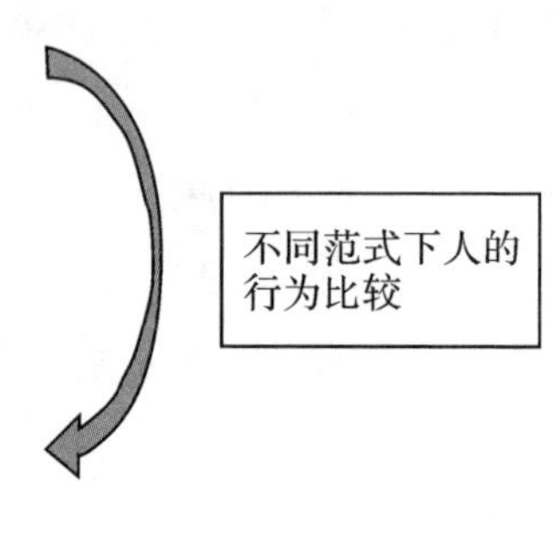

X年后也是这一天。出门前你的手持设备已经收到了今天的天气、这一刻出行方式和路线的最佳方案（以后根据获取的新数据每分钟更新一次），包括要带好抗过敏药和餐巾纸的提醒。当你接近那辆出租车时，你被建议再等大约3分半钟可以换一辆（物联网报告刚刚监测到前面那位驾驶员有轻度的异常操作行为，需要继续观察）；而当你长时间盯着那个型号相机的画面时，一个专题讨论组和微博的搜索和文本挖掘已经在“云”上自动完成，对其供应链模型分析的结论是，因产地水灾近期现货出现紧缺的概率高达87%……

图 2-10 不同范式下人的行为的比较①

现在，这一范式得到更为广泛和深远的发展，大数据时代已经到来了。在大数据时代，在科学研究的第四范式中，人的学习会发生怎样的变化，必然发生怎样的变化，都需要对学习以及与之相关的教学、教学策略、教学评价等做进一步的研究。

2.3.2.4 教育信息技术的发展

我们看到，一方面，教学评价的精确化对大规模数据处理提出了要求；另一方面，学习分析技术提供了对教学评价进行数据处理的方法，这种方法依赖于强有力的数据处理能力，而信息技术的发展又提供了空前强大支撑。在大数据时代，科学的第四范式，也就是大规模数据处理成为人们解决问题的首选方法。因此，运用数据解决教学评价精确化和教学精确化以及数据驱动教学的问题，就成为十分自然的选择。

---

① 图片来源：《智慧城市大脑　看大数据牵动哪些产业链》，(《物联中国》2013-07-17).

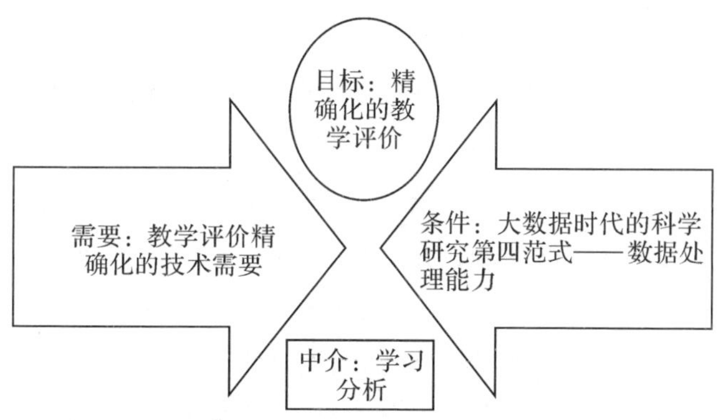

图 2-11　精确化教学评价的实现

2.3.3 精确化的发展性评价——增值评价

运用数据驱动的精确化发展性评价已经进入人们的视野,那就是增值评价。

2.3.3.1 增值评价的概念与来源

"增值评价" 的概念是建立在学校可以增加"价值"到其学生的学习成就的假设之上,"增值"表示学校所加诸学生身上,与一般期望成绩相比的差值部分。增值评价方法旨在探索某些学校的学生在某一时间内的学习,与另外一些学校的学生相比,是否有相对较多的进步。增值评价是在对学校效能评价研究中发展起来的,而学校效能评价技术是在对传统学校绩效及质量评估的批判中成长起来的,因此采用增值理念对学校进行评价通常也称为学校效能增值评价,通过增值评价分析学校对学生的作用或影响大小。① 这种评价方式将学生原有的学业成绩及家庭背景等多个因素考虑在内,提出一个合理增长的模型。它不仅关注学习过程的最后产出,更看重学习过程所带来的增长,突显了"以人为本"、尊重每个学生的教育理念。运用这种方法评价学校、教师绩效,有利于促进学校和区域间的公平比较,有效激发生源质量差的学校和区域促进学生学业进步的动力。②

增值评价中的"增值"(value-added)或称"附加值"一词属于经济学术语,指投入(原材料、能源)和最终产品销售价格之间的差距。这一经济学意义上的对组织绩效的考评术语后来转而用于对学校教育绩效的评价,成为一

① 周园,刘红云,袁建林.增值评价中学生增长百分位模型及其估计方法概述[J].教育导刊,2019(12).

② 谈松华,黄晓婷.我国教育评价现状与改进建议[J].中国教育学刊,2012(1):8-11.

种学校教育教学效能评价。学校效能评价是运用一定的方法和技术,依据评价标准,对学校效能内容所做的衡量。而通常这种学校效能评价,一直是基于学生地位分数(一次成绩即原始分、平均分、排名等)判断学校效能,这样的方法结果缺乏公平、客观,越来越受到人们的批评。人们逐渐认识到,学校的效能应该是促进学生的发展,通过对比学生毕业时的学业水平与学生入学水平的差距来评价学校的效能,将具有某种公正性和客观性,这一做法类似于经济学意义上的增值绩效考评的思路,所以也就称为增值评价。最初的增值评价针对的是学校效能,因为学校效能归根结底是通过学生的发展实现的,所以增值评价也用于学生的学习。

人们认为,“学校效能评价走向‘增值’是美国追求教育公平过程的结果。在过去的 40 年中,基于学生地位分数(一次成绩分数)判断学校效能的方法广受批评,为追求教育的公平性,有矫正学生个体入学水平差异数据的必要,由此催生了针对学校效能的‘增值’评价,并最终不断进入教育决策过程”。①

增值评价的起点源于 1966 年美国的《科尔曼报告》,科尔曼(J. S. Coleman)采用基于地位分数的学校之间平均分对比的方法,判断学校教育的有效性。在对 4000 所学校进行调查研究后宣布:学校对学生学习成就的影响程度很低,仅能解释学生成绩变化 10%的部分,远远小于社会经济背景因素对学生成绩的影响程度。这在引起公众对公共教育质量怀疑的同时,也使学校教育质量评价的理论课题逐渐显现。例如有人质疑,科尔曼模型“计算的结果缺少学生对入学知识水平的矫正,在评价年级水平教学质量时尤其不理想”。不过科尔曼也认为:即便学校之间学生成绩存在巨大差异,这差异也未必是教育质量的差异引起的,极有可能由生源水平及学校条件等相对固化的因素造成。既然如此,如果不考虑学校的生源条件、办学条件等因素,仅以学生最终考试成绩之类的指标来判定学校办学质量的高低,等于让学校为自己基本上不可能太有作为的事情买单;同时,学校实际的努力和进步则可能被忽略。这显然既不公平又不科学。问题是,如果学生毕业时参加的标准化测试的成绩不足以反映学校教育质量,那么,什么才是真正能够反映学校教育质量的科学指标呢? 作为矫正,威尔姆斯(D. Willms)于 1992 年提出“相似学

---

① 见 Carmen D. Tekwe, Randy L. Carter, Joseph A. Martineau. 等人的文章。转引自:张亮,张振鸿,苗禾鸣. 学校“增值”评价策略及实施建议[J],现代教育,2020(8):25-29.

校对比组”报告卡策略,它以与学生成绩相关的一个或更多变量(如低收入家庭学生百分比等)为标准,将每个学校学生成绩与组平均分或学区平均分进行对比,来判断学校效能。这时的平均分比较与科尔曼时期相比已经有了进步,它不是单纯的学校平均值比较,而是对平均值进行简单矫正。这种方法考虑了学生背景和学校基础条件因素,公平性相对提高,但局限性在于当学生成绩与组平均分对比时,处于本组前面的学校,要比处于底部的学校有明显优势。这就开启了研究应用反映学生学业发展的指标(即后来的增值)的先河。①

1984 年,田纳西大学的麦克莱恩和桑德斯发表论文,提出用学生成绩数据作为教师评价的基础。他们利用诺克斯县(Knox)二~五年级学生在加利福尼亚州成绩测验中连续三年的成绩增益,基于亨德森的混合模型方法,提出了一个统计分析系统(在田纳西州被称为桑德斯模式或田纳西增值评价系统)。后来他们又在其他一些学校进行了研究,这一模式逐渐被教育者和统计学家知晓,这是增值评价的正式开端。

1992 年,田纳西州政府签署了《教育改进法案》,并且将增值评价系统列为该法案中教育问责体系的一部分。第二年,田纳西州学校总体规划在幼儿教育、小学和中学教育、高中教育、技术、教师教育及专业发展、问责等 8 个关键成果领域提出了相应目标。根据总体规划的问责目标,国家和地方教育政策将会把重心集中在结果,而田纳西州要建立评价和管理信息系统,提供有关学生、学校和学校系统的信息,以便改进学生的学习,同时帮助相关部门决策。至此,增值评价得到了充分的肯定:作为教育改进的工具,为教育者提供信息,帮助其决定哪些实践产生了预期的结果,哪些没有。教师和学校据此可以运用任何实践中证明实用的方法,来促进学生学业的进步。②

同时(1992 年),布莱克与劳登布什(A. S. Bryk & S. W. Raudenbush)对增值评价的技术做了研究,但由于当时各地数据提供不便利(数据处理能力不到位),未得到广泛应用。增值评价的真正应用起源于一次田纳西-克纳欧科斯维尔大学统计学毕业生研讨会,桑德斯、萨克斯腾与豪恩(W. Sanders, A. Saxton and B. Horn)于 1997 年开发了田纳西增值评价体系(the Tennessee Value-added Assessment System, TVAAS)。2001 年,美国颁布《不让一个孩

① 张亮,张振鸿,苗禾鸣. 学校“增值”评价策略及实施建议[J],现代教育,2020(8):25-29.

② 徐丹,牛月蕾. 教育增值评价先行者——美国田纳西州教育增值评价模式解析[J]. 教育科学,2012(1):83-87.

子掉队法》(*Not a Child Left Behind*,NCLB)法案,要求各州使用标准测验测量学生每年学业成绩进步。2002 年实施以来,研究者和统计专家一直探索一种可以测量一段时间内学生学业进步的方法,这些测量学习所得、分数增长或各年连续学生接受教育知识增长的方法被称为增值模型。进入 21 世纪以来,增值模型研究更为丰富,增值评价在美国开始得到越来越多的研究和实际应用。①

在英国,20 世纪 80 年代末以来,政府每年都公布所有学校以原始分数表示的学生成绩排名表。由于原始分数没有考虑影响学生成绩而学校自身又难以控制的因素,如生源质量等,因而不能公正、客观地反映学校效能。为解决评价上的问题,研究者提出了“增值”概念。英国的增值性评价同美国类似,也是首先从地区水平上发展起来的。国家统一课程的建立及链接国家数据新资源的出现,为增值性评价在整个国家内推行提供了可能。英国政府于 20 世纪 90 年代接受了增值评价法,2002 年在全英格兰和威尔士推行学校效能的增值评价模式,2004 年和 2005 年试点,2006 年全面开展学校效能的“多元”增值评价,并将增值评价指标作为一项重要的创新性指标加入到现有的评价指标体系中。②

应该看到,国外的增值评价对象主要是学校,是对学校效能进行的评价,对学生水平增值评价研究较少,学生水平指标研究主要出现在教师效能评价研究中。增值评价的方法、技术及评价模型虽然主要用于学校效能评价与教师效能评价,但其研究成果可为学生增值评价研究提供借鉴。

我国增值评价研究是西方、尤其美英等国家增值评价研究国际化的结果。我国台湾地区早在 20 世纪 70 年代就开始了与美国研究人员的合作,20 世纪 80 年代中后期,香港地区开始对学校效能评价进行研究,大陆的研究则始于 20 世纪 90 年代初期。1991 年,大陆学者首次参加国际学校效能研究学术会议,自此拉开了增值评价研究的序幕。20 世纪 90 年代中期以来,增值评价研究引入我国并逐渐在中小学付诸实践。1996 年,中央教育科学研究所与英国伦敦大学、布里斯托大学等科研单位共同进行了中英“学校评价创新和改善学校教育质量的策略”合作研究。1999 年,上海市教育科学研究学院

---

① 张亮. 普通高中学生增值评价研究[D]. 济南:山东师范大学,2010.

② 辛涛,张文静,李雪燕. 增值性评价的回顾与前瞻[J]. 中国教育学刊,2009(4):40-43.

现代教育实验室参与了由中国和美国牵头，12 个国家和地区参加的亚太经合组织跨地区合作教育研究项目“高效能学校：通过测量改进管理”的课题研究，并在 8 个省、市、自治区 100 余所学校里对学校效能指标开展了调查。

近年来，我国一些地区、学校更为积极地开展了增值评价的探索，并取得了积极向好的成果。一些地方取得了令人瞩目的成果，已经见到关于增值评价在省域、市域、区域、学校中的应用研究报告，不仅在增值评价的实践中取得成果，而且对增值评价的理论也进行了深入的探讨。①

由此，增值评价以其独特的思想理念和操作设计，逐渐得到政府、社会、学校和家庭的关注和推崇。2020 年 10 月，中共中央国务院印发《深化新时代教育评价改革总体方案》，将增值评价纳入政策范畴，释放出一个重要信号，就是学校评价改革不单要重视新技术、新手段的引入和使用，更要突破技术、方法等诸多壁垒，推动评价理念、评价方式全面改革创新。②

与 10 余年前的情况相比较，可以看到国内增值评价理论研究和实践的快速发展：

从目前（2010 年——引者注）收集到的资料文献来看，我国增值评价理论研究与实践活动主要集中在学校水平，学生水平增值评价研究较少。③

近几年（2010 年——引者注）来，增值评价越来越受到国内专家和学者们的关注，但由于测量中需要的精确度很高，方法尚在研究当中，因此它的实际应用仍属罕见，主要的研究仍然集中在其内涵的确定和意义的探讨上。④

十余年来增值评价在国内日益深入到教育教学的基本观念之中，在教育教学领域产生了广泛的反响。仅从大众关注和专业研究两个角度就可以体会到这一点。

其一，大众关注。

在百度引擎上的搜索可以视为大众关注程度的一个数量标识。2019 年

---

① 邵越洋，刘坚. 增值评价：关注学校为每一位学生的成长助力——以北京市某区教育实证数据为例［J］. 中国考试，2020(9)：40-45；曾蓉，孙丽萍，彭家荣. 激发学生自主发展的高能量——成都市石室小学学生学业发展增值性评价探索［J］. 教育科学论坛，2019(10)：42-46；陈文娇，彭湃. 区域教育质量监控下的学校效能评价研究——以武汉市 H 区为例［J］. 教育研究与实验，2016(6)：40-46.

② 陈如平. 以增值评价探索为突破口推进学校改革［D］. 中小学管理，2020(8)：1.

③ 张亮. 普通高中学生增值评价研究［D］. 济南：山东师范大学，2010.

④ 郭蕊，聂威. 教育增值评价的研究现状及其应用［J］. 长春师范学院学报（人文社科版），2010(5)：136-138.

5月28日10时13分,通过百度搜索"增值评价"得到2500万个结果;2021年7月5日10时10分,通过百度搜索"增值评价"得到5980万个结果,25个月间翻了一番,这说明增值评价已经得到大众的关注和认识。

百度百科说:增值评价是国际上最为前沿的教育评价方式,不以学生的考试成绩作为评价学校和教师的唯一标准,引导学校多元发展。简单来说就是看进步,不搞横向比较。比如,一所原来相对薄弱的学校,有了大的进步就该褒奖;而原来条件就比较好的学校,如果原地踏步,甚至退步,即使它依然比那些原来就相对薄弱的学校强,也应该受到批评。(MBA智库百科也如是说)

这是对增值评价界说的通俗化。正是这种通俗化引起广泛的反响,促使增值评价的观念为大众所接受,使得越来越多学生评价的相关方接受并且在教学中运用增值评价。

其二,专业研究。

在中国知网上搜索得到的是专业研究的成果。2019年10月14日上午10时24分,通过中国知网搜索主题词"增值评价",共有590余个文献;而2021年7月5日上午10时20分,通过中国知网搜索主题词"增值评价",共有1359个文献。

列表按年份看其分布,与21世纪前10年增值评价进入了实践应用相关联的是同时期文献的数量逐渐增加。如果说21世纪第一个10年关于增值评价的文献有渐进增加是我们引进、内化增值评价的观念理论研究阶段,那么21世纪前10年文献的逐渐增加正是来自增值评价的实际应用。前面所引用的文献都出自这1359篇之中。

表2-3　中国知网1359个文献按年分布表

年份	文献数	年份	文献数	年份	文献数	年份	文献数
2021	118	2012	67	2003	12	1994	4
2020	148	2011	46	2002	11	1993	5
2019	122	2010	50	2001	7	1992	1
2018	96	2009	33	2000	9	1988	2
2017	83	2008	32	1999	9	1986	1
2016	95	2007	30	1998	12	1985	3
2015	97	2006	18	1997	12	1981	2
2014	106	2005	15	1996	14	1979	1
2013	58	2004	35	1995	5		

统计图能够更为直观地表达数据的变化，下面将表 2-3 中分布情况用一个柱状图表示。我们可以直观地看到，从 21 世纪开始，我国对增值评价的研究有了明显的增加；到了 21 世纪前 10 年特别是进入 20 年代的时候，对增值评价的研究文献有了“井喷”式的涌现，这说明增值评价得到了教学评价专业领域的重视，也说明增值评价的应用取得了预期的成功。

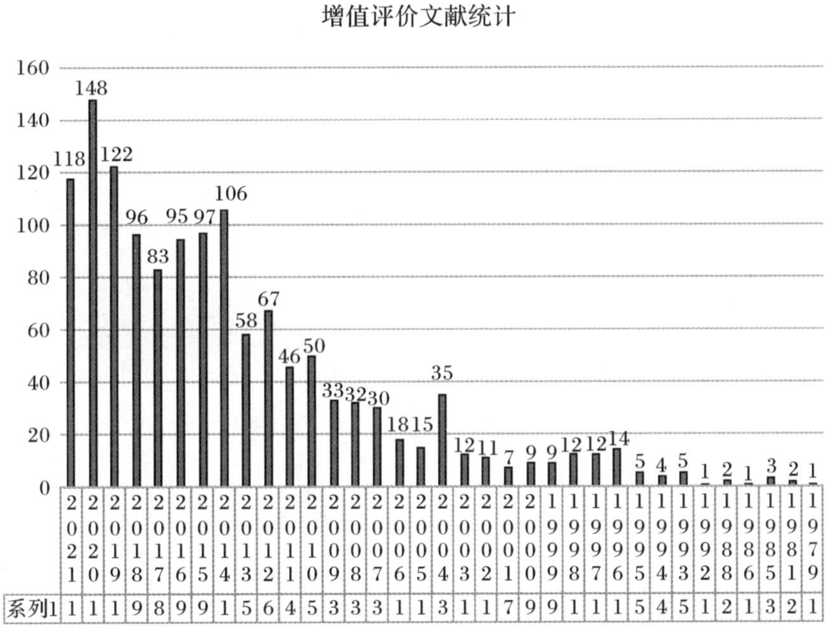

增值评价文献统计

160
140
120
100
80
60
40
20
0

118 148 122 96 83 95 97 106 58 67 46 50 33 32 30 18 15 35 12 11 7 9 9 12 12 14 5 4 5 1 2 1 3 2 1

	2021	2020	2019	2018	2017	2016	2015	2014	2013	2012	2011	2010	2009	2008	2007	2006	2005	2004	2003	2002	2001	2000	1999	1998	1997	1996	1995	1994	1993	1992	1988	1986	1985	1981	1979
系列1	1	1	1	9	8	9	9	1	5	6	4	5	3	3	3	1	1	3	1	1	7	9	9	1	1	1	5	4	5	1	2	1	3	2	1

图 2-12　历年中国知网“增值评价”主题词论文数量分布

特别是运用了数据工具的增值评价，可以说就是精确化的发展性评价日益被重视（注意：2021 年的数据统计到中国知网 7 月初的文献数量）。

有人探讨了这些文献研究的热点，主要包括“学校效能”“综合评价”“模型研究”“公平均衡”“新时代教育评价”等五大主题。①

2.3.3.2 增值评价的特点与功效

增值评价具有如下显著特点：②

第一，增值评价实现了关注点的变化。教育评价中，最常用的评价方式是使用学生原始分数的平均分或升学率作为评价指标，确定学校或教师的工作是否有效。有研究发现，使用原始分数作为学校或教师效能的指标是不准

① 郭元祥，王秋妮. 增值评价研究的知识图谱与前景展望[J]. 教育测量与评价，2021(7).

② 辛涛，张文静，李雪燕. 增值性评价的回顾与前瞻[J]. 中国教育学刊，2009(4)：40-43.

确的,甚至会有误导作用。这种评价方式导致人们过于关注一次考试的结果,过分关注少数尖子生的培养,忽视了大多数学生的发展,损害了教育过程中的公平性。而增值评价则是基于每个学生的进步来计算学校或教师对学生学业增长的影响,这样就使学校和教师的关注点从个别学生转移到更加实质性的问题——每个学生的进步状况如何。

第二,增值评价保证了比较的公平。增值评价将每个学生的当前成绩与过去成绩进行比较,关注学生的进步和成长,而不是学生成绩的绝对水平,从而改变了以往将学生的学业成绩与平均值或任意制定的标准进行比较的做法。由此对学校或教师效能的评价都是基于学生的进步或增值,这一评价标准的确立,实现了教育评价过程中比较的公平性,有利于激发生源质量差的学校促进学生进步的动力。

第三,增值评价与绩效责任紧密相连。问责制目前已成为各个国家进行学校效能研究的主要方面,它要求将学生标准化测验的成绩作为评价对象,以使教育对学生的学习成果负责。评价是问责制的重要组成部分,评价的科学性直接关系到问责制实施的效果。增值评价本身的特点,为问责制提供了一个良好的评价框架,能够提供对学校和教师更为公平的考查。

第四,增值评价具有潜在的诊断性功能。单纯的增值评价不能识别学生成绩差的原因,但是增值评价是基于追踪设计的研究,因此它能够根据详尽的数据描述识别出学生的成功与失败之处,这将成为学校和教师发现问题、做出决策的起点。此外,利用增值评价的信息,可同时为教师提供形成性评价和终结性评价的信息,从而为教师的自我提升提供依据。

第五,增值评价能够满足所有学生的需要。增值评价的基本理念是学校和教师应该保证所有水平的学生都以相同的速率取得学习上的进步,即每个学生在一年内的学业增值幅度应当相同。这就要求学校和教师不能只关注成绩好的学生,还要兼顾所有学生的发展和进步。根据每个学生的需要,采取相应的教学措施,从而促进每个学生的进步,满足所有学生的需要。

经过对增值评价多年的理论与实践的探索,有人把增值评价的特点概括为"关注点"和"参照系"两个根本变化上。与传统的用一次性横断统计数据进行结果评价的做法相比,增值评价改变的就是两个基本点:对教育的不同关注点,以及用不同的教育结果参照系进行对比。所谓对教育的不同关注点，是指与传统的结果评价相比，增值评价关注的不是进行评价时的绝对值，而是在多次评价追踪过程中的增长值。或者说，传统的用一次结果进行的横断评价，无法考虑每个结果之前的起点，以及获得这一结果的过程，而增值评价关注点的变化恰恰在于此。也正因如此，增值评价可以考察教育所带来的增值，可以在教育增值中分离出学校和教师的相对"净效应"。所谓用不同的教育结果参照系对比，是指当考查增值效应值的大小时，增值评价技术可以选择不同的常模参照系，可以跟全国或其他更大范围的常模参照对比，但是在增值评价实践中，更多、更有效的做法是选择与评价起点水平相近的群体常模进行参照对比，这样更能体现增值的思想和评价的公平。比如，对学校的增值，评价可以把学生入学时的水平分成不同等级，然后在追踪评价时，分别根据原有所属等级水平学生的常模进行进步值的分组对比，这样更能体现学校对不同教育起点学生的教育增值。基于以上两点，只要在增值评价的实践中紧紧把握"关注点"和"参照系"这两个变化点，就能万变不离其宗，牢牢抓住增值评价的要义，始终体现其根本价值。①

这两个变化点就是在实践层面上落实增值评价五个特点的真正独特之处，也是增值评价之所以具有五个特点的主要原因。具体可做如下梳理。

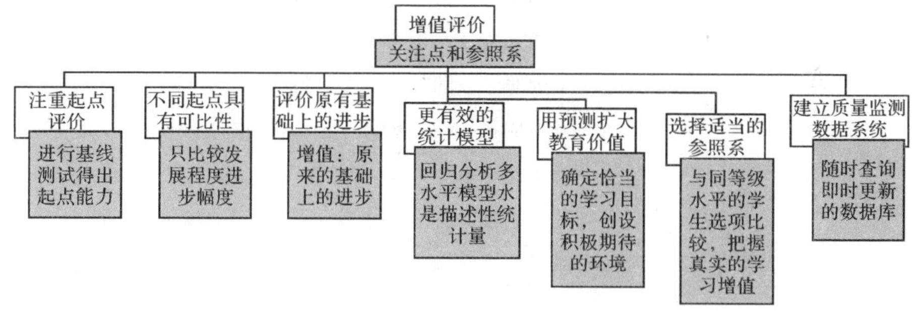

图 2-13　增值评价的关注点和参照系

从增值评价的特点可以归纳出增值评价的功效，这些功效可以满足发展性评价精确化的需要。

---

① 李凌艳. 如何用好教育增值评价？——对"探索增值评价"的主旨与行动的理性思考[J]. 中小学管理，2020(1)：8-10.

表 2-4　增值评价的功效

<table>
<tr><th>分类</th><th colspan="3">功效</th></tr>
<tr><td rowspan="3">教育评价现状</td><td colspan="3">教学评价、特别是发展性评价的科学性、客观性</td></tr>
<tr><td colspan="3">对测验结果的科学性、发展性解读</td></tr>
<tr><td colspan="3">发展性评价的教学起点</td></tr>
<tr><td rowspan="10">教育评价的发展</td><td rowspan="4">理论上</td><td colspan="2">一套有力的评估工具</td></tr>
<tr><td colspan="2">一个省时有效的评估数据的方法</td></tr>
<tr><td colspan="2">一种使用每个学生的评估信息来设计并努力实施个人化教学的措施</td></tr>
<tr><td colspan="2">一套嵌入的手段来监测和管理学习</td></tr>
<tr><td rowspan="6">评价相关方需求</td><td>学生</td><td>学生：成绩、位置、差异、进步（增值）、问题、解决方法、成就预测、新的期望、随时查询</td></tr>
<tr><td>家长</td><td>学生+学生特点、努力方向、专业设计</td></tr>
<tr><td>教师</td><td>全体学生+学科、班级、位置、成因、问题、预测、期望</td></tr>
<tr><td>学校</td><td>关于学生和班级的信息，学校自身的信息，科学、公正、客观、准确地对教师的教学效能进行评价，对教师和学生的发展成就、问题、解决方法、新的预测随时查询</td></tr>
<tr><td>教育行政部门</td><td>关于所有学生和所有学校的信息，科学、公正、客观、准确地对学校的教学效能进行评价，对学校及本地教育的发展成就、问题、解决方法、预测随时查询</td></tr>
<tr><td>教育督导部门</td><td>关于学生和学校的综合性信息，科学、公正、客观、准确地对学校的教学效能进行评价，对学校及地方教育的发展成就、问题进行分析指导与预测</td></tr>
</table>

除了对学生进行发展性评价之外，对学校也有发展性评价的问题。增值评价能够推进教育公平，促进所有学校的发展，这也是对学校发展性评价的题中应有之义。引用十几年前一位研究者的文章：

增值评价：面向教育公平的学校评价新视角

长期以来，我国的学校评价在评价目的上是偏重于教育评价的鉴定、筛选功能，而不注重教育评价的改进作用。这种评价产生了诸多负面后果：首先是导致学校走上以片面追求升学率为目标、以抢夺优质生源为工作重点、以换取资源倾斜投入为动力的非均衡发展道路；其次是挫伤了大多数学校和教师的工作积极性。面对客观存在的生源、资源差距等社会、历史因素，如何做出更为公平、公正的学校评价？这一问题不是我国所特有的，世界范围内许多国家对这一难题进行了积极的评价和探索，而学校增值评价也正是在这种背景下产生并发展起来的。美国教育评价专家布卢姆曾经指出，对于一所学校而言，教育必须日益关心所有学生最充分的发展，学校的责任是寻找能使每个学生达到最高学习水平的条件，一所高质量的学校应该是“能够使学生实际的学习进步大于根据其起点水平所可能取得的进步”。而这种基于学生进步幅度的学校评价正是学校增值评价的根本目的，即一所成功的学校是对学生的进步有增值作用的学校。

增值评价的主要内容是以学生的学业成就为评价依据，通过相关的统计分析技术，将学校对学生发展的影响从诸多相关因素中分解出来，特别是强调控制生源因素对学生最终学习质量的影响，从而实现对学校教育教学效果“净”影响的评价。对于那些各方面基础条件较差、长期得不到重视而仍然做出了大量工作的学校，增值评价能够充分反映出它们的努力程度，科学、合理地反映每一所学校的工作绩效，从而有助于建立科学的学校发展观，公平合理、科学全面地评价学校，促进学校的特色建设和均衡发展。

增值评价：推进我国教育公平的有力手段

面向所有学校，建立以增值为核心的学校评价新体系。增值评价不同于传统的鉴定性评价，不是用“一把尺子”去衡量所有的学校，而是强调学校自身的进步幅度及其独特的增值表现。它不仅可以对学校的总体增值进行评价，还可以用于评价学校内部不同学科、不同人群的增值。如果我们进一步拓展增值的评价范围，还可以对学校内德育、学校管理等各方面实施增值评价，从而更有效地引导学校多元发展，办出特色。

以新修订的《义务教育法》为指导，以效能评价推进薄弱学校、普通学校发展。新的《义务教育法》明确规定，在义务教育阶段不允许将学校分为重点学校和非重点学校。学校不得分设重点班和非重点班。同时,要求县级以上人民政府及其教育行政部门促进学校均衡发展。在此背景下,如何通过评价激励学校发展,防止在学校均衡发展中出现"削峰填谷"或"低水平均衡"陷阱?学校效能的增值评价是一个较好的选择。

以学校效能的增值评价为起点,推进以质量为内涵的学校均衡发展。长期以来,对学校的评估都是将学校的办学条件、学生的普及程度、师资队伍建设作为学校办学水平评估的核心内容,而忽视对学校工作绩效的督导评估。评估指标单一化,缺少对教育教学过程和学生成长的有效评价。增值评价将学校对学生进步的作用作为评价的核心,突出学校教育教学质量在学校功能中的中心地位。借鉴国外经验,结合我国学校评价实际,尝试将学校增值指标加入到现有的学校评价指标体系中,从而有效地将质量建设与促进学校均衡发展相结合,从评价机制上,保障推进教育公平和提高教育质量和谐共存。①

十几年之后的新认识:

通过对我国不同地区教育评价实践的考查,已经发现了很多本土探索和实践增值评价的优秀经验。在我国的一些省市和区县,对学校的综合评估已经开始尝试渗透和介入增值评价的思想和技术,虽然受限于具体复杂统计模型技术的掌握,但是借助对教育增值关注点的变化,并自觉运用更客观、科学的参照系的做法,已经形成了有效促进不同生源水平、不同办学起点、学校整体效能提升的生动经验。比如,有些区域对学校的综合评估不用绝对排名,而用学生入学和毕业时成绩变化值的分区比较,同时在评价的最终结果中考虑起点不同的学校各自等级水平内的纵向比较,而且对不同指标设计通俗易懂、具有强烈导向性的权重分配(如学生的体质发展、进步状况具有比各传统考试学科成绩变化更高的权重等)。②

可见,增值评价是能够满足发展性评价需要的精确化教学评价方式,因

① 马小强.尝试以学校增值评价推进教育公平[N].中国教育报,2006-11-25(3).

② 李凌艳.如何用好教育增值评价?——对"探索增值评价"的主旨与行动的理性思考[J].中小学管理,2020(10):9-11.

此就是一种新的发展性评价方式。

2.3.3.3 对增值评价认识的一点补充

本书绪论中引用了一所学校对增值性评价的内涵的两种观点:一种认为增值是增学生学业成绩进步之值,即"成绩说";另一种认为增值是增学生全面发展之值,即"全面说"。这里再引用文献详细说一下:

第一种观点认为,"增值"是指学生成绩连续年度比较后的变化。如增值方法与科尔曼采用的方法不同,不是只比较一所学校与另一所学校学生的平均分;相反,作为基本数据,它需要学生将个体表现与以前自己的表现作比较,将两项评价的差异作为学生学习增长的标准。这种界定已成为世界各国的共识,但这种界定因仅关注到学生学业成绩的增值,"窄化"了学校教育内涵而受到了批评。首先,考试科目不全面,窄化和曲解了课程,造成考试结果的运用有失公平;其次,学业成绩只代表知识技能内容,"数据缺失的还有对诸如民主管理技能、社会技能、学习者自信或信心的测量",因而是一种"窄化的教师教育活动""窄化的政策"。

第二种观点认为,"增值"方法应在一个广泛范围的智力、社会和情感上促进学生的进步。增值评价"仅是其中一种有关学校效能的比较信息""一个较全面的'增值'评价架构,可能也包含了学校的使命、学生学习的过程和学生的学习成绩等多方面的评价"。世界经合组织的概括比较全面和具体,"在考虑学生社会经济地位、家庭背景和先前学习的同时,应在一个广泛范围的智力、社会和情感的成果里促进学生的进步"。

这些都表明,对"增值"的理解和把握还存在不一致的地方,但是以下结论还是成立的:

"增值评价"是西方学校效能与改进研究过程中的产物,因其两次成绩变化,提高估计精确度,兼顾到学生流动性,允许学科之间比较,能对学生背景因素进行矫正,而被誉为"最为公正的、客观的方式",评价结果"更具说服力",被广泛应用于教育评价实践。在我国,增值评价因重视"过程"、兼顾"鉴定"与"改进"、体现了学校教育质量的"动态性",被认为是一种发展性评价方法;因关注到每个学生发展,推动教育区域均衡发展,有利于资源合理配置,而被称为"公平视角"下的评价,一种"绿色升学率"理念。每种方法都有其优势与不足,增值评价因侧重于信息数据的量化、技术复杂难懂而招致批评，增值评价走向以增值测量为主、兼顾质性方法的多元视阈融合，是未来发展的重要趋势。①

怎样在基础教育中实施增值评价？有学者指出：

> 中共中央、国务院印发《深化新时代教育评价改革总体方案》(以下简称《方案》)，提出探索增值评价等举措，着力破除唯分数、唯升学、唯文凭、唯论文、唯帽子的顽瘴痼疾。新时代基础教育增值评价根植于时代逻辑、认同逻辑和行动逻辑的共同塑造。其中，时代逻辑是基础，认同逻辑反映时代逻辑，时代逻辑和认同逻辑统一于行动逻辑，它们三者之间并非彼此孤立，而是具有内在统一性。作为全新的立体化评价方法和路向，增值评价给教育价值的考量创设了新的可量化向度，为实现公平而有质量教育和促进学生全面发展开拓了全新的进步空间。首先，增值评价要产生议题设置力，进入五大主体视野；其次，要为主客体所认同；再次，要能够转化成行动力。从时代逻辑上看，增值评价具有提升新时代基础教育质量的现实意蕴；从认同逻辑上看，增值评价能化解传统基础教育评价中的冲突情节；从行动逻辑上看，要强化基础教育增值评价战略协调机制。深刻理解和把握新时代基础教育中增值评价的时代逻辑、认同逻辑和行动逻辑，有助于在基础教育中对增值评价形成整体性理解。
>
> 时代逻辑要求增值评价产生议题设置力，不应仅局限于学生群体，教师、家长乃至社会也都是学习者能力成长与发展的见证者，须客观把握增值评价对我国所处时代方位提升基础教育质量的现实意蕴。
>
> 探索增值评价的重点之一在于赢得评价主客体的心理认同，只有充分识别与化解传统基础教育评价中的冲突情结，增值评价才能更好地获得心理认同，而是否能够获得认同，在很大程度上又取决于主客体间集体潜意识的互动。
>
> 增值评价是一种思想理念，离开了行动落实，所谓的思想就变成标签。为此，研究尝试加强统摄性、全局性与前瞻性的战略思维，

① 张亮，张振鸿，苗禾鸣. 学校“增值”评价策略及实施建议[J]. 教育与教学，2020(8)：25-29.

> 拟从制定和完善教育评价标准、探索并完善教育质量评价的手段和方法、加强教育评价专业机构的组织和队伍建设等方面强化基础教育增值评价改革的战略协调机制。[①]

有人在对增值评价发展的前景进行展望时指出了增值评价应该努力的方向:着眼增值内涵的拓展,以学生发展为宗旨;进一步优化增值模型,增加评价的可理解性;关注有差异化的增值,提升评价的公正性;兼顾其他评价方式,形成评价合力。[②]

---

① 郑智勇,宋乃庆.新时代基础教育增值评价的三重逻辑[J].教育发展研究,2021(10):1-7.

② 郭元祥,王秋妮.增值评价研究的知识图谱与前景展望[J].教育测量与评价,2021(7).

第三章　增值评价系统的运作

增值评价的实施关键在于学生学习信息(数据)的收集和处理,也就是教学与评价的循环过程。这些数据主要应该来源于测验,通过对测验的数据分析,对学生进行发展性评价,结果可以用于对学校、教师的教学效能的评价,这也是增值评价被列为实施发展性评价的一种方式的动因。

关于学生学习的数据,特别是关于测验的评定和比较,确定增值和发展的数据具有大数据的特征,对它们的收集和处理,需要建立能够进行“学习分析”的信息技术系统才能实现,我们就称之为“增值评价系统”,即把计算机技术、教育测评技术、教育教学体验融合在一起构成的、可以方便而快捷地对学生学习增值评价的系统。

增值评价系统由“基线测试”“学习背景分析”“增值分析”“测评分析报告”四部分构成。

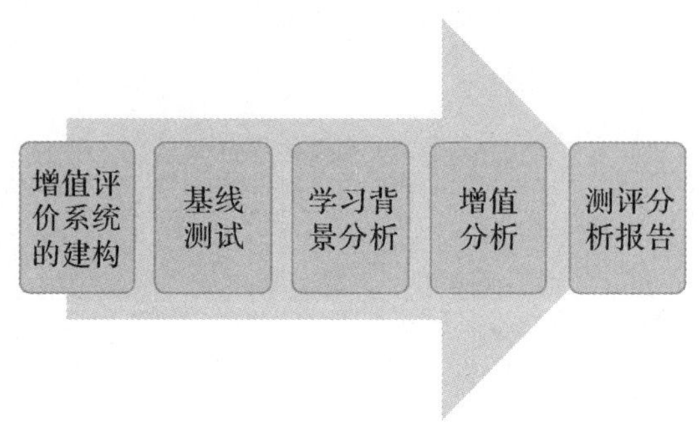

图 3-1　增值评价系统

3.1 增值评价系统的建构

以下从增值评价的系统目标、基本描述、原理和软件设计、系统功能几个角度探讨增值评价系统的建构。

3.1.1 增值评价的系统目标和基本描述

通过系统目标和对系统的基本描述指出这样一个系统是什么。

3.1.1.1 系统目标

学校、地方教育行政机构通过使用增值评价系统能够客观、公平、科学、准确地评价每所学校、每个学生，从而采取措施促进学校学生更好地发展；学生能了解自己的学习状况、自己所面临的学习背景情况、现有成绩与各种学习背景因素的相关程度、已经做出的增值(学习成就)和可能努力做到的更大的增值(成绩预期)，从而明确努力的方向，提高学习的自我意识，有效地提高学习成绩。增值评价系统很好地将计算机技术、教育测评技术、教育教学体验融合在一起，解决了当前很多测评系统未能很好将三者融合的问题。

3.1.1.2 基本描述

增值评价系统是评价学校效能的一套系统，主要由“基线测试”“学习背景分析”“增值分析”“测评分析报告”四部分构成。基线测试是一个基于学生基本认知和学科的一般学习能力测试(也就是是“学习前测试”或者“学习起点测试”)；学习背景分析是一个对学生进行的问卷调查，并将调查结果与学生的学业成绩(基线测试所表明的)联系起来，考察每一个学习背景因素与学业成绩的关联程度；增值分析是一种分析测试数据的新方法，它借助一些统计分析技术，主要监测教育过程中学生学习成就“增值”(指“获得”“盈余”“附加值”)的情况，通过增值幅度大小进行评价，为不同起点的学生、教师和学校提供更加客观、公平、科学、准确的比较，有利于提高学生、教师以及学校的积极性，全面提高教育质量；测评报告分析是指将基线测试数据、学习背景因素所引起的学生学习差异数据、增值分析数据，应用不同的图表表示，将分析结果简洁、明了地呈现给地方教育行政部门、学校、教师和学生，并提供随时查询功能。

3.1.2 增值评价系统的原理和软件设计

对增值评价系统的四个组成部分分别进行原理和软件的探讨。

3.1.2.1 基线测试

基线测试是指学生刚刚入学参加的基本学习能力的测试。它测试的重点不是了解学生学了多少知识，而是了解影响学生未来学习的整体能力，这个能力就是进行以后增值分析的起点能力(由基线测试得到起点能力是非常重要的，本质上，“基线测试的结果分析”是了解学习者的准备情况。由于基线测试内容主要指向学生的一般学习能力，关注一般学习能力对未来学习的影响，所以其准备情况也可被看作是学生学习能力的准备情况。深入全面地了解学生这方面的情况是极其重要的。因为任何学习者从事新的学习时，他原有的知识水平和原有的心理发展水平对新的学习都是十分重要的，他决定教学从哪里出发，决定教学的难度。忽视学生起点能力的估计，学习的内容就会脱离学习者的实际，太高和太低都会造成损失和浪费）。基线测试的设计考虑到时间和内容的平衡，分别由几个部分组成，每部分着重测试不同的认知技能。测试旨在从不同的角度，利用不同部分的知识，来建构个体在不同领域认知特点科学的、全面的测量。

基线测试基于经典测验理论和项目反应理论来分析测验的特征，采用极大似然估计方法得到测试项目参数和学生能力值。项目反应理论，又称潜特质理论，是一种以模型为基础的测量理论，兴起于20世纪50年代，70年代起迅速发展，目前在教育测量、心理测量等领域得到广泛应用。

在基线测试数据分析时，采用了Rasch模型。系统针对Rasch模型，采用极大似然估计法（MLE）和马尔科夫链蒙特卡洛估计法（MCMC），运用Microsoft Visual C++ 2010软件开发工具，开发测试数据分析软件（软件1：基线测试分析软件），使得测试原始数据通过该软件能够准确、快捷地得到测试项目参数、学生能力参数。这里所谓能力就指的就是学生学习的起点能力。

3.1.2.2 学习背景分析

在所有人认为与学生学习相关的因素中，选择若干个方面作为与学习进步相关的因素做调查。调查采用的是问卷法。所谓问卷法，指的是根据一定的理论、实践与测量学原理，把需要了解的问题编制成为一组题目，给出相应的选项，让人在有限的选项中做出选择，以获取信息的一种评估方法。

学习背景分析的问卷涉及的范围比较广，意在帮助使用者更全面而深度地理解学生综合素质之间的关联程度以及影响因素的作用，引导学校、教师形成科学的质量观和教育观，帮助家长充分认识学生全面发展的重要价值。调查的若干个方面和起点能力是基本“学情”的有机整体，每一方面里又有不同的维度，可以在分析的基础上进行整合，但不能割裂，其中任何一个单项因素的缺失和落后，都会影响学业成就和教学活动。换言之，任何一个单项因素的突破和改进，都能促进教学活动的优化和学业成就，所以应引起重视。学业相关因素包括：

学习风格。虽然说学习风格本身并没有好坏之分，但学习风格是学习者持续一贯的，带有个性特征的学习方式，是学习策略和学习倾向的总和。了解学习者的学习风格有利于向学习者提供适合各自特点的个别化教学。恰当地处理教学内容,准确地采用教学方法,创造适宜的学习环境,可有效提高学习者的学习水平。

学习动机。学习动机犹如“催化剂”,它能够推动学习,学习反过来又可以增强动机。有的教育家甚至认为,教育是动机、动机、动机。国际上大规模学业成就测评数据的两次分析研究表明,应该千方百计提高学生的内在动机水平,因为它与学业成绩呈极强正相关。

学校环境。学校环境是促进学生健康成长,全面提升教育质量的关键要素。学生体验到学校的安全秩序感越强,其学业和健康水平越高,学生伤害他人及不法行为的发生率就越低。

积极关系。积极的师生、同伴关系有助于提高自我效能感,形成积极的自我评价,提升学习动机和学业成就,降低未来问题行为出现的可能性和频率。

公平感。公平感可提高学生行为适应,减少问题行为,促进学生遵守学校纪律,增强学生的学校归属感。

自主合作的氛围。在鼓励自主与合作的课堂氛围中,学生的学习动机更强、自我效能感更高且学习表现也更好。

对这些相关因素深入研究,会促进教育的自觉与自由。为方便起见,我们分析学业成绩相关因素,意在引领教育管理者和教师了解提高质量的规律和学生全面发展的重要性,扭转“唯分数论”。

对学习背景分析,系统采用的是多层线性模型。由于当前数据具有明显的分层嵌套结构,即学生从属于学校,可采用多层线性模型(Hierarchical Linear Models)来处理数据。与传统回归方法相比,多层线性模型在进行学业成绩差异分析时具有三大优势:①统计假设相对较弱,适应性较强;②可以充分利用各层次信息,将学业成绩的变异在学校(或班级)层面、学生层面分解,对变异的来源与大小进行更合理、更准确的估计与解释;③可以充分地考虑学校层面、班级层面及学生层面的不同特征变量对学业成绩的影响。为此开发系统软件(软件2:学生学业成绩差异分析软件)。

3.1.2.3 增值分析

增值分析是一种分析测试数据的新方法,该方法借助于一些统计分析技术,对学校或教师的教学效果做出客观、公平、科学、准确的评价。增值分析的价值在于对学校教学效能形成客观公平的判断,它不是只根据学生的考试成绩判定教学效能的高低,而是还要考虑学生的"起点"和提高,及其学习能力。

在增值评价分析中,对不同的情况系统分别采用回归模型、分层线性模型、多层混合效应模型和基于成长百分等级模型来计算增值。系统针对以上各种模型开发软件(软件3:增值评价分析软件)。

3.1.2.4 测评分析报告和即时查询

测试数据在经过基线测试分析软件、学生学业成绩差异分析软件、增值评价分析软件处理后,最后通过报告分析系统自动生成报告分析文档,反馈给县区、学校、班级和学生(分别以县区报告、学校报告、班级报告和学生个人报告呈现)。报告分析系统采用了Java编程工具开发软件,实现了报告图表呈现、分析报告文档批量处理(软件4:报告分析系统软件)。

为了保证用户的使用方便,开发即时查询软件(软件5:数据即时查询软件)。

3.1.3 增值评价系统的功能

按以上原理和标准建立起来的增值评价系统具有以下功能。

3.1.3.1 查询功能

在报告分析中,可以像在Excel工作表里那样查看所有相关的测试数据。例如本县区所有学校的测试数据、每所学校每个班级的数据、每个学生的数据等等(当然用户可以查看什么样的数据需经过授权)。

3.1.3.2 预测功能

如果学生参加了增值评价系统的测试,系统可以基于每个学生的全部基线测试结果,对学生在未来的重要考试(如期末测试、学业测试、升学考试)中主要科目的成绩进行预测,由此可进一步得到学校的总成绩、分科成绩的预测。

3.1.3.3 各种因素的影响分析功能

可以分析学习背景因素对学业成绩的影响,考虑每个因素对学业成绩的解释率,从而针对学生存在的问题采取有针对性的教育举措,促进学生的全面发展。

3.1.3.4 增值分析功能

如果学生参加了系统的测试以及其他的测试(比如期末测试等),系统可以提供学生的学习增值。通过对增值的分析，可以形成对学校教育教学效能客观、公平、科学、准确的判断。

3.1.3.5 报告功能

系统有很强的报告功能，可以根据评价相关方，例如地方（如县区）教育行政部门、学校、教师以至于学生、学生家长的需要做出报告。报告可呈现学生个人在测试中的表现，呈现一个学科在测试中的表现。并且有多种图表类型可供选择，例如统计过程控制图（Statistical Processs Control Chart）。图表可以通过比较学校几年内在某一学科上的表现，让使用者监控在这段时间学科的进步情况。

3.1.3.6 分组分析功能

测试系统的报告分析系统软件，允许学校根据自己的特殊需要对学生进行个性化分组，并对不同组的学生进行各类分析。例如，可以分为不同测试等级、不同性别、不同学科、不同爱好，等等，甚至在学科内部还可以再划分更小的组。这样的功能使得增值测试系统具有更强的适应性，可以满足不同学校的需求。

所有这 6 项功能都是当前学校采用的各种测试系统所不具备的，它们也是实施发展性评价所需要的，是增值评价系统的目标所在。

3.2 基线测试

基线测试是一种智能测试，测验分数尽可能用来衡量学生的能力而不是成就或者知识。在增值评价系统中，基线测试特别指学生刚入学参加的基本学业能力测试，主要用于评价学生入学时的能力水平，以此作为今后增值评价能力的起点。

3.2.1 采用基线测试预测增值的理论依据

能力或智力测试历史久远，目前关于智力的理论有许多学派，同时也伴随很多不同类型的测试。对不同类型测试的结果进行因素分析发现，尽管它们明显存在各种无法比较的理论基础和不同的呈现形式和内容，但几乎都重视一个因素，即一般智力。当然其他的因素在不同的测试中也起作用，如“流体智力”和“晶体智力”。

一方面，对语言发展的总体测量（如词汇和阅读理解部分），经常被视为测试“一般智力”的最好指标；对空间推理的测试（图片顺序）和数字推理（数学)提供“流体智力”的指标,可被视为是原始和基础的能力,相对独立于教育经历。另一方面,一些数学试题、语文词汇和阅读要求有明确的、学过的知识,这些知识是所有人都应熟练掌握和应用的,对它们的认知也几乎成为人的一种基本能力,当然,这种能力是在正规教育之外很难获得的,是与前期的教育有关的。此外,还包含如横截面部分、数木块等能力的测试,其独立于任何语言要求,较少受文化和语言的影响,主要测查的是“视觉感知能力”“知觉速度和精确度”。每个部分的测试均有时间限制,速度是整个测试需要考虑的因素之一。

基线测试的设计考虑到时间和内容的平衡,由几个部分组成,每部分着重测试不同的认知技能。测试旨在从不同的角度、利用不同知识来科学、全面地测量个体在不同领域里的认知特点。

3.2.2 基线测试主要包含的内容

基线测试的内容需从理论和实践两个角度的具体做法去考查。

3.2.2.1 从测试理论的角度

理论上,基线测试主要包括以下几个主要模块的内容,其中每个模块中又包含更小的部分,测试框架及主要内容如下:

(1)语文

语文积累。主要包括语言积累和文化积累两部分,语言积累主要考查学生对语文中常见字、词、意的理解和应用能力,文化积累主要考查学生文学常识以及理解古诗文的能力。

语文阅读。这部分是语言阅读能力的测试,主要考查学生联系上下文提取文本信息、运用文本信息做出解释和评价的能力。

(2)数学

这部分是对已经学过的数学知识和能力的综合测试,从内容上看主要包括数与代数、空间与图形、统计与概率三部分内容,主要考查事实性知识、概念理解、规则应用和利用数学知识解决问题的能力,是对学生数学素养比较全面的测查。

(3)英语

英文词汇、语音等基础知识。这部分题目是英语常见的词汇、语音以及基础的语言表达、词语搭配等,主要考查学生语音、语调、词汇、词语搭配和应用等基本的语言能力。

英文阅读。主要包括根据短文选择最适合的词汇填空和根据短文回答问题两种类型的问题,主要考查学生在语境中提取信息、概括理解文章大意、根据语境做出分析和评价的能力。

(4)科学(高一年级)

主要包括自然地理、生物、物理和化学的内容,考查学生应用所学的科学知识解决日常生活问题的能力,同时考查学生科学思维和探究的能力。

(5)认知能力

认知能力发展是儿童和青少年发展过程中非常重要的能力,是其后学习和发展的基础。认知能力涉及感知觉、注意、记忆、表象、思维和语言等方面的内容。鉴于测试时间和测试方式的限制,测试主要从感知觉与观察力、空间能力与推理能力几个方面测查学生认知能力的发展水平。

基线测试的成绩用来调整校内学生的评估成绩,可作为学生入读初中(或高中)前所具有的学习能力的依据(学习起点)。对于初中,利用基线测试计算增值时,得出四个控制变量(基础认知测验、语文能力测验、数学能力测验和英语能力测验),代表学生入读初中时的基线测试分数和学习能力指数;对于高中,利用基线测试计算增值时,得出五个控制变量(基础认知测验、语文能力测验、数学能力测验、英语能力测验和科学能力测验),代表学生入读高中时的基线测试分数和学习能力指数。

3.2.2.2 从实践的角度

在增值评价的实践过程中,测试需要一定的范围,而一般情况下,一定范围内组织测试有很多严格的要求。从测试的范围和测试题的质量保证这两点来看,运用大规模教育考试的结果作为基线测试成绩,得到了许多地方的认可。一般的基线测试设计为:

初中一年级以本届学生在小学六年级时参加的一定范围(最好是县区范围)的统一测试,例如学业质量监测测试、县区统一进行的小学生结业考试、教科书使用效果测试,等等,一般使用语文、数学和英语三个学科的测试成绩代替基线测试的有关学科成绩。

高中一年级以本届学生的中考成绩作为基线测试成绩,一般使用其中语文、英语、数学成绩,还有使用物理成绩(在中考学科为语数外物化五个学科时这样用,当采用新中考方式之后,县区可具体决定以哪种考试代替科学考试)。有的地区要求无论初中还是高中,都要增加认知能力测试。

3.2.2.3 基线测试试题列举

以下是专门为基线测试设计的试卷。

例 3.1 初中(七年级)语文测试卷

第一部分 积累与运用(共计 67 分)

一、下面每道小题中,有一个加点字的读音是错的。请你把它找出来,并把这个答案的序号涂在答题卡上。(每题 2 分,共计 8 分。)

1. A. 机械(xiè) B. 蜷(quán)缩 C. 间(jiān)断 D. 自作(zuò)自受 ( )

2. A. 漩(xuán)涡 B. 擦(chā)燃 C. 玫瑰(guī) D. 戛(jiá)然而止 ( )

3. A. 兴(xìng)旺发达 B. 入场券(quàn) C. 爱憎(zēng) D. 颈(jǐng)椎 ( )

4. A. 提(dī)防 B. 养尊处(chǔ)优 C. 教诲(huì) D. 唾(tù)沫 ( )

二、下面每道小题中,有一个词语含有错别字。请你把它找出来,并把这个答案的序号涂在答题卡上。(每题 2 分,共计 8 分。)

5. A. 抱歉 B. 奋发图强 C. 阴谋鬼计 D. 铭刻 ( )
6. A. 脉搏 B. 书籍 C. 橱窗 D. 震憾 ( )
7. A. 彩排 B. 锻炼 C. 通迅 D. 五洲四海 ( )
8. A. 偏僻 B. 浮想联篇 C. 气概 D. 座无虚席 ( )

三、下面每道小题中,有一个词语和加点词的意思最接近。请你把它找出来,并把这个答案的序号涂在答题卡上。(每题 2 分,共计 8 分。)

9. 荣誉

A. 荣获 B. 信誉 C. 名誉 D. 荣耀 ( )

10. 严峻

A. 严刑 B. 严肃 C. 严格 D. 严重 ( )

11. 企盼

A. 盼望 B. 盼头 C. 企图 D. 企求 ( )

12. 语重心长

A. 深情厚谊 B. 微言大义 C. 娓娓动听 D. 循循善诱 ( )

四、下面每道小题中,有一个词语或成语填入画线部分最恰当。请你把它找出来,并把这个答案的序号涂在答题卡上。(每题2分,共计10分。)

13. 根据医生的________,他患上了流行性感冒。

A. 诊所　B. 诊断　C. 判断　D. 判别　(　)

14. 让世界永远和平美好,这是人类共同的________。

A. 希望　B. 期望　C. 愿望　D. 盼望　(　)

15. 红墙碧瓦________在绿树丛中,使人觉得美极了。

A. 映照　B. 映衬　C. 掩盖　D. 掩映　(　)

16. 山清水秀的漓江,到处生机勃勃,两岸美景________。

A. 目不暇接　B. 目不转睛　C. 目瞪口呆　D. 过目不忘　(　)

17. 看到他找回了丢失已久的自信,老师________。

A. 兴高采烈　B. 兴致勃勃　C. 手舞足蹈　D. 喜出望外　(　)

五、按照要求,完成下面的内容,并把答案的序号涂在答题卡上。(每题2分,共计24分。)

18. 选出标点正确的一句　(　)

A. 山海关,这号称天下"第一关"的山海关!

B. 山海关,这号称:"天下第一关"的山海关!

C. 山海关,这号称"天下第一关"的山海关!

D. 山海关!这号称"天下第一关"的山海关!

19. 选出下列句子中与例句意思最接近的一句　(　)

小红,妈叫你去车站接姑姑。

A. 小红:妈叫你,去车站接姑姑。

B. 小红妈,叫你去车站接姑姑。

C. 小红,妈叫你,去车站接姑姑。

D. 小红妈叫你,去车站接姑姑。

20. 选出标点符号正确的一项　(　)

A. 浅海里有鱼、虾、贝、还有各种海藻,如海带、紫菜、石花菜等。

B. 七、八十名中外记者参加了这次招待会。

C. 你用水中听音器一听,就能听见各种声音:有的像蜜蜂一样嗡嗡;有的像小鸟一样啾啾;有的像小狗一样汪汪;有的还好像在打鼾……它们吃东西的时候发出一种声音,行进的时候发出另一种声音,遇到危险还会发出警报。

D. 要使人人都明白这样一个道理:破坏森林是不折不扣的自杀行为;要合理规划利用土地,同时还要大量修筑水利工程。

21. 下面书名号用法完全正确的一句是 (　　)

A.《蒙娜丽莎》,神秘微笑的蒙娜丽莎。

B.“六一儿童节”那天,我校进行了《十佳童星》的评比活动。

C.《七律〈长征〉》是毛泽东同志在长征途中所作。

D.《中国少年报》有一个专栏“知心姐姐”,中央电视台有一个“为您服务”节目,你在学习生活中有什么烦恼、困难需要他们帮助解决,请给他们写信。

22. 在下面这段话的六个空格处依次填标点,最准确的一项是 (　　)

渔夫皱起眉,他的脸变得严肃_①_忧虑。_②_嗯_③_是个问题_④_他搔搔后脑勺说_⑤_嗯_⑥_你看怎么办?得把他们抱来……

A. ①,②“③! ④。⑤ ,“ ⑥!　　B. ①,②“③! ④。⑤ ,“ ⑥,

C. ①、②“③,④!”⑤,“⑥,　　D. ①、②“③,④! ⑤:“ ⑥!

23. “凡在科学研究上有成就的人,大都是埋头苦干的人。”这句话的语病是

A. 缺少主语　B. 用词不当　C. 不合逻辑　D. 词语重复 (　　)

24. 下列各句中的语病属于词序颠倒的是 (　　)

A. 游泳运动员打破了一次又一次世界纪录。

B. 从这一件平凡的小事中,却说明了一个大问题。

C. 下午,一阵雷雨过后,在西边的天空中出现了一道美丽的彩虹。

D. 刘老师光荣地被评为“特级教师”的称号。

25. 下列各句中的语病属于词语重复的是 (　　)

A. 这办法又卫生,又方便,深受群众所喜爱。

B. 全市的人夹道欢迎凯旋归来的英雄们。

C. “七一”前后,3000 人左右次参观了党史展览。

D. 我国人口是世界上最多的国家。

26. 下列句子没有语病的一项是 (　　)

A. 我们为庆祝建党 90 周年准备。

B. 山西省是我国煤炭蕴藏量最丰富的地区之一。

C. 我兴趣广泛，爱写作、爱书法、爱绘画，希望老师多从这方面给予指导。

D. 在班主任的教育下，李强很快克服了自己的缺点和错误。

27. 下面各句中，关联词语使用正确的是　（　　）

A. 尽管遇到多大困难，我也要完成任务。

B. 既然这件事难办，我们也一定要办好。

C. 新加坡的竹节虫不仅体色几乎和竹子一样，体形在安静时完全像一根树枝。

D. 这幅画我一直非常喜欢，可是对它的领悟，是不久前的事。

28. 下面句子中，属于描写人物心理活动的一项是　（　　）

A. 那是费城七月里一个闷热的日子。

B. "我下不去！"我哭着说，"我会掉下去，我会摔死的！"

C. 暮色苍茫，天上出现了星星，悬崖下面的大地越来越暗。

D. 我绝对没法爬下去，我会滑倒摔死的。

29. 下面的比喻句中，比喻最贴切的一项是　（　　）

A. 这个老单身汉像木条一样瘦削。

B. 一轮满月正在荒野上庄严地徐徐升起，像一个赤红的大金盘。

C. 这个姑娘的眼睛又黑又亮，像经常戴的黑色眼镜。

D. 大漠沙如雪，燕山月似钩。

六、古诗文积累。（共计 9 分）

下面三个小题中，有一个选项符合题目要求。请你把它找出来，并把这个答案的序号涂在答题卡上。

30. 画线的地方应该填入的诗句是　（　　）

竹　石

（清）郑燮

咬定青山不放松，立根原在破岩中。________，任尔东西南北风。

A. 不知细叶谁裁出　　B. 春潮带雨晚来急

C. 春风又绿江南岸　　D. 千磨万击还坚劲

31. 下面诗句中，描写的不是节日的是　（　　）

A. 留连戏蝶时时舞，自在娇莺恰恰啼。

B. 千门万户曈曈日，总把新桃换旧符。

C. 借问酒家何处有？牧童遥指杏花村。

D. 至今不会天中事，应是嫦娥掷与人。

32. 下面诗句中，属于咏物言志的是 （ ）

A. 我劝天公重抖擞，不拘一格降人才。

B. 洛阳亲友如相问，一片冰心在玉壶。

C. 千锤万凿出深山，烈火焚烧若等闲。

D. 白日放歌须纵酒，青春作伴好还乡。

第二部分 阅读（共计 33 分）

七、请你仔细阅读每一篇文章，回答后面的问题。请选择一个你认为最恰当的答案，并把这个答案的序号涂在答题卡上。

窗 外

化学实验中，随着那可怕的一声爆炸，他的眼睛炸伤了，被送到了医院。他绝望地号叫着："我不能没有眼睛，不能没有……"喊了一整天，嗓子哑了。他累极了，静静地躺在病床上。

邻床病友滔滔不绝地讲述着。开始讲的什么他没注意。现在听见了，那是一位老人的声音："窗外，远远的青山，绿树环绕着小村，村边池塘中嬉戏着鸭子，牧童骑着老牛从夕阳中走来。近处，金黄的麦田，麦穗随着轻风微微摇曳；树枝上对对麻雀，瞪着圆圆的小眼睛……"听着听着，他仿佛看见了夕阳下美丽的景色。他静静地睡去了。

第二天清晨，老人又开始讲述："太阳正从东方升起，把天边烧红。一架银色飞机追赶着太阳，在灿烂的阳光中飞翔……"他听着，想象着，那该是一幅多么壮丽的景象，但是再壮丽也看不到了，他又号叫起来："你不要再炫耀你有眼睛。我恨……"老人停止了讲述，长叹一声，病房死一样寂静，死一样黑暗。

也不知过了多久。他怕这寂静、黑暗，他需要老人的声音，于是，老人又娓娓讲述起来，"现在，一弯明月高悬，星星点缀夜幕。薄云徐徐飘动，星、月含羞地看着大地，看着你和我，祝福你能重见它们……"听着，听着，他进入了梦乡。

就这样，老人每天给他描绘窗外的景象。不知过了多少日，他终于拆去缠着的厚厚纱布，他隐约看见眼前的护士、医生，虽然很模糊，但确实看见了。

他激动得哭了……突然间，他想起了邻床的那位老人。老人侧坐在床上，眺望着窗外。他冲过去，展开双臂拥抱老人："谢谢你，谢谢你的祝福，我看见了，什么都能看见了。"然而，就在他拥抱老人，老人循声回过头来的一刹那，他看着老人那双眼睛，惊呆了，木然了。

他突然觉得老人的"眼睛"是那样明亮。

33. 他又号叫起来，不让老人讲述，是因为　（　　）

A. 他看不到这么壮丽的景象。

B. 那次爆炸让他眼睛被炸伤。

C. 他的眼睛很疼，难以忍受。

D. 他不想让老人炫耀自己的眼睛。

34. 老人不停地讲述窗外的美景是为了　（　　）

A. 窗外的景色实在是很迷人。

B. 老人很孤单，所以想和身边的人说说话。

C. 老人知道他的眼睛被炸伤了。

D. 老人觉得他的遭遇很可怜，十分同情。

35. 他激动得哭了，是因为　（　　）

A. 他拆去了缠着的厚厚纱布。

B. 他看到了护士、医生。

C. 他终于可以出院了，心情十分激动。

D. 他没有失明，还能看见东西。

36. 老人有一双什么样的眼睛？　（　　）

A. 老人的眼睛十分明亮。

B. 老人的眼睛能够看到窗外最美的景物。

C. 老人的眼睛也看不见东西。

D. 老人的眼睛明亮得令人惊讶。

37. 你觉得老人是一个什么样的人？　（　　）

A. 口才很好，善于和别人交流，讲起话来绘声绘色。

B. 内心善良，虽然自己也处在黑暗之中，却给别人带来光明和希望。

C. 十分执着，虽然别人不要听，但是他还是坚持每天描绘窗外的景象。

D. 特别善解人意，喜欢和别人分享自己看到的美丽景色。

有趣的麝(shè)行

麝,有的地方又把它称为香獐。提起麝,人们往往就会想到麝香。麝香是一种开窍、醒神、活血、消肿的名贵药材,闻名海内外的“六神丸”就是用麝香来做配方的。

麝香产于雄麝,在它的肚脐下方有一个大如鸡蛋的香囊腺。在秋冬繁殖季节,香囊腺分泌更旺盛。这种分泌物的主要成分就是具有浓郁香味的麝香酮,一旦接触它,其味就经久不散,麝香亦因此而得名。为了获得名贵的麝香,猎人想尽一切办法捕捉雄麝。久而久之,麝也知道人们不是要它的命,而是垂涎它的麝香。当遭遇猎人和猎狗而被追得穷途末路时,麝就会从香囊腺里抓出麝香扔在路上,就像遇到剪径强盗时留下买路钱一样,以期能让猎人网开一面放自己一条生路。而有经验的猎人得到麝香后也就会停止追撵,留得麝的性命,以备明年再来取价格昂贵的麝香。

麝排粪的动作颇有意思,两后肢蹲下,排完之后立即用前肢刨土掩盖,以免泄露气味而遭敌害追踪。到今天为止,还没有哪家动物园展览过麝,因为这种动物胆小如鼠,怕人怕光,宁可撞墙而死也不愿在动物园笼舍里生活。

38. 猎人要捕捉雄麝的原因是 ( )

A. 因为麝的肉质非常鲜美。

B. 因为人们想把麝驯化成坐骑。

C. 因为猎人想从雄麝身上获取名贵的麝香。

D. 因为麝是一种很漂亮的动物。

39. 麝排粪后,要用前肢刨土掩盖的原因是 ( )

A. 因为麝是一种爱干净的动物。

B. 因为麝的胆子很小,可谓胆小如鼠。

C. 因为麝想通过这种办法来训练自己。

D. 因为它们害怕泄露气味儿遭敌害追踪。

40. 下面说法错误的是 ( )

A. 麝香是一种开窍、醒神、活血、消肿的名贵药材。

B. 麝香产于雌麝,在它的肚脐下方有一个香囊腺。

C. 麝香酮是一种具有浓郁香味的分泌物。

D. 麝是一种胆小如鼠的动物,它们宁可撞墙而死,也不愿在笼舍生活。

41. 猎人得到麝香后，停止追撵，留得麝性命的原因是 ( )

A. 猎人很善良，不忍心伤害麝的性命。

B. 猎人想通过逃跑的麝去寻求更多的麝。

C. 猎人们想留住麝的性命，以备来年再取麝香。

D. 猎人们追赶得太累了，抓不住麝了。

参考答案

题号	1	2	3	4	5	6	7	8	9	10
答案	C	B	A	D	C	D	C	B	C	D
题号	11	12	13	14	15	16	17	18	19	20
答案	A	B	B	C	D	A	D	C	C	D
题号	21	22	23	24	25	26	27	28	29	30
答案	A	C	C	A	B	B	D	D	D	D(2分)
题号	31	32	33	34	35	36	37	38	39	40
答案	A(3分)	C(4分)	B(5分) A(3分) D(1分)	D(4分) C(2分)	D(4分) B(2分)	C(3分)	B(5分) C(3分) A(1分)	C(3分)	D(3分)	B(3分)
题号	41									
答案	C(3分)									

例 3.2 七年级认知能力测试卷

本套测验分为四部分，共 25 道题，请根据题目要求选出正确答案，并将选项填在答题卡上。

第一部分：数字推理。本部分共有 6 题，每题给出的是一个数列或一组图形，它们反映了某种数与数之间的关系，其中有一个缺项，请你仔细观察数字的排列规律，然后从四个选项中选择一项你认为最合理的来填补。

1. 12，20，30，42，( )

A. 50 B. 52 C. 54 D. 56

2. 0，4，16，36，( )

A. 64 B. 81 C. 100 D. 144

3. 1,1,2,6,24,(　　　)

A. 60　　B. 120　　C. 180　　D. 240

4. 21,62,123,204,305,(　　　)

A. 466　　B. 456　　C. 406　　D. 426

5. 2/3,1/2,2/5,1/3,(　　　)

A. 1/4　　B. 1/6　　C. 2/7　　D. 2/3

6. 0,1,1,2,4,7,13,(　　　)

A. 24　　B. 25　　C. 26　　D. 27

第二部分:图形推理。本部分共有 8 题,每道题题干中的图形隐含了一些变换规律。请你根据这种变换规律从四个供选择的图形中,选择你认为最合适的一个代替图中的问号。

7.

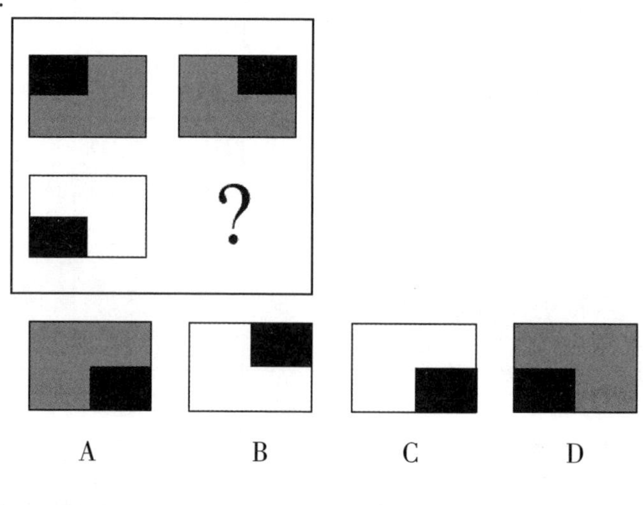

8.

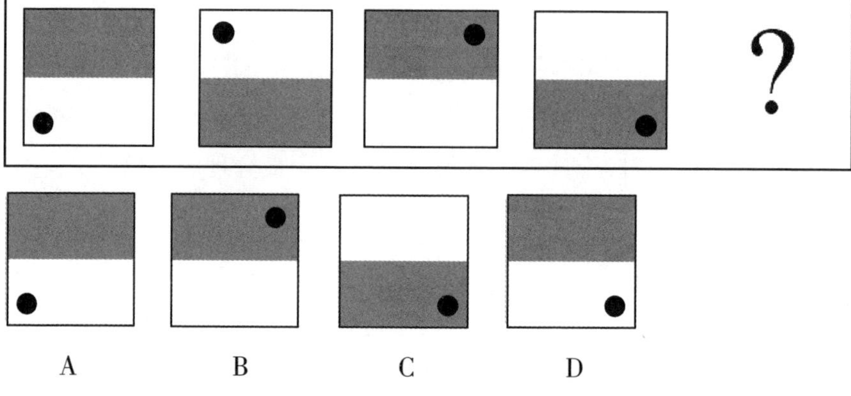

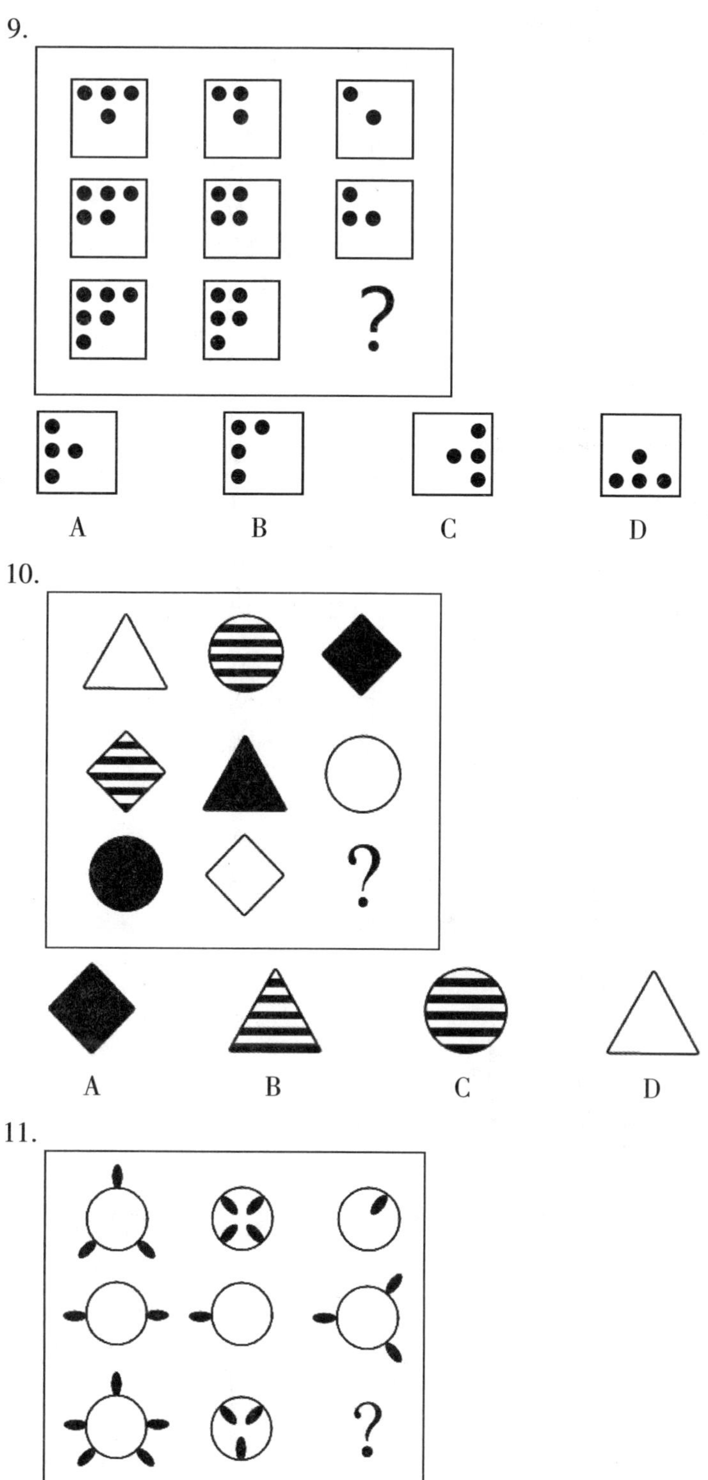

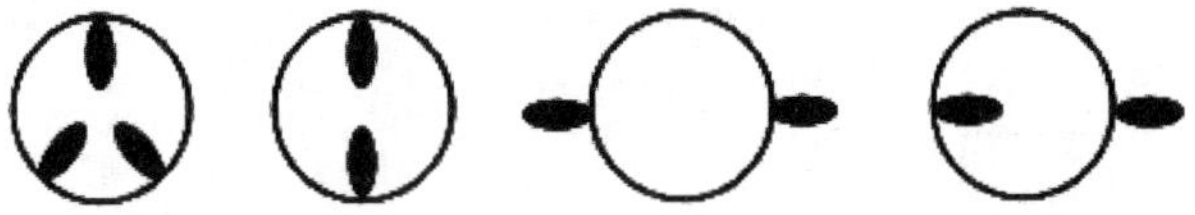

A　　B　　C　　D

12.

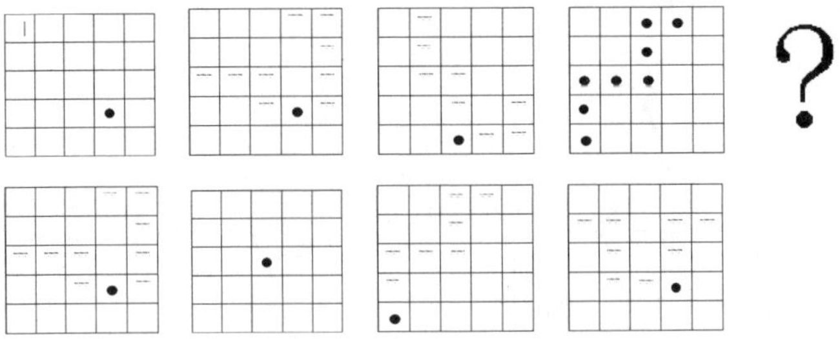

A　　B　　C　　D

13.

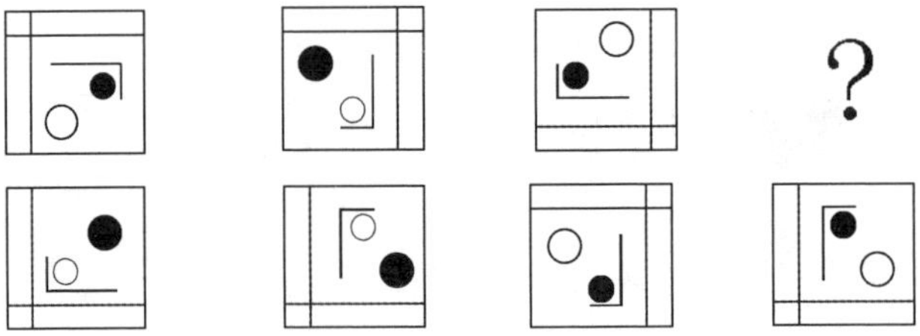

A　　B　　C　　D

14.

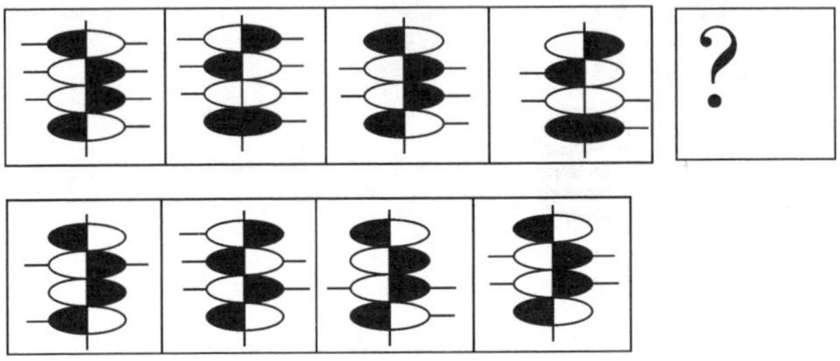

A　　B　　C　　D

第三部分:知觉与观察。本部分共有 6 题,每题需要通过仔细观察所给图形后,选出唯一正确的答案。

15. 下面的展开图中,不可以折叠成完整的正方体的是　　(　　)

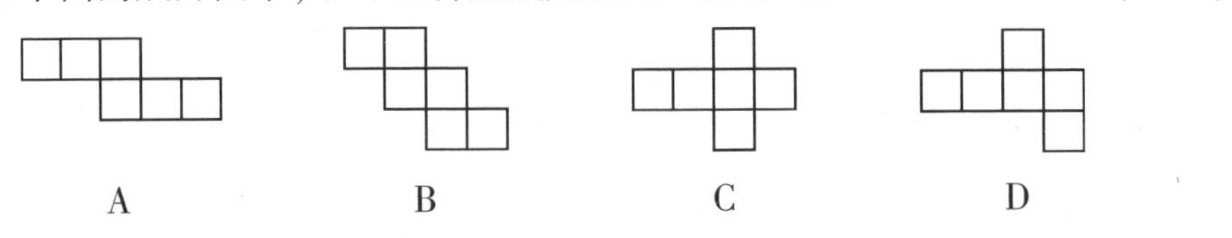

A　　B　　C　　D

16. 将下面图形旋转后,将得到哪个图形? （　　）

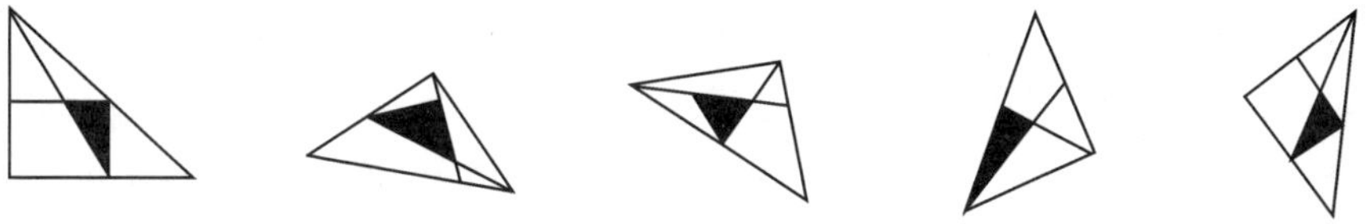

A　B　C　D

17. 将下面图形旋转后,将得到哪个图形? （　　）

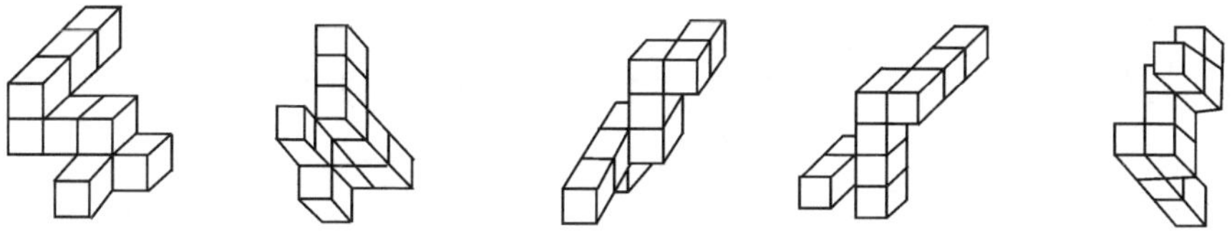

A　B　C　D

18. 将下面图形旋转后,将得到哪个图形? （　　）

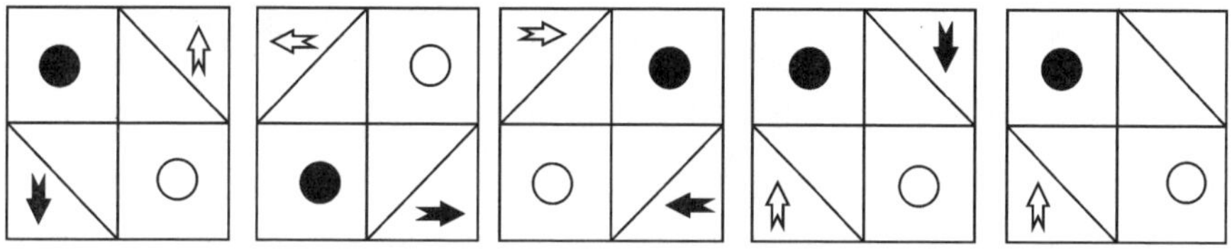

A　B　C　D

19. 右图中,已知大积木块的长度是小积木块的3倍。那么共有(　　)块小积木?(　　)块大积木?

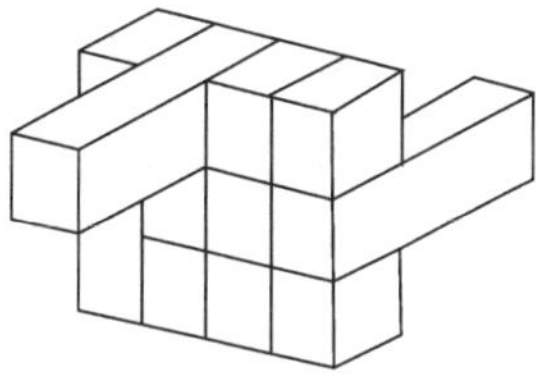

A. 8,3　　B. 8,4

C. 7,3　　D. 7,4

20. 右图中,已知大积木块的长度是小积木块的2倍。那么,最少可能有(　　)块小积木?最多可能有(　　)块小积木?

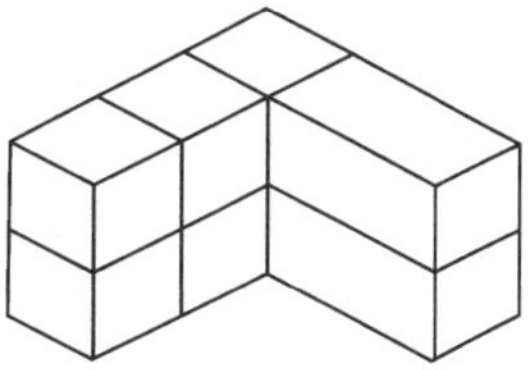

A. 4,5　　B. 4,6

C. 5,6　　D. 5,7

第四部分:逻辑推理。本部分共有5题,在每小题给出的四个选项中,只有一项是符合题目要求的。

21. 甲、乙、丙三人对小强的藏书数目做了个估计。甲说:“他至少有1000本书”。乙说:“他的书不到1000本。”丙说:“他的书不是1200本。”这三个

估计中只有一个是对的,小强的书究竟有多少本? ( )

A. 1000 本　　B. 不到 1000 本

C. 1200 本　　D. 无法判断

22. 甲、乙、丙、丁四个学生坐在同一排的相邻座位上,座号是 1 号至 4 号,一个专说谎话的人说:“乙坐在丙旁边,甲坐在乙和丙的中间,乙的座位不是 3 号。”坐在 2 号位置上的是谁? ( )

A. 甲　　B. 乙　　C. 丙　　D. 丁

23. 老师给全班 60 个学生布置了两道作业题,其中 40 个人做对了第一题,3 个人做对了第二题,4 个人两道题都做错了。那么,两道题都做对的人数是多少? ( )

A. 15　　B. 11　　C. 7　　D. 无法判断

24. 某班 46 人,从 A、B、C、D、E 五位候选人中选班长,每人只能为一位候选人投票。投票结束(没人弃权):A 得选 25 票,B 得选票占第二位,C、D 得票同样多,E 得票最少,只得 4 票,那么 B 得票多少? ( )

A. 6 票　　B. 7 票　　C. 8 票　　D. 9 票

25. 一研究小组调查显示,日本中部山区有 35 种低地植物“入侵”海拔超过 2000 米的山地。以下哪个猜想可以独立解释这一现象? ( )

A. 低地植物具有很强的繁殖能力。

B. 游客将低地植物的种子带入高地。

C. 全球气候变暖所导致的环境变化。

D. 低地植物能够与高山植物杂交。

答案:

题号	1	2	3	4	5	6	7	8	9	10
答案	D	A	B	D	C	A	C	A	A	B
题号	11	12	13	14	15	16	17	18	19	20
答案	C	B	B	C	A	D	D	A	C	B
题号	21	22	23	24	25					
答案	C	D	A	B	C					

例 3.3　高中一年级科学试卷

本卷全为选择题,各题的选项中只有一个是正确的,请将正确答案选出来,并把这个答案的序号填在答题卡上。每小题 2 分,共 100 分。

1. 可以作为区别动物细胞和植物细胞的结构是　(　　)

A. 细胞壁　　B. 细胞膜　　C. 细胞质　　D. 细胞核

2. 我们吃的农产品中有植物的各种器官,其中属于果实的是　(　　)

A. 甘蔗、藕、马铃薯　　B. 苹果、西瓜、桃子

C. 蚕豆、绿豆、花生仁　　D. 萝卜、地瓜、姜

3. 若用显微镜观察同一标本 4 次,每次仅调整目镜或物镜和细准焦螺旋,结果如下图所示。请问视野最亮的是　(　　)

A　　B　　C　　D

4. 下列关于生物体结构层次的叙述正确的是　(　　)

A. 生物体最基本的结构层次是细胞核

B. 动植物体内都有能够协调配合的八大系统

C. 植物的筛管、人体的胃都是组织水平的结构

D. 动物的心脏、植物的种子都是器官水平的结构

5. 下面是生态系统的组成图解,请据图判断下列说法**错误**的是　(　　)

生态系统
- 生物部分
  - 植物——①
  - ②——消费者
  - 细菌、真菌——③
- 非生物部分——④

A. ①是生产者,③是分解者

B. ②指动物,④指阳光、空气和水

C. 能够通过光合作用制造有机物的是①

D. 能将落叶中有机物分解成简单物质的是②

6. 下面关于血液循环的叙述正确的是　(　　)

A. 动脉中流的都是动脉血,静脉中流的都是静脉血

B. 经过肺循环后,回到左心房的血液为动脉血

C. 静脉输液,药物先经体循环后经肺循环就可到达指端伤处

D. 保证血液只能从心房流向心室、从心室流向动脉的结构是肌肉壁

7. 某人在体检时验出尿液中含有较多的红细胞,医生初步确定是肾脏出现了毛病,根据所学知识请分析最可能发生病变的是肾脏的 ( )

A. 肾小球　　B. 肾小管　　C. 肾小囊　　D. 收集管

8. 已知蛋白质混合液中硫酸铵浓度的不同可以使不同种类的蛋白质析出(或沉淀),随着硫酸铵浓度增加,混合液中蛋白质析出的种类和总量增加。下表是某蛋白质混合液中的不同蛋白质从开始析出到完全析出所需要的蛋白质混合液中的硫酸铵浓度范围。请据表判断下列叙述错误的是 ( )

蛋白质混合液中硫酸铵浓度(%)	析出的蛋白质
15~20	甲蛋白
23~30	乙蛋白
25~35	丙蛋白
38~40	丁蛋白

A. 丁蛋白开始析出时混合液中的硫酸铵浓度为38%

B. 若只完全析出甲蛋白,混合液中最合适的硫酸铵浓度为20%

C. 混合液中的硫酸铵浓度达到35%时会析出甲乙丙三种蛋白质

D. 混合液中的硫酸铵浓度为30%时能得到不含有其他蛋白质的全部乙蛋白

9. 已知面颊上有酒窝与无酒窝是一对相对性状,决定有酒窝的基因(D)是显性基因,决定无酒窝的基因(d)是隐性基因。试判断下列叙述正确的是 ( )

A. 有酒窝的人基因组成只能是DD

B. 无酒窝的人基因组成一定是dd

C. 双亲都有酒窝不可能生出无酒窝的孩子

D. 双亲都无酒窝肯定能生出有酒窝的孩子

10. 实验探究:甲状腺激素具有促进蝌蚪发育的作用,为了证明甲状腺激素的作用,某同学设计了以下实验:①挑选生长状态相同、大小一致的两只蝌蚪,分别放入规格相同、水质水温水量相同的甲、乙两只鱼缸中饲养。

②给甲缸的蝌蚪定时投喂适量的普通饲料，给乙缸的蝌蚪同时投喂等量的含甲状腺激素的饲料。③投喂一周后，比较两只蝌蚪的身长、四肢和尾的变化情况。分析上述实验设计，判断下列叙述错误的是　（　　）

A. 步骤①中选用的蝌蚪数目太少有可能导致实验失败

B. 该实验属于对照实验，甲缸为实验组，乙缸为对照组

C. 饲料是否加甲状腺激素是该实验的单一变量

D. 步骤①②中体现了对水温、水质等无关变量的控制

11. ①某人不小心被火烫了一下，来不及考虑就迅速将手缩了回来；②事后感觉到了痛；③但消防队员在救火时，明知危险照样往火海里冲。下列对①②③活动的分析错误的是　（　　）

A. ①为缩手反射，神经中枢在脊髓

B. ②的痛觉中枢位于脊髓和大脑皮层

C. 活动③说明低级中枢受高级中枢的控制

D. 完成①②③活动的神经结构不完全相同

12. 下图表示淀粉、蛋白质、脂肪在消化道中各部位（依次用 A、B、C、D、E 表示）被消化的程度，请据图判断下列说法错误的是　（　　）

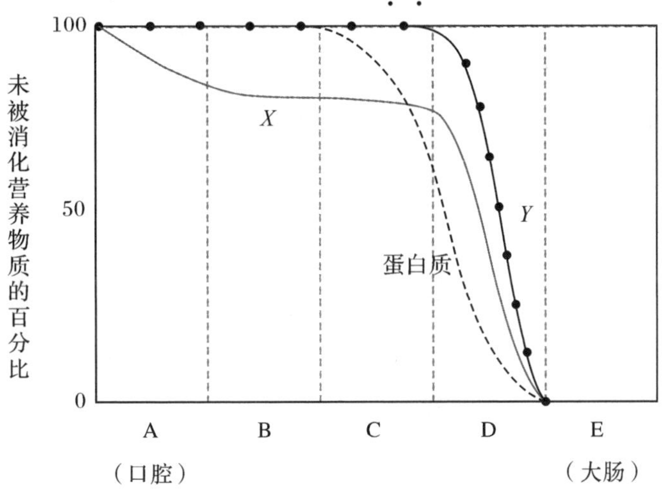

A. 曲线 X、Y 分别代表淀粉、脂肪

B. 蛋白质的最初消化发生在[C]胃内

C. [D]小肠是消化食物的主要场所

D. 消化后的营养成分都在大肠内被吸收

13. 下图①~⑤各地,地理坐标相同的是　　(　　)

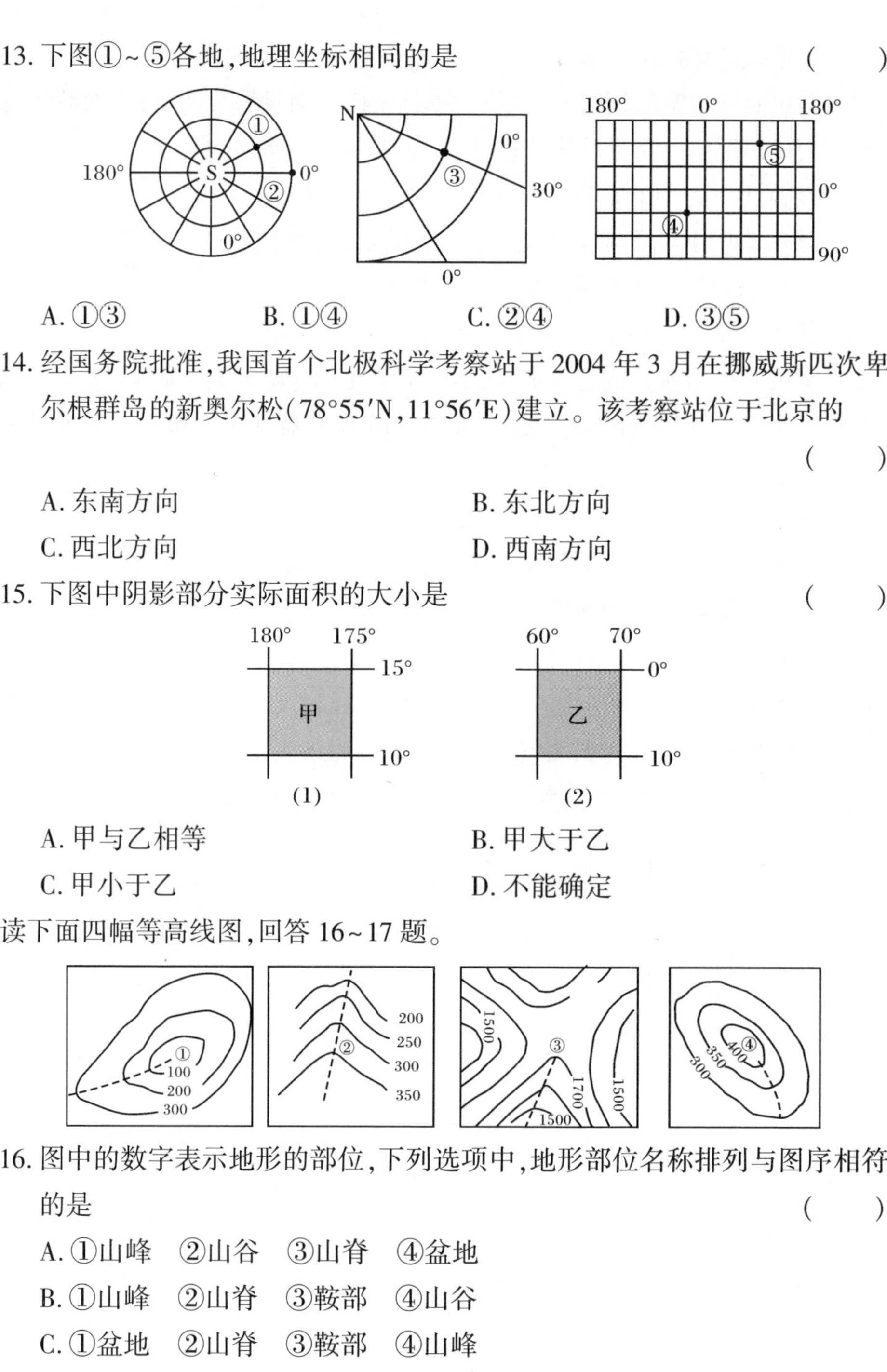

A. ①③　　B. ①④　　C. ②④　　D. ③⑤

14. 经国务院批准,我国首个北极科学考察站于 2004 年 3 月在挪威斯匹次卑尔根群岛的新奥尔松(78°55′N,11°56′E)建立。该考察站位于北京的　　(　　)

A. 东南方向　　B. 东北方向

C. 西北方向　　D. 西南方向

15. 下图中阴影部分实际面积的大小是　　(　　)

A. 甲与乙相等　　B. 甲大于乙

C. 甲小于乙　　D. 不能确定

读下面四幅等高线图,回答 16~17 题。

16. 图中的数字表示地形的部位,下列选项中,地形部位名称排列与图序相符的是　　(　　)

A. ①山峰　②山谷　③山脊　④盆地

B. ①山峰　②山脊　③鞍部　④山谷

C. ①盆地　②山脊　③鞍部　④山峰

D. ①盆地　②山脊　③山谷　④山峰

17. 图中四幅地图中的虚线,可能发育成河流的是　　(　　)

A. ①②　　B. ③④

C. ①③　　D. ②④

下图为两地的气候资料图,读图回答 18~19 题。

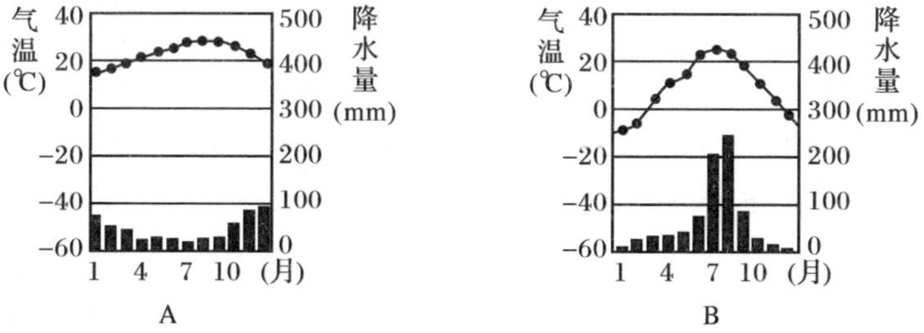

18. A、B 的气候类型分别是　　(　　)

A. 温带海洋性气候　温带季风气候

B. 地中海气候　温带季风气候

C. 地中海气候　亚热带季风气候

D. 温带海洋性气候　亚热带季风气候

19. 当 A 地河流进入汛期时,下列叙述正确的是　　(　　)

A. 是南极考察的最佳时机

B. 大连各大水库开始不断蓄水

C. 漠河可能接近极昼

D. 黄河可能有凌汛现象

20. 黄河下游成为地上河的原因是　　(　　)

A. 地势高,两侧为盆地

B. 黄河的泥沙沉积,河床不断提高

C. 黄河两侧建筑用土,使地面下降

D. 黄河两侧地壳下沉使地面下降

21. 如图所示,小华将一只正在发声的音叉触及面颊有震感,这个实验是用来探究　　(　　)

A. 声音产生的原因

B. 决定音调的因素

C. 声音能否在空气中传播

D. 声音传播是否需要时间

22. 如图所示，一束激光 AO 由空气斜射入玻璃砖，折射后从另一侧面射出，其出射点可能是图中的 ( )

A. M 点　　B. N 点

C. P 点　　D. Q 点

23. 锯子的锯齿都“东倒西歪”，不在同一平面内，小明猜想这是为了减小锯木头时的阻力，并设计实验检验猜想，以下设计方案最佳的是 ( )

A. 用同一把拨正锯齿的锯子分别锯硬木头和软木头，比较用力情况

B. 用同一把锯子，分别在“东倒西歪”和拨正锯齿时锯同一硬木头，比较用力情况

C. 用一把“东倒西歪”和另一把拨正锯齿的锯子分别锯同一硬木头，比较用力情况

D. 用一把“东倒西歪”和另一把拨正锯齿的锯子分别锯同一软木头，比较用力情况

24. 把新鲜蔬菜快速冷冻后放到低温真空环境中，蔬菜很快就变干燥了，这样既能长期保存又能保持原有的营养和味道。在加工过程中，蔬菜中的水先凝固，然后 ( )

A. 汽化　　B. 液化　　C. 凝华　　D. 升华

25. 下列有关热的说法正确的是 ( )

A. 晶体在熔化过程中温度不变，内能也不变

B. 内燃机的压缩冲程，主要是用热传递的方法增加了气缸内物质的内能

C. 用水做汽车的冷却液，是因为水的比热容大

D. 柴油机的效率比汽油机的效率高，是因为柴油的热值比汽油的热值大

26. 古人在夕阳西下的时候吟出“柳絮飞来片片红”的诗句，洁白的柳絮这时看上去却是红色的，这是因为柳絮 ( )

A. 发出红光　　B. 发出红外线

C. 反射夕阳的红光　　D. 折射夕阳的红光

27. 如图所示，两本书的书页交叉叠放在一起后很难拉开，是因为拉书时书页间会产生较大的 ( )

A. 重力　　B. 弹力

C. 压力　　D. 摩擦力

28. 下图是用带电小球探究电荷间相互作用规律的实验装置,其中符合事实的是　　　　(　　)

A　　　　B　　　　C　　　　D

29. 下列实验现象可以证明分子间存在引力的是　　　　(　　)

A. 两个表面光滑的铅块紧压后粘在了一起

B. 与毛皮摩擦过的橡胶棒吸引碎纸屑

C. 用吸管从瓶里吸出饮料

D. 通电螺线管吸引大头针

30. 下列现象属于利用电磁波传递信息的是　　　　(　　)

A. 老师利用语言传授知识　　　　B. 盲人通过手摸识别盲文

C. 邮寄贺卡表达节日祝福　　　　D. 用手机联系远方的亲友

31. 国家重点工程——青藏交直流联网工程正在建设中。2011 年 3 月 5 日,载有 200t 电力设备的超大型运输车“公路列车”(如图,全长约 80m,有 180 个大轮子)从湖南衡阳出发,以很缓慢的速度驶向青藏高原的过程中,两个多月(行驶时间约 600h)行驶了 3000 多千米,下列说法正确的是　　　　(　　)

A. 公路列车的平均速度约为 50km/h

B. 公路列车安装有很多大轮子,是为了增大对路面的压强

C. 公路列车在平直公路上匀速行驶时,其牵引力大于阻力

D. 公路列车刹车后仍能继续向前运动一段距离,是因为它具有惯性

32. 小明对新型 LED 灯带很好奇,取一段剖开后发现,灯带中的 LED 灯是串联后通过电源适配器接入照明电路的。他取下其中一只 LED 灯接在电池两端没有亮,对调电池正负极后亮了,用手试摸,点亮的灯几乎不发热,以下推断符合上述实验事实的是　　　　(　　)

A. 单只 LED 灯工作电压是 220V

B. LED 灯主要是将电能转化为内能

C. 电源适配器是将交流电转变为直流电

D. 灯带中一只 LED 灯断路后其他灯还亮

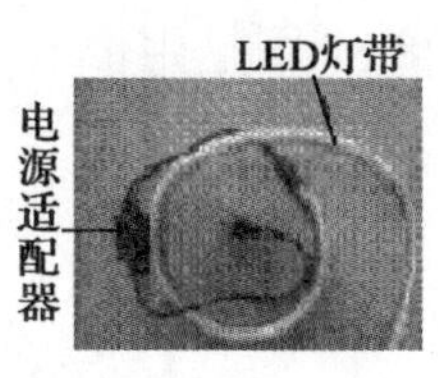

33. 通过定值电阻甲、乙的电流与其两端电压关系图像如图所示。现将甲和乙并联后接在电压为 3V 的电源两端。下列分析正确的是　　（　　）

A. $R_{甲}:R_{乙}=2:1$

B. $U_{甲}:U_{乙}=2:1$

C. $I_{甲}:I_{乙}=2:1$

D. $I_{乙}:I_{甲}=2:1$

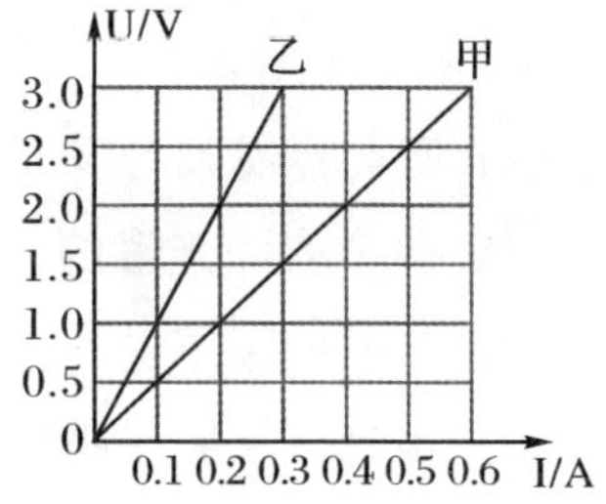

34. 如图所示的电路图中,电源电压保持不变,闭合开关 S 后,将滑动变阻器 R_2 的滑片 P 向左滑动,下列说法正确的是　　（　　）

A. 电流表 A 的示数变小,电压表 V_1 的示数不变

B. 电流表 A 的示数变小,电压表 V_1 的示数变大

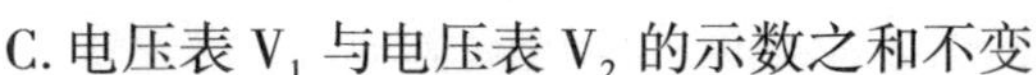

C. 电压表 V_1 与电压表 V_2 的示数之和不变

D. 电压表 V_2 与电流表 A 的示数之比变小

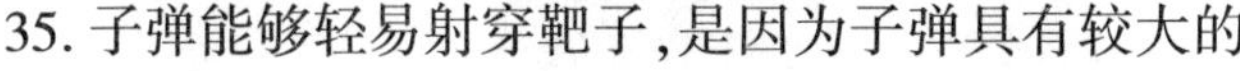

35. 子弹能够轻易射穿靶子,是因为子弹具有较大的　　（　　）

A. 内能　　B. 动能　　C. 重力势能　　D. 弹性势能

36. 如图所示,用滑轮组将重 600N 的物体在 10 秒内匀速提升了 5m,

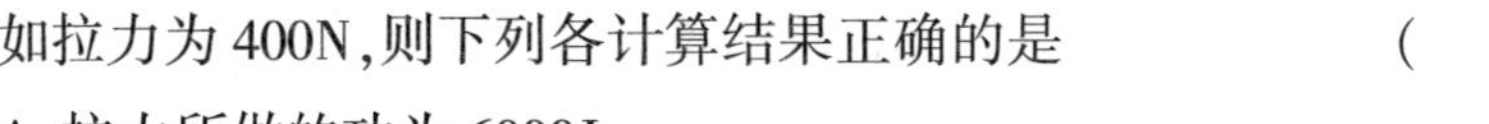

如拉力为 400N,则下列各计算结果正确的是　　（　　）

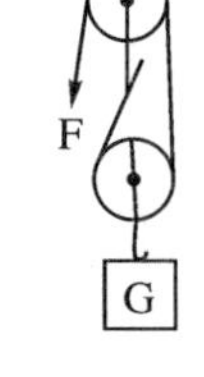

A. 拉力所做的功为 6000J

B. 机械所做的有用功为 2000J

C. 拉力的功率为 600W

D. 该滑轮组的机械效率为 75%

37. 如图所示,同样的小球在盛有不同液体的容器中保持静止,四个容器中的液面到容器底面的距离相同,则容器底面受到的液体压强最大的是

（　　）

A　　B　　C　　D

38. 分别用木头、铜、铁制成甲、乙、丙三个小球，将它们放入水中，三个小球静止时位置如图所示，以下判断正确的是　　(　　)

A. 甲小球一定是空心的

B. 乙小球一定是空心的

C. 丙小球一定是空心的

D. 三个小球都是实心的

39. 下列没有化学变化的是　　(　　)

A. 煤球燃烧　　B. 二氧化碳通入水中

C. 钢铁生锈　　D. 常温下氢气与氧气混合

40. 碳元素与氧元素的本质区别是　　(　　)

A. 质子数不同　　B. 电子数不同

C. 中子数不同　　D. 最外层电子数不同

41. 在微型化录音录像的高性能磁带中，其磁粉主要材料之一是化学组成相当于 $CoFe_2O_4$ 的化合物，又知钴(Co)和铁都可能有+2、+3 价，且上述化合物中每种元素只具有一种化合价，则钴和铁的化合价分别为　　(　　)

A. +2、+2　　B. +2、+3　　C. +3、+3　　D. +3、+2

42. 某同学发现自家的农田出现土壤酸化板结现象，经查阅资料得知：是因为该农田长期施用化肥——硫酸铵[$(NH_4)_2SO_4$]的缘故。硫酸铵属于

(　　)

A. 钾肥　　B. 磷肥　　C. 氮肥　　D. 复合肥

43. 下列变化只有加入酸才能一步实现的是　　(　　)

A. $AgNO_3$——$AgCl$　　B. Cu——H_2

C. CuO——$CuSO_4$　　D. $CaCO_3$——CO_2

44. 下列各物质在水中能大量共存的是　　(　　)

A. H_2SO_4、Na_2SO_4、$NaOH$　　B. $Ca(OH)_2$、KCl、K_2CO_3

C. $CuSO_4$、$NaOH$、Na_2SO_4　　D. $NaCl$、Na_2CO_3、KNO_3

45. 用如图所示的密闭实验装置,能够使气球先膨胀,过一段时间又恢复到原状的一组固体和液体是 ( )

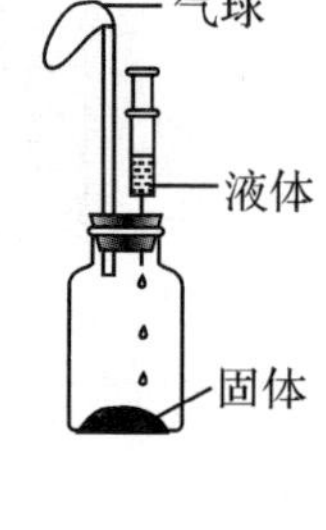

A. 固体:硝酸铵;液体:水

B. 固体:生石灰;液体:水

C. 固体:碳酸钠;液体:稀盐酸

D. 固体:氯化钠;液体:水

46. 下图是甲、乙两种物质的溶解度曲线,下列说法中正确的是 ( )

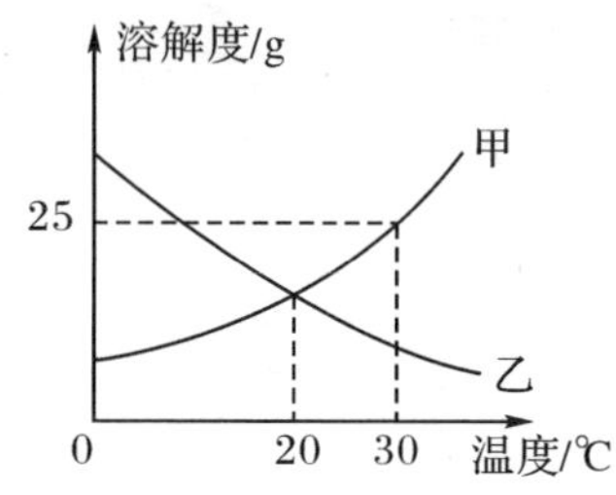

A. 30℃时,50g 水可以溶解 25g 甲物质

B. 升温能使接近饱和的乙物质的溶液变为饱和溶液

C. 20℃时,甲、乙两种物质溶液中溶质的质量分数相同

D. 甲、乙两物质的饱和溶液(均无晶体),从 30℃降温到 20℃,所得溶液中溶质的质量分数相同

47. 某学生从一种强酸性的未知无色溶液中已检出有 Ag^{+},他还想鉴定该溶液中是否还含有大量的 Cl^{-}、NO_3^{-}、CO_3^{2-}、NH_4^{+}、Cu^{2+}、Fe^{3+}等,你认为其中还需要鉴定的离子是 ( )

A. Cl^{-}　　B. Cu^{2+}

C. CO_3^{2-}　　D. NH_4^{+}

48. 化学学科的思维方法有多种,其中推理是常用的思维方法。以下推理正确的是 ( )

A. 有机物完全燃烧时都产生二氧化碳,所以有机物中一定含有碳元素

B. 中和反应生成盐和水,所以生成盐和水的反应一定是中和反应

C. 燃烧一般都伴随发光、发热现象,所以有发光、发热现象的就是燃烧

D. 氧化物中都含有氧元素,所以含氧元素的化合物一定是氧化物

49. 除去下列物质中的杂质(括号内为杂质)，所选用的试剂及操作方法均正确的一组是 (　　)

选项	待提纯的物质	选用的试剂	操作的方法
A	$CaO(CaCO_3)$	水	溶解、过滤、结晶
B	$CuSO_4(H_2SO_4)$	氢氧化钠溶液	过滤
C	Cu(CuO)	稀盐酸	溶解、过滤、洗涤、干燥
D	$CO_2(CO)$	氧气	点燃

50. 在反应 X+2Y ══ R+2M 中，已知 R 和 M 的相对分子质量之比为 1∶2，当 1.5g X 和一定量的 Y 充分反应后，生成了 3.6g M。则在上述反应中，参加反应的 X 和 Y 的质量比为 (　　)

A. 1∶2　　B. 2∶1　　C. 1∶4　　D. 4∶1

答案：

题号	1	2	3	4	5	6	7	8	9	10
答案	A	B	A	D	D	B	A	D	B	B
题号	11	12	13	14	15	16	17	18	19	20
答案	B	D	B	C	C	C	C	B	C	B
题号	21	22	23	24	25	26	27	28	29	30
答案	A	B	B	D	C	C	D	B	A	D
题号	31	32	33	34	35	36	37	38	39	40
答案	D	C	C	A	B	D	A	B	D	A
题号	41	42	43	44	45	46	47	48	49	50
答案	B	C	C	D	B	B	D	A	C	A

考查内容分布：

内容领域	题号	题量
生物	1~12	12
地理(自然地理部分)	13~20	8
物理	21~38	18
化学	39~50	12
合计		50

3.2.2.4 基线测试工具的技术指标

以下先确定对测试工具进行质量分析的模型，然后探讨测试工具的指标。

(1) 测试工具质量分析模型

题目分析使用经典测验理论和项目反应理论分析测验的特征，使用Conquest软件进行项目参数估计和学生能力估计。

项目反应理论，又称潜在特质理论，是一种以模型为基础的测量理论，兴起于20世纪50年代，70年代起发展迅速，目前在教育测量、心理测量等领域得到广泛应用。ETS、PISA、TIMSS等国际教育测量机构均采用项目反应理论进行分析研究。采用项目反应理论在测验等值、分数量尺化等方面具有经典测验理论不可比拟的优势，有利于跨年度基线测验分数的等值和比较。

应用项目反应理论对基线测试数据进行分析，需做到以下两点：首先，要估计出测验中各题目的项目参数，即项目难度；其次，获得每个学生的基本学习能力估计值。

在进行基线测试数据分析时，各科可以都采用选择题形式。系统采用Rasch模型。Rasch模型适用于0/1计分题型中，即学生答对某个题目记为1分，否则记为0分。

从单一维度来看，在Rasch模型中，能力为θ的被试n答对难度为δ的题目i的概率P可用以下公式表示：

$$P_i(\theta)=\frac{e^{(\theta_n-\delta_i)}}{1+e^{(\theta_n-\delta_i)}}$$

其中，$P_i(\theta)$表示能力为θ的被试答对难度为δ_i的项目的概率，其取值范围为(0.0,1.0)；θ表示被试的能力水平，其取值范围为$(-\infty,+\infty)$，通常情况下取(−5,+5)；δ_i表示第i个项目的难度。通常情况下其取值范围为(−5,+5)。θ_n和δ_i均需根据作答数据估计得出。

对于二分反应(0—1计分)数据，一般的单参数多维项目反应模型可以表示为：

$$P_i(U_{ij}=1|\theta_j)=\frac{e^{[\Sigma(\theta_{jm}-\delta_i)]}}{1+e^{[\Sigma(\theta_{jm}-\delta_i)]}}$$

这里θ_{jm}是第j个学生在第m个维度上的潜在能力；δ_i是第i个项目的难度参数。U_{ij}表示被试i对第j题的作答反应(答对$U_{ij}=1$，答错$U_{ij}=0$)，U表示全体被试的作答模式，P_{ij} 表示能力为 θ_i 的被试答对第 j 题的概率。

基线测试采用多维项目反应理论对项目的质量和考生的能力进行估计，使得不同科目学生的能力放在同一个量尺上。

(2)测试工具的技术指标

测试工具的指标通常包括信度、效度、难度和与模型的拟合度，以前面举出的少数基线测试的工具(测试卷)为例。

A. 信度

测试的内部一致性信度系数是描述测试可靠性的重要指标。一般来讲，能力测试的内部一致性信度在 0.8 以上表示测试有很好的信度，0.7 以上表示测试有较高的信度。表 3-1 给出基线测试所用测试工具的一致性信度系数。

表 3-1　基线测试不同部分的内部一致性信度

科目	初一	高一
语文	0.82	0.80
数学	0.90	0.83
英语	0.94	0.95
科学	—	0.91
认知能力	0.76	0.74

从表中的结果可以看出，基线测试的各个部分有较好的内部一致性信度。

B. 效度

我们可以从不同科目分数之间的相关以及各个科目与总分的相关来考察测试的效度。从表 3-2 和表 3-3 的结果可以看出，各科目之间以及各科目与总分之间存在中等程度的相关，说明测试具有较好的关联效度。

表 3-2　初中基线测试各科目之间的相关

	语文	数学	英语	认知	总分
语文	1.000				
数学	0.693	1.000			
英语	0.652	0.668	1.000		
认知	0.574	0.693	0.577	1.000	
总分	0.506	0.560	0.551	0.427	1.000

表 3-3 高中基线测试各科目之间的相关

	语文	数学	英语	科学	认知	总分
语文	1.000					
数学	0.636	1.000				
英语	0.677	0.664	1.000			
科学	0.689	0.701	0.652	1.000		
认知	0.584	0.642	0.529	0.627	1.000	
总分	0.844	0.871	0.858	0.866	0.774	1.000

C. 难度

采用多维项目反应理论模型对每一个项目的难度进行分析，测试难度分布见表 3-4 和表 3-5。将项目难度值按照难易程度分成 5 类，"容易"表示项目难度估计值低于-1.5；"偏易"表示项目难度估计值介于-1.5 到-0.5 之间；"中等"表示项目难度估计值介于-0.5 到 0.5 之间；"偏难"表示项目难度估计值介于 0.5 到 1.5 之间；"难"表示项目难度估计值高于 1.5。

表 3-4 初中基线测试项目难度分布

科目	容易(%)	偏易(%)	中等(%)	偏难(%)	难(%)
语文	15.8	13.5	29.7	29.7	10.8
数学	10.0	22.4	36.7	22.4	8.2
英语	10.3	28.2	23.7	26.3	10.5
认知	4.2	25.0	41.7	20.8	4.2
总分	10.9	22.4	32.7	25.2	8.8

表 3-5 高中基线测试项目难度分布

科目	容易(%)	偏易(%)	中等(%)	偏难(%)	难(%)
语文	4.2	29.2	37.5	12.5	16.7
数学	14.3	19.0	23.8	28.6	14.3
英语	0.0	34.1	38.6	20.5	6.8
科学	8.2	22.4	32.7	30.6	6.1
认知	20.8	16.7	20.8	20.8	20.8
总分	8.0	25.3	32.1	23.5	11.1

从上面的结果可以看出，基线测试各科试题难度分布比较合理，中间难度的试题相对较多，两端容易和难的试题相对较少。

D. 测试项目与 IRT 模型的拟合

题目的拟合值表示该题目能否拟合项目反应理论所设定的数学模型的程度。一般而言，拟合值应在 0.77~1.33 之间，超过这个范围表示不能够对该题目进行良好的估计。拟合值的估计结果显示，初中基线测试中，除了两道英语试题的拟合指数略高于 1.33 外，其他所有题目的拟合指数都在 0.77~1.33 的范围内；高中基线测试的所有题目对应的拟合值都在这个范围内。因此，采用多维 IRT 模型能对初中基线测试的结果进行较精准的估计。

(3) 基线测试的特点

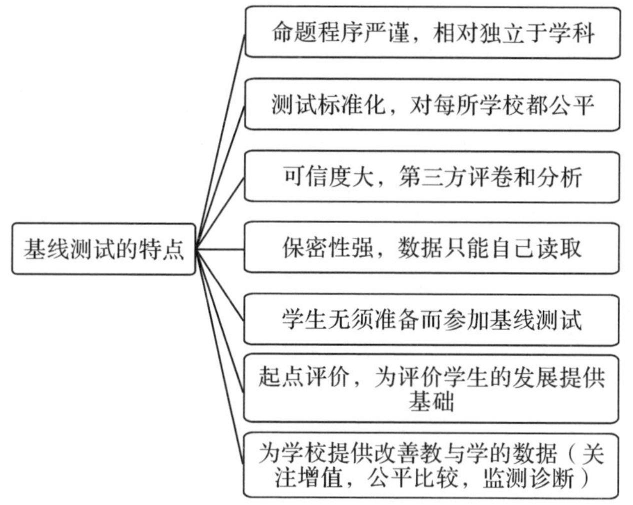

图 3-2　基线测试的特点

3.2.3 基线测试结果分析

基线测试结果分析是了解学习者的准备情况。由于基线测试内容主要指向学生的一般学习能力，关注一般学习能力对未来学习的影响，所以其准备情况也可被看作是学生学习能力的准备情况。全面深入地了解学生这方面的情况是极其重要的。因为任何学习者从事新的学习时，他原有的知识水平和原有的心理发展水平对新的学习都是十分重要的，这决定了你的教学从哪里出发，决定了教学的难度估计。忽视学生起点能力的估计，学习的内容就会脱离学习者的实际，太高和太低都会造成损失和浪费。

基线测试结果分析得出学生学习的起点成绩,由此形成“增值评价起点报告”或者“学生学习起点能力报告”。报告将学生起点能力的分布情况按学科、班级、学校和区域做了统计分析,以期帮助使用者明确其发展状况,明确其在群体中的相对位置,明确教育教学改进的目标以及与目标的差距。

例 3.4 某市某学区 8 所高中高一时的基线测试结果分析(《某区增值评价起点能力报告》)

1. 总分分析

(1)总分基本情况分析

为了直观地呈现学区学生本次总分测试的基本情况,将本次测试的总分数据进行基础分析,最终将测试人数、平均分、标准分、标准差、得分率、最高分、离均差、全距等指标呈现在下表中。

表 3-6 总分基本信息统计表

名称	测试人数	平均分	标准分	标准差	得分率	最高分	离均差	全距
学区	2987	433.48	0	82.92	0.58#	662	—	660
01 校	581	497.98	0.88	93.74	0.66	662	64.5	610
02 校	266	453.85	0.35	61.38	0.6	611	20.37	307
03 校	429	446.4	0.26	62.9	0.58#	592	12.9	331
04 校	404	439.99	0.18	67.82	0.59#	646	6.5	640
05 校	386	407.79	-0.21	67.81	0.53#	600.5	-25.68	599.5
06 校	312	398.7	-0.32	68.1	0.53#	555.5	-34.76	352
07 校	305	390.64	-0.42	84.58	0.51#	651	-42.82	562.5
08 校	304	376.59	-0.59	48.3	0.52#	514.5	-56.87	263

注:表中数字加“※”表示得分率超过 90%(本次测试没有),数字加“#”表示得分率低于 60%。下同。

(2)总分各分数段人数分布情况

将总分分数按照一定规则分为不同分数段,将学区中每个分数段的人数情况呈现在下图中。

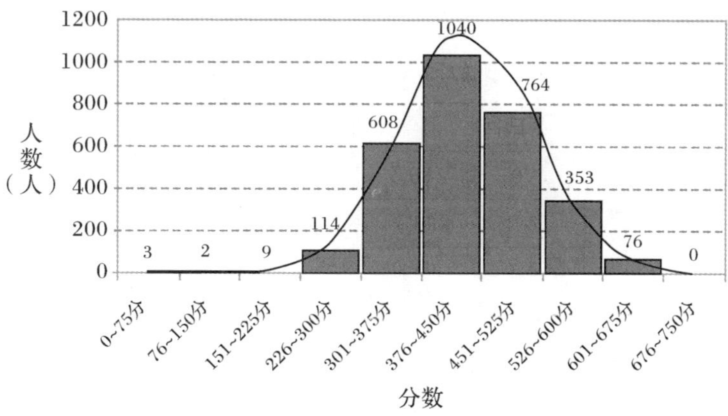

图 3-3　总分分数段分布图

图中描述了学区学生总分在各分数段的人数分布情况。基本上呈左偏态的“正态”分布。

(3)学生总分不同等级的人数分布比例

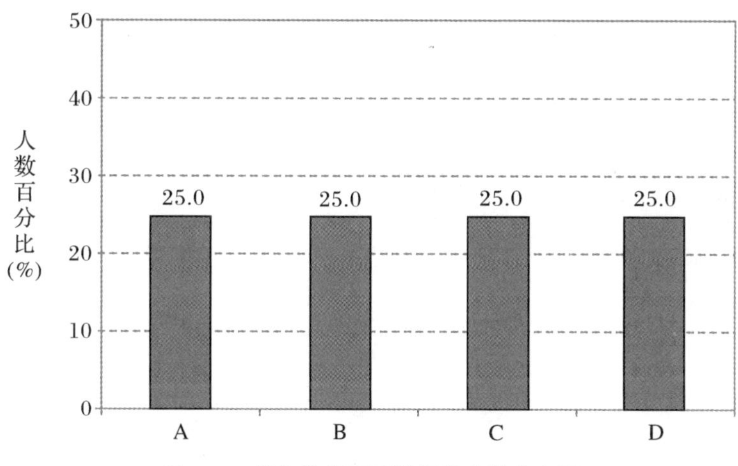

图 3-4　学生总分不同等级的人数分布图

注:总分等级划分方法是将所有参加测试的学生分为 4 个等级,在本次测试总分得分在 0~375 分的学生为 D,得分在 376~429 分的学生为 C,得分在 430~488 分的学生为 B,得分在 489~750 分的学生为 A。教育部门可根据学习情况对等级进行不同的划分,并设计出与其等级发展相符合的教育教学手段及方法。

(4)不同等级学生人数比例

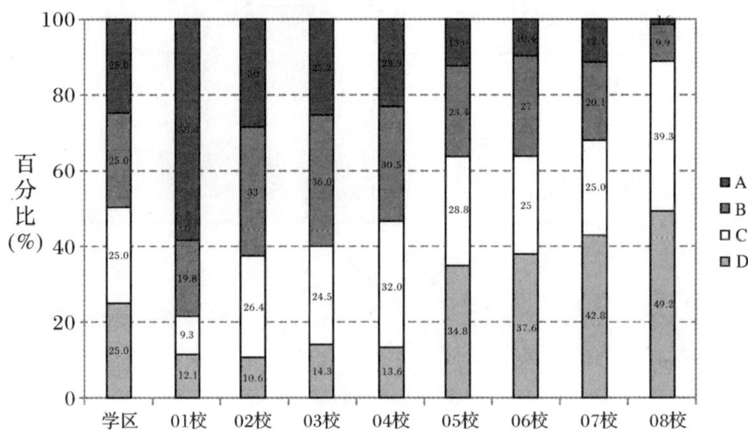

图 3-5　不同等级学生人数比例分布图

图中展现了学区及各校学生在总分成绩上的人数等级分布情况。由此可见,学校序号的排列就是按照测试成绩进行的。

上图详细对应数据如下。

表 3-7　各校学生总分不同等级人数比例情况表

名称	A(480—750)		B(400—480)		C(375—400)		D(0—375)	
	人数	百分比	人数	百分比	人数	百分比	人数	百分比
学区	745	25.04	740	24.97	745	25.01	744	24.97
01 校	340	58.79	111	19.83	54	9.31	70	12.07
02 校	77	29.06	90	33.96	70	26.42	28	10.57
03 校	108	25.23	154	35.98	105	24.53	61	14.25
04 校	96	23.82	123	30.52	129	32.01	55	13.65
05 校	50	12.99	90	23.38	111	28.83	134	34.81
06 校	32	10.29	81	26.05	81	26.05	117	37.62
07 校	37	12.17	61	20.07	76	25.00	130	42.76
08 校	5	1.65	30	9.90	119	39.27	149	49.17

(5)学生总分成绩离散度分析

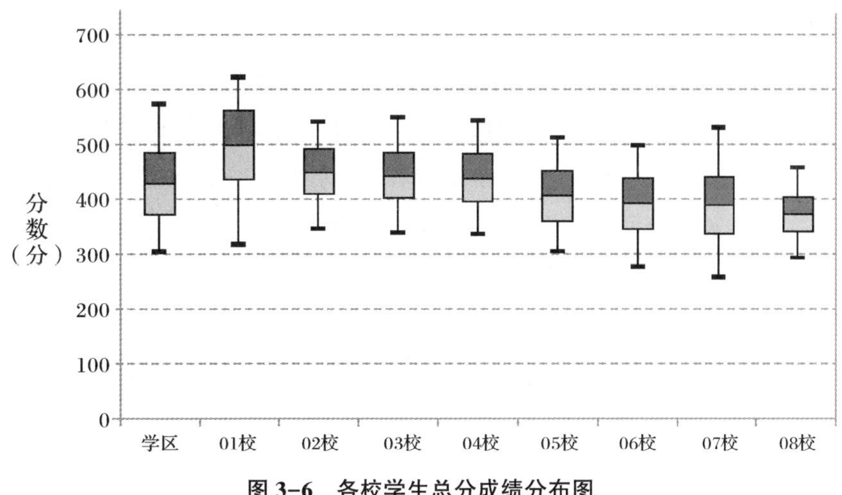

图 3-6　各校学生总分成绩分布图

图 3-6 详细对应数据。

表 3-8　各校学生总分成绩表

学区	学生所占比例				
	5%	25%	50%	75%	95%
学区	305.53	375.50	429.00	489.00	575.50
01 校	317.53	441.00	512.25	569.00	624.98
02 校	349.75	408.00	450.00	498.50	546.00
03 校	336.63	403.88	446.00	488.00	551.25
04 校	343.40	396.00	436.00	484.50	548.30
05 校	305.30	360.75	401.50	457.00	515.20
06 校	276.40	349.00	399.50	446.00	500.20
07 校	261.13	337.75	390.25	444.63	531.63
08 校	297.80	340.50	376.00	407.50	459.90

图 3-6 为盒式图，呈现了学区及各校学生在学科上的得分分布情况。将所有学生的得分从低到高排列，最下面的短线表示约有 5%的学生得分低于此线对应的分数，最上面的短线表示约有 5%的学生得分高于此线对应的分

数,方框上边线、中间线和下边线对应的分数分别表示约有 25%、50%、75% 的学生得分高于此线对应的分数。

图 3-6 描述了学生总分成绩的分布状况以及他们成绩的离散程度。盒式图中,矩形盒子的长度从一定程度上描述了学生成绩离散程度的大小,简单来说,盒式图越短,各部分间的间距越短,本群体的学生成绩越均衡;反之,盒式图越长,各部分间的间距越长,证明本群体的学生成绩越不均衡,因此通过本图可以非常方便地对不同样本或总体数据的分布情况进行对比。应充分关注各校的盒式图的长度,努力促进学生成绩的均衡发展,这将极大地提高学生的学习成绩。

(6) 总分标准分比较分析

标准分是衡量一个原始分数在团体中所处位置的相对位置量数,它可以对不同环境下的相关数据进行比较,即通过标准分可以对不同学校间的不同学科测试进行比较。标准分越高,表明本群体的整体水平越高。

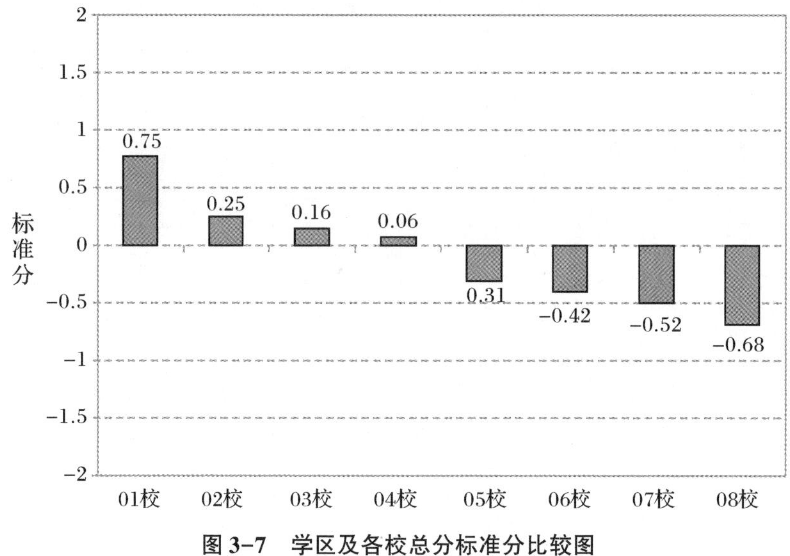

图 3-7　学区及各校总分标准分比较图

图 3-7 中描述了学区及各校总分的标准分情况,本图以 0 分为分界点,在 0 坐标以上的为正数,0 坐标以下的为负数,标准分越高,本次测试中群体的相对位置越高。标准分在成绩统计中非常有用,需予以充分的重视。这直观地说明了本例中学校的序号是测试成绩由高到低的排序。

2. 综合分析

(1)各科得分分布

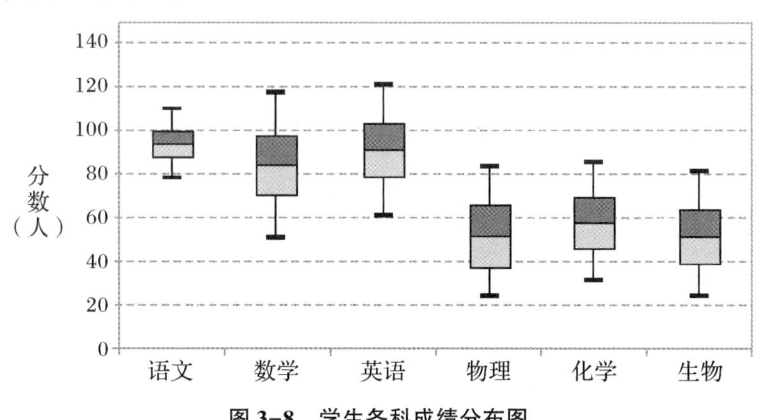

图 3-8　学生各科成绩分布图

上图中描述了学生各科成绩的分布状况以及各科成绩的离散程度。

(2)各校各科标准分分析

标准分越高,表明本群体的整体水平越高。

表 3-9　各校各科标准分对比表

名称	总分	语文	数学	英语	物理	化学	生物
02 校	0.25	0.57	0.22	0.25	0.05	-0.05	0.31
04 校	0.08	0.18	0.03	-0.09	0.21	0.11	0.05
05 校	-0.31	-0.20	-0.31	-0.10	-0.30	-0.30	-0.28
08 校	-0.69	-0.44	-0.46	-0.51	-0.80#	-0.55	-0.65
06 校	-0.42	-0.49	-0.46	-0.35	-0.17	-0.32	-0.38
01 校	0.79※	0.54	0.56	0.71	0.69	0.68	0.66
03 校	0.16	-0.02	0.15	0.09	0.03	0.28	0.15
07 校	-0.52	-0.51	-0.21	-0.58	-0.36	-0.53	-0.43

注:表中描述了各校各科标准分的详细情况。可以直观地认为,"※"表示最高的成绩,"#"表示最低的成绩。

3.3 学习背景分析

增值评价系统要求对学生的学习背景进行分析,即对学习者进行分类,包括一般特征、起点能力、学习风格、个人和社会特征,例如,年龄与成熟程度、对学科学习的动机和态度、学业和职业期望、读书和其他活动的时间分布等。

学习背景指什么?从社会的角度考察,对学习和教学的期望,既是对学习和教学的要求,又为学习和教学提供了条件,构成了学习的主要背景。对学习的背景分析一般采用调查问卷的形式进行,问卷设计的关键之一就是了解某一背景现象与学习成就之间的关系,而不一定是学习成就的原因。

通过实际的分析案例,可探索学习背景分析的要素、方法和具体的学习相关因素。

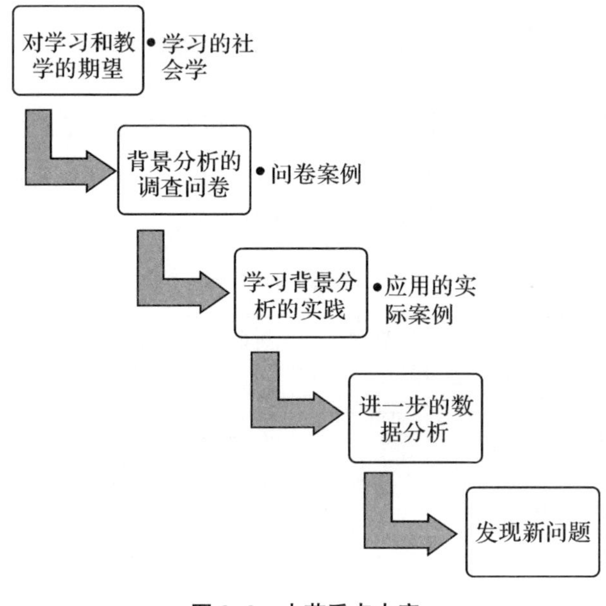

图 3-9　本节重点内容

3.3.1 对学习和教学的期望

人们对学习和教学的期望直接或间接地表现在相关学习和教学理论之中,也体现在现代学习性社会建构的设计之中。

3.3.1.1 学习的社会学

许多学习理论表述出社会对学习和教学的期望。

社会文化发展理论强调植根于社会文化和语言对认知发展的影响,现代的社会建构主义就是在社会文化发展理论的基础上建构起来的。其主要观点是:学生是在社会文化背景中学习和发展的,因而社会文化、在社会文化背景下的社会互动,以及人们用以交流互动甚至用以思维的语言对学习和发展都具有重大的决定性意义。

建构主义的学习模型也表现出学习的社会性质。对于建构主义学习观来说,主动建构、原有经验、意义生成就是学习的关键性结构要素,而这三点都是个性化的,都与学习者自身有关。因此,离开学习者主动、积极的学习,就不会得到学习的结果(获得知识);离开了领域知识的真实应用环境(一般表现为在一定的学习情境和学习共同体中进行交流互动,它们都是知识建构的社会要素),也不会获得有意义的学习结果。

人本主义学习理论注重启发学习者的经验和创造潜能,引导其结合认知和经验,肯定自我,进而自我实现;重点研究如何为学习者创造一个良好的环境,让其从自己的角度感知世界,发展出对世界的理解,达到自我实现的最高境界;强调情知统一的学习观。情知统一的重要形式就是协作,协作不仅仅是学习信息的交流与合作,还是语言的表达、思想的沟通、心灵的"碰撞"、性格的"磨合",从而培养学生组织交往能力和独立学习的能力,促进自我概念的发展和集体主义观念的形成。

学生个性的发展也是一种社会的需求,一般认为,影响学生个性发展的因素包括环境因素和遗传因素,如图 3-10 所示。

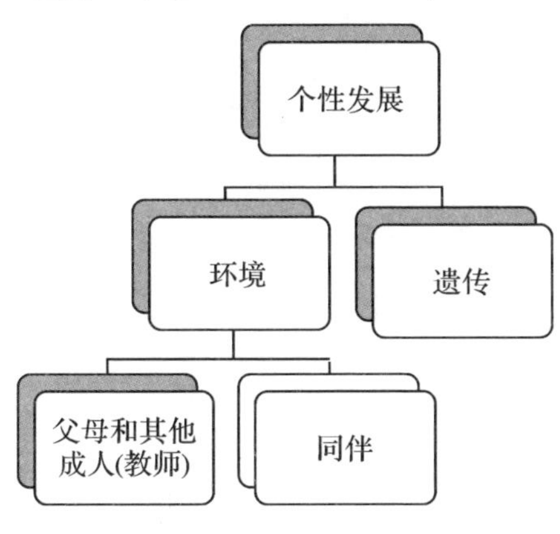

图 3-10 影响个性发展的因素

环境因素无疑就是社会因素。就学生的社会性发展来看,社会因素的作用更大一些。学生的社会性学习就在于社会参与,也在于社会对学习的期望。学生社会性发展有以下四个维度。见下表。

表 3-10　社会性发展的维度

维度	目标
同伴关系	朋友数量
	友谊质量
	朋友互动中的平衡和协调
观点采择	意识到人们对问题有不同的看法
	接受不同的观点
社会性问题解决	发现阻碍小组前进的因素
	提出可选择的行动计划
	接受其他人的建议
在学习小组中起作用	提供不同的小组角色
	接受他人赋予的小组角色
	有效地贡献自己的观点
	给小组中的其他人提供建设性意见

综合学生个性和社会性发展的是埃里克森(Erik H. Erikson,1902—1994,美国心理学家)的心理社会理论。他认为,人们一般情况下都有相同的基本需要。个体的发展由对这些需要的反应而引起,并取决于社会环境,尤其取决于照顾者所给予的关心和支持的质量。发展阶段性地推进并以每个阶段的危机为特征,危机是一个为发展提供机会的心理社会挑战。尽管没有一种危机能被永久性地解决,但成功地解决一个心理社会的挑战会增加积极地解决下一个阶段发展问题的可能性。①

从学生个性发展、社会性发展和综合发展三个方面看,涉及学生学习的社会因素有学校、教师、家庭(父母)、同伴、同学、朋友,不同发展阶段的学习和休息时间等。

关于家庭(父母)对学生个性发展的影响,人们做了多方面的研究。有研究者认为:"家庭是一个美妙的地方。它为孩子将来进入更广阔的天地做

---

① (美)保罗·埃根唐·考查克著.郑日昌主译.教育心理学[M].北京:北京大学出版社,2009:85,91,95.

准备,它教给孩子对他们的家庭、社区、国家和他人负责任。在这个地方,孩子受到爱护和抚养,他们在这个安全的社会'实验室'中学习经验和形成新的行为……没有一个家庭是完美无缺的。所有的家庭都会遇到问题、面临挑战,而功能健全的家庭在这些问题和挑战中可以积累经验。"①家庭是多样的,不同的家庭对儿童的教育教养的效果有很大的不同。不同家庭的教养方式与学生个性发展关系密切。见下表。

表 3-11 教养方式与个性发展②

互动类型	父母的特征	儿童的特征
权威的	严格的,也是关心的,解释规则的原因,并总是一致的;有高期望	高自尊,自信而有安全感;乐于承担风险,在学校很成功
独裁的	强调服从;不含感情色彩,不解释规则,不鼓励交换意见	退缩的;对如何取悦父母的担心多于解决问题;反叛,缺少社会技能
放纵的	给孩子完全的自由;仅有有限的期望,对孩子很少有要求	不成熟;缺少自我控制力,易冲动,缺乏动力
漠不关心的	对孩子的生活一点不感兴趣,几乎没有期望	缺少自我控制力和长期目标;容易沮丧和不服从

一本评估学习中危机的著作《学习问题学生的教学》指出,学校主导的价值取向有:竞争(个体和群体的关系)、个体自主性、遵守时间、注重未来、课堂氛围(师生、生生关系),还提出了适应性、动机和自我概念的问题。③ 学习风格也是非常重要的问题。

关于社会对儿童学习和发展的影响,富勒做了这样诗意的概括:

孩子从生活中学到了什么?

如果孩子生活在批评中,他们将学会指责。

---

① (美)富勒著,谭军华译.家庭与学校的联系[M].北京:中国轻工业出版社,2003:30.

② (美)保罗·埃根唐·考查克著.郑日昌主译.教育心理学[M].北京:北京大学出版社,2009:86.

③ (美)C. D. 默瑟,A. R. 默瑟著.胡晓毅,谭明华译.学习问题学生的教学[M].北京:中国轻工业出版社,2005:5-8.

如果孩子生活在敌意中,他们将学会争斗。

如果孩子生活在恐惧中,他们将学会担忧。

如果孩子生活在遗憾中,他们将学会自怜。

如果孩子生活在嘲笑中,他们将学会畏缩。

如果孩子生活在猜忌中,他们将学会嫉妒。

如果孩子生活在羞辱中,他们将学会自责。

如果孩子生活在鼓励中,他们将学会自信。

如果孩子生活在宽容中,他们将学会耐心。

如果孩子生活在赞美中,他们将学会感激。

如果孩子生活在认同中,他们将学会去爱。

如果孩子生活在肯定中,他们将学会自爱。

如果孩子生活在认可中,他们将拥有目标。

如果孩子生活在分享中,他们将学会慷慨。

如果孩子生活在诚实中,他们将学会正直。

如果孩子生活在公平中,他们将学会正义。

如果孩子生活在友爱和体贴中,他们将学会尊重。

如果孩子生活在安全中,他们将学会信赖自己和他人。

如果孩子生活在友善中,他们将知道世界是居住的乐土。①

了解社会环境对学生学习的影响至关重要。

3.3.1.2 教学的社会学

从通常人们对教学的理解来看,教学是人类"实践—精神"掌握世界的方式②,依赖于社会教育政策方针的社会活动,必然具有高度的社会性,教学和社会的互动是教育发展的基本方式。由于教学的目标就是培养社会需要的人才,因此了解社会、深入社会、促进学生社会性发展就是教学的题中应有之义。而在促进学生的社会性发展中,上述社会因素都是非常重要的。关于知行统一的教学原则比较深刻地反映了社会对教学的期望:坚持教育教学与

① (美)多萝西·劳·诺特,蕾切尔·哈里著.李耘译.孩子从生活中学到什么[M].海口:南海出版公司,2008:2.

② 王允庆,孙宏安.如何提高教师的教育教学能力:教学设计能力研究[M].大连:辽宁师范大学出版社,2021.

生产劳动、社会实践相结合，就是知行统一的基本要求。进一步在教育教学中落实，可以分解为两个方面：一个是知识教学中的理论与实践相结合，一般在教育学中用理论与实践相结合的教学原则来表述；一个是思想品德教育（情感态度价值观教育）中的既重视系统的理论教育，又注意组织学生的行为实践，做到理论和实践的一致，认识和践履的一致，也就是言行一致，这一点被视为思想品德教育中的一个原则，叫作知行统一原则。落实这一教学原则的努力也是使学生社会化的努力。

由于学生的学习、个性发展和社会性形成，以及他们的综合发展都是社会期望的结果，也都要求各种社会因素的参与和影响，因而教师的教学就应该努力为学生提供学生发展所需要的各种社会因素。实践中也的确如此。

例如，许多学习理论指引下的教学策略都是以加强学习活动的社会化为主要内容的。

社会认知理论：教师应该成为学生学习的最强有力的榜样，以期望学生模仿的行为方式来行事；公平一致地实施课堂规则及程序；运用模仿效应及其过程来促进学习；树立一个榜样，必要时引入外部榜样。

社会文化发展理论：把学习活动植根于文化背景之中；设计能使学生进行社会互动的学习活动，鼓励学生使用言语来描述自己的理解；在学生的最近发展区设立支架，支架就是教师促使学生学习和发展的教学援助。

建构主义学习模型：为学生提供多样化的教学实例和知识表征；把所学内容与真实生活联系起来；不要过分依赖解释，要促进高水平的互动。

人本主义学习理论：以学生为中心，重视个人意义的学习，因而对待学生时把"人"放在第一位，然后才是学生；创设真实的问题情境，这里特别重要的是，需要从学生的观点来考虑情境的真实性；营造安全有序的课堂氛围，使学生相信他们在这里可以学到一些东西，同时，他们也被赋予了这样的期望；通过区分行为和内在价值而给予学生无条件的关注，加强师生、生生间的协作。

对教育者如何促进学生个性的发展，研究者提出这样的教学策略：对儿童能够并且愿意学习持有很高的期望；重视每个学生的背景、文化和语言风格；帮助学生充分理解他们正在学习的知识；传授思考和解决问题的技巧；计划有趣、充实的学习过程;制定和维持对行为的高期望值;扩大异类或混合学习群体;提供针对个人的帮助。①

综上所述,社会对教学的期望包括了学生进一步社会化的内容,课堂教学中的师生、生生互动,在学校环境中的师生以及同伴交流都是促进学生社会化的重要因素。实际上,教师的教学方法也是一个重要的社会因素,例如,采用合作学习、探究学习、讨论学习等方法对促进学生的交流、思考、学习自信心、自尊和自我效能感的发展、自主学习的愿望和能力的发展都是非常有意义的。它们也都是我们对教学的期望。

当前基础教育有一个非常重要的现象,即"影子教育"。所谓"影子教育",是指利用校外时间对学校科目进行的私人补充教育。在世界上的一些地区,"影子教育"已作为一种显著的教育现象发展了几十年;而在另一些地区,则是在近几年才变得突出。"影子教育"在全球逐渐扩张,中国也不例外,它给政策制定者、教师、家庭和学生带来了一系列挑战。"影子教育"在有些方面是有益的,但问题是显而易见的。

之所以称其为"影子教育",是因为其效仿主流教育。当主流教育的课程发生改变时,"影子课程"亦与之同步变化。课外补习班有其不同于学校的三大特点:补充性、私人性和有偿性。参与这些课外补习班的师资主要是在职教师、大学生和退休教师。

课外补习,主要是"补差"和"培优",前一种是针对学生在校内没有掌握透彻的重、难点知识的再学习,补习对象多为学习成绩一般或偏低的学生;后一种是在学校学习的基础上帮助学生在知识体系的广度和深度上进行特训、拔高,补习的对象多为学科成绩较好的学生。课外补习的科目依考试的类型而定:一是文化类,包含各种考试科目的语文、数学、外语、物理、化学、生物、历史、地理、政治等学科;二是艺术类,以要参加高考为目的的美术、音乐为主。

从有益的方面看,"影子课程"迎合了家长对教育多元化的选择,补充了学校教育形式的不足,满足了学生个性化的需求。其上课形式灵活多样,授

---

① (美)克里克山克等著.时绮等译.教学行为指导[M].北京:中国轻工业出版社,2003:37.

课内容、方式、时间、人数等因人而异，是目前学校授课形式的一种补充。这种课外补习主要针对应试，可以提高学生的升学考试成绩。

从存在的问题看：

一是学生不堪重负。学生接受校外教育主要是学校学习以外的时间，集中在晚上、双休日及节假日。学生白天在学校进行了一天的学习，课后还有大量的作业要完成，而到了晚上和双休日又得在校外补课，并且通常一个科目就得花掉两个小时，几乎没有休息、娱乐的时间。这种做法有悖于素质教育的初衷。

二是补习效果存疑。补习的时间与学习效果不成正比，参与补习的时间多，不一定就能提高学生的成绩。由于校外补习是学校外的额外学习，补习花费过多的时间，学生身心俱疲，可能导致学生学习兴趣下降甚至产生厌恶感，学习成绩难以得到有效的提高。

三是影响学校教学。有资料显示，这些课外补习班的师资很多是在职中小学教师，尽管教育部三令五申"禁止在校教师参与课外补习"，可仍有很多教师为了经济利益，在课外补习班兼职，有的甚至受聘于多个补习班，花费大量的时间和精力，自然无法在学校的教学中全身心投入，日常备课、批改作业、与学生交流等教学活动都受到影响。这些教师在学校教学过程中的不作为，势必会对正规学校教育产生冲击。①

对"影子教育"，目前存在较大争议。有人认为"影子教育"利大于弊，应该在严格管理下组织实施；也有人认为"影子教育"的范围如此之广，已经对社会公平、知识经济、学校工作和孩子及家长的生活带来多方面影响。事实上，"影子教育"已经成为学生学习、教师教学所面对的一个重要的社会背景。

3.3.1.3 现代教育技术发展对学习和教学的期望

现代教育技术特别是信息技术一次次突破性进展，为教育的发展提供了

---

① 《基础教育阶段学生课外补习现象探究》(http://www.jxedu.gov.cn/zwgk/kcggxb/2011/07/20110714092343675.html)是10年前的文献，现在的情况有了新的发展。2021年7月，国家印发文件对义务教育阶段学生作业和校外培训做出"双减"的要求，对"影子教育"的整顿和规范进入实施阶段：加强对课外补习(培训)机构的管理，对培训机构、培训内容和培训时间有了严格的要求(见中共中央办公厅、国务院办公厅《关于进一步减轻义务教育阶段学生作业负担和校外培训负担的意见》)各地已经停止了义务教育学段不合规范的学科培训活动。

新的条件，也对教育提出了新的期望。

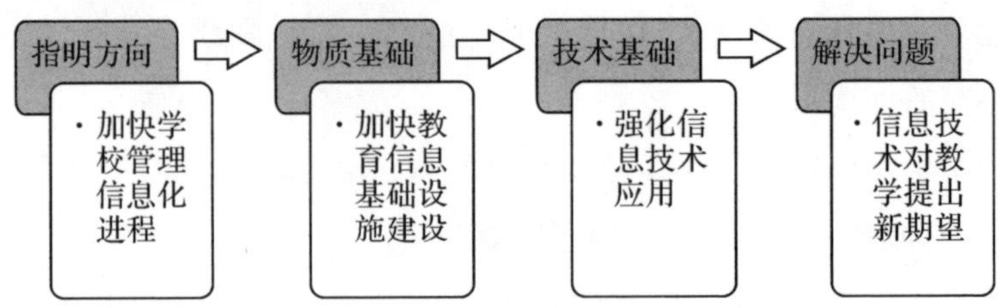

图 3-11　教育信息化对教学提出新的期望

这种新的期望是什么呢？那就是《突破》一书所指出的教育的三项突破：教学的个人化、精确化和教师的高度专业化。具体内容为：通过教育技术使学习进程个性化，以更好地满足学生的多样化需求；利用教育技术开展教与学评估，给教师提供相关信息，有效帮助教师确定学生学习的困境并及时予以解决；通过教育技术加强教师与同行和教育专家的联系与沟通，帮助教师更加便捷地获取更多可用资源；通过教育技术帮助学校提高生产力，即更快地提高学生的成绩；建立起能够在校内外获得强大教育技术支持的基础设施。而要做到这些，需要把握学生学习的各个方面，包括学习的背景因素。

3.3.2 影响学生学习的背景因素分析

学习者的背景因素包括：一般状况、学习适应、学习方法、学习风格、学习动机和自我概念等六个方面，每个方面还有各自的领域，作为与学习进步相关的因素。调查采用的是问卷法。所谓问卷法，指的是根据一定的理论、实践与测量学原理，把需要了解的问题编制成一组题目，给出相应的选项，让人在有限的选项中做出选择以获取信息的一种评估方法。项目的选择将在后文中详细阐述。这里需要指出的是，有关问卷涉及的范围比较广，意在帮助使用者更全面、深入地理解学生综合素质之间的关联程度以及影响因素的作用，引导学校、教师形成科学的质量观和教育观，帮助家长充分认识学生全面发展的重要价值。这六个方面和起点能力是基本学情的有机整体，每一个方面中的不同领域，可以分析、整合，但不能割裂，其中任何一个单项因素的缺失和落后，都会影响学业成就和教学活动；反过来，任何一个单项因素的突破和改进，又都能促进教学活动的优化和学业成就的提高，应高度重视。

3.3.2.1 学习者背景的领域

根据学习的社会学和教学的社会学原则、当下信息技术和学习分析技术的发展状况，可以设计相对广泛的学习者背景研究领域。在增值评价系统进行基线测试的同时，先就以下学习背景领域进行调研。

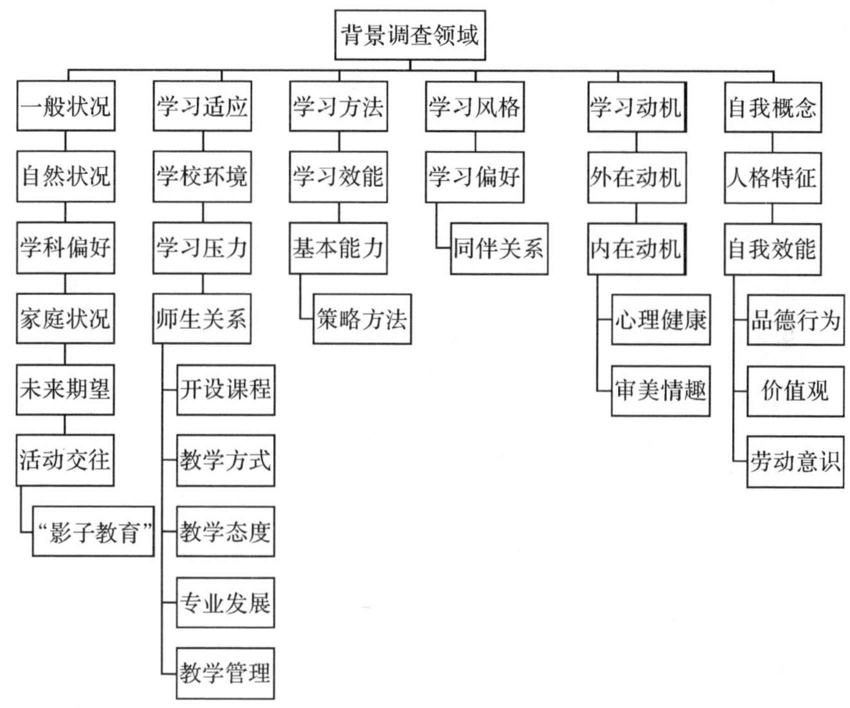

图 3-12　背景分析调查领域

由学习者背景分析，即对上述领域的调查研究，可以得到这样两项学习者背景分析结果：教育质量综合指数和起点成绩差异分析。

通过学习背景分析调查领域的设计，可以在一定程度上和一定范围内对学生进行德智体美劳全要素横向评价，下面的学生发展指数和学生基本特征就可以体现这一点。当然，为了做好横向评价，调查领域（问卷领域）可以按要求设计。

3.3.2.2 教育质量综合指数

教育质量综合指数包括学生发展指数和学校影响发展指数两个方面，是大区域内各小区域（或者某区域内各个学校）学生均衡发展在测试、调查的所有方面的比较指数。

学生发展指数包含基本能力指数、学科能力指数、学习压力指数、学习适应指数、学习策略指数、学习动机指数、学习效能指数、自我概念指数、问题解决能力指数、心理健康指数、师生关系指数、同伴关系指数、学校环境指数、品德行为指数、社会亲和指数、智能特征指数、认真自控指数、外倾性指数和情绪稳定性指数。注意,自我概念指数包括对品德行为、价值观、劳动意识的分析,学习动机指数包括对审美情趣的分析,这使得整个学习背景分析具有德智体美劳全要素横向评价的特点。

学校影响发展指数包含教师教学方式指数、学校教学管理指数、教师教学态度指数、教师专业发展指数、课程领导力指数、办学自主权指数和专业发展支持指数。

3.3.2.3 起点差异分析

起点差异分析是对基线测试的数据和学生问卷收集的学习背景数据进行相关分析,目的有两个:其一,探索形成各校或者各区学生认知能力和学科一般能力(体现为基线测试成绩)差异的学习背景来源,主要是校际差异和校内学生个体差异占学生认知成绩差异的比例;其二,对可能影响学生间学业成绩个体差异的学习背景因素进行相关分析和解释率分析,也就是进行学生能力的影响因素分析。所探讨的影响因素为来自问卷回答所产生的六个方面,具体包括以下 24 项:学生基本特征、双亲受教育程度、家庭状况、自我教育期望、睡眠时间、人格特征、课外作业时间、课外时间安排、作业时间安排、学校开设课程情况、学习压力、学习适应、学习策略、学习动机、审美情趣、学习效能感、问题解决能力、心理健康、品德行为、价值观、劳动意识、同伴关系、师生关系和学校环境。

当然,并不是说每次调查都需要涉及以上各方面,在每次做学习背景调查时可以根据具体情况从这些因素中选择一些进行,一般以六个方面中共选出 15~20 项因素为常用。

3.3.3 调查问卷

学习背景具有社会性,前文指出的社会期望指的就是学习背景的社会性,但是学习背景又具有个人性——应该说学习背景的个人性中包含了社会性。要了解个人性以及所包含的社会属性,调查问卷是一个比较好的方法。个人填写问卷反映着个人性质以及填写者对个人性质的认识,这个认识则有社会性。对社会性的主要认识是通过对许多个人性问卷进行数据分析而得出的。通过问卷的分析我们主要不是寻找学生学习状况与学习背景的因果联系,而是研究它们之间的相关性;通过学习成就与各个因素的相关性分析,找到教学和学习的对策。以下列举一个学习背景的调查问卷,按照调查结果所进行的数据分析见本章的下一节。本节先以整个问卷作为例子,再探讨本问卷的结构。

3.3.3.1 问卷举例

例 3.5 2012 年高一年级学生调查问卷①

注 意 事 项

一、本问卷作答时间为 50 分钟。

二、所有题目都有多个供选择的答案,要求在答题卡上把代表所选答案的数字涂黑,如:[1] [2] [3] [4] [5]。答案必须涂在答题卡上,写在本问卷上无效。

三、严格遵守考场规则,听从监考人员的指挥。考试结束后,必须把问卷和答题卡留下,放在桌上。等监考人员回收、清点后,才能离场。

姓名:__________ 准考证号:__________ 座位号:__________

亲爱的同学,下面是一份关于你的家庭、学校和本人的调查问卷。为了更好地了解你的学习生活,改进教育教学,请你根据自己的实际情况填写问卷,调查结果是保密的。

1. 你的性别:(1)男(2)女

2. 是否独生子女:(1)是(2)否

3. 你平时上学时每天的睡眠时间大概是多少?

(1)少于 6 小时 (2)6~7 小时 (3)7~8 小时 (4)8~9 小时 (5)9 小时以上

① 这是 2012 年进行学生增值评价测试的同时进行的问卷调查,回收问卷 10 万余份,分为初中、高中两个问卷形式。问卷的差别只在第 14 题和第 29 题,本例是高中问卷,其中第 14 题和第 29 题括号中的文字为初中问卷内容。

4. 你喜欢的学科是(最多选三项)

(1)语文 (2)数学 (3)外语 (4)综合科学 (5)物理 (6)生物 (7)化学

(8)地理 (9)历史 (10)艺术(包括音乐、美术等) (11)体育 (12)综合实践活动

5. 你不喜欢的学科是(最多选三项)

(1)语文 (2)数学 (3)外语 (4)综合科学 (5)物理 (6)生物 (7)化学

(8)地理 (9)历史 (10)艺术(包括音乐、美术等) (11)体育 (12)综合实践活动

6. 你父亲受教育程度大概是

(1)没有上过学 (2)小学文化 (3)初中文化 (4)高中(职高)文化 (5)大专毕业

(6)本科毕业 (7)研究生毕业

7. 你母亲受教育程度大概是

(1)没有上过学 (2)小学文化 (3)初中文化 (4)高中(职高)文化 (5)大专毕业

(6)本科毕业 (7)研究生毕业

8. 你父亲的职业是

(1)工人 (2)农民 (3)私营或个体经营者 (4)商业服务业人员 (5)政府工作人员

(6)军人 (7)教育、医务和科研人员 (8)企业管理人员 (9)进城务工人员

(10)其他职业 (11)无工作

9. 你母亲的职业是

(1)工人 (2)农民 (3)私营或个体经营者 (4)商业服务业人员 (5)政府工作人员

(6)军人 (7)教育、医务和科研人员 (8)企业管理人员 (9)进城务工人员

(10)其他职业 (11)无工作

10. 你希望自己未来的职业是什么?(选你最希望的两项)

(1)公务员或政府工作人员 (2)教育、医务和科研人员 (3)企业管理人员

(4)私营或个体经营者 (5)商业服务业人员 (6)军人

(7)工人和技术操作人员 (8)其他 (9)没有考虑过

11. 你平时和谁住在一起?(可以多选)

(1)父母 (2)母亲 (3)父亲 (4)(外)祖父母或其他亲戚 (5)自己住校

12. 你现在的具体情况是(   )

(1)父亲在外打工,自己随母亲在家乡上学

(2)母亲在外打工,自己随父亲在家乡上学

(3)父母均在外打工,自己在家乡上学

(4)随打工的父亲和/或母亲在外地上学

(5)父母均在本地,自己也在本地上学

13. 下面列出了人们的一些追求，对你来说，什么最重要？（选你最看重的两项）

（1）财富　（2）健康　（3）荣誉　（4）才能　（5）友情

（6）亲情　（7）成功　（8）道德　（9）舒适　（10）平等

14. 你将会用什么标准来选择自己未来的职业？

（1）薪水的高低　（2）自己的爱好　（3）该职业的发展前景

（4）家长和亲人的期望　（5）其他

一般来说，平时上学的一天（周一到周五）放学后，你用于以下活动的时间大约是多少？

	没有	少于 1 小时	1~2 小时	2~3 小时	3~5 小时
15. 看自己感兴趣的书	（1）	（2）	（3）	（4）	（5）
16. 做校内老师布置的作业或课外练习	（1）	（2）	（3）	（4）	（5）
17. 做校外辅导班布置的作业或课外练习	（1）	（2）	（3）	（4）	（5）
18. 看电视	（1）	（2）	（3）	（4）	（5）
19. 体育活动	（1）	（2）	（3）	（4）	（5）
20. 上网游戏或聊天	（1）	（2）	（3）	（4）	（5）
21. 和同学或朋友一起学习或玩	（1）	（2）	（3）	（4）	（5）

22. 你平时每天（周一到周五）做作业时间大约是多少？

（1）没有　（2）1 小时以下　（3）1~2 小时　（4）2~3 小时　（5）3~5 小时

23. 你周末（周六和周日）平均每天做作业时间大约是多少？

（1）1 小时以下　（2）1~2 小时　（3）2~3 小时　（4）3~5 小时　（5）5 小时以上

24. 你目前参加的家教补习或课外辅导班主要有哪些？（可多选）

（1）没有　（2）语文　（3）数学　（4）英语　（5）物理　（6）化学　（7）其他

25. 你每周参加家教补习或课外辅导班的时间大概有多少？

（1）没有　（2）3 小时以下　（3）3~6 小时　（4）6~8 小时　（5）8 小时以上

升入新学校一个多月，下列叙述与你的实际情况是否符合？

	不符合	不太符合	不确定	比较符合	符合
26. 每到一个新环境，我总要经过很长时间才能适应	(1)	(2)	(3)	(4)	(5)
27. 每到一个新地方，我很容易同别人接近	(1)	(2)	(3)	(4)	(5)
28. 新的学习对我来说太难了	(1)	(2)	(3)	(4)	(5)
29. 我很怀念初中的生活（我很怀念小学的生活）	(1)	(2)	(3)	(4)	(5)
30. 我有点害怕学校的老师	(1)	(2)	(3)	(4)	(5)
31. 我不喜欢新学校	(1)	(2)	(3)	(4)	(5)
32. 我无缘无故会觉得很伤感	(1)	(2)	(3)	(4)	(5)
33. 在陌生的同学面前，我经常无话可说，以至于尴尬	(1)	(2)	(3)	(4)	(5)
34. 我最喜欢学习新知识和新学科，它给我一种新鲜感，能调动我的积极性	(1)	(2)	(3)	(4)	(5)
35. 刚开学的时候，我觉得自己很孤单	(1)	(2)	(3)	(4)	(5)

学习时，以下行为与你的实际情况是否符合？

	不符合	不太符合	不确定	比较符合	符合
36. 我会尝试用多种方法解决一个问题	(1)	(2)	(3)	(4)	(5)
37. 我能够借助一些方式，如画图、举例子、打比方等理解知识或解答问题	(1)	(2)	(3)	(4)	(5)
38. 我会努力记住一些重要的概念和公式	(1)	(2)	(3)	(4)	(5)
39. 如果题目中有老师没讲过的内容，我很难做对	(1)	(2)	(3)	(4)	(5)

续表

	不符合	不太符合	不确定	比较符合	符合
40. 我了解自己的不足并进行有针对性的复习	(1)	(2)	(3)	(4)	(5)
41. 我喜欢利用小组讨论来学习	(1)	(2)	(3)	(4)	(5)
42. 我善于总结已经学过的知识	(1)	(2)	(3)	(4)	(5)
43. 我总是抓不住学习的重点	(1)	(2)	(3)	(4)	(5)
44. 我能自觉做到课前预习和课后复习	(1)	(2)	(3)	(4)	(5)
45. 对于学习中的困难,我能主动问老师和同学	(1)	(2)	(3)	(4)	(5)
46. 我能自觉完成作业,从不让老师或家长督促	(1)	(2)	(3)	(4)	(5)
47. 我是一个积极主动学习的人	(1)	(2)	(3)	(4)	(5)

下列行为在你的实际学习中经常发生吗?

	从不	很少	有时	经常	总是
48. 如果写下来,我会记得更牢	(1)	(2)	(3)	(4)	(5)
49. 上课时,记详细的笔记	(1)	(2)	(3)	(4)	(5)
50. 当听课的时候,我的脑海里会出现图像、数字或文字	(1)	(2)	(3)	(4)	(5)
51. 我喜欢从电视或录像中学习,而不愿接触别的媒体	(1)	(2)	(3)	(4)	(5)
52. 在工作或学习时,使用彩色标记	(1)	(2)	(3)	(4)	(5)
53. 我需要写下学习指南	(1)	(2)	(3)	(4)	(5)
54. 我要看着说话的人才能理解他的意思	(1)	(2)	(3)	(4)	(5)
55. 老师写板书可以帮助我理解授课内容	(1)	(2)	(3)	(4)	(5)
56. 表格、图标和地图可以帮助我理解讲授的内容	(1)	(2)	(3)	(4)	(5)
57. 我能记住别人的脸,但记不住他们的名字	(1)	(2)	(3)	(4)	(5)

续表

	从不	很少	有时	经常	总是
58. 如果与别人讨论,我会记得更牢	(1)	(2)	(3)	(4)	(5)
59. 我愿意通过听课的方式学习,而不愿意采取阅读和自学的方式学习	(1)	(2)	(3)	(4)	(5)
60. 做事时,我需要口头指南	(1)	(2)	(3)	(4)	(5)
61. 背景声音可以帮助我思考	(1)	(2)	(3)	(4)	(5)
62. 工作或学习时,我喜欢听音乐	(1)	(2)	(3)	(4)	(5)
63. 即使我看不到说话人,我也能理解他所表达的意思	(1)	(2)	(3)	(4)	(5)
64. 我记得住别人的名字,但记不住他们的长相	(1)	(2)	(3)	(4)	(5)
65. 我很容易就能记住听到的笑话	(1)	(2)	(3)	(4)	(5)
66. 我可以辨认出别人的声音(例如:电话里的声音)	(1)	(2)	(3)	(4)	(5)
67. 看电视时,我主要是听内容,而不太看屏幕	(1)	(2)	(3)	(4)	(5)
68. 我情愿直接做事,而不是先看指南再做事	(1)	(2)	(3)	(4)	(5)
69. 学习时,我需要不时休息一下	(1)	(2)	(3)	(4)	(5)
70. 我学习时,喜欢吃东西	(1)	(2)	(3)	(4)	(5)
71. 要我选择坐着还是站着的话,我会选站着	(1)	(2)	(3)	(4)	(5)
72. 一动不动地坐很久会让我感到紧张	(1)	(2)	(3)	(4)	(5)
73. 我在走动的时候思维活跃	(1)	(2)	(3)	(4)	(5)
74. 上课时,我习惯玩或者咬钢笔	(1)	(2)	(3)	(4)	(5)
75. 摆弄某种物件可以帮我记住别人所说的话	(1)	(2)	(3)	(4)	(5)
76. 说话时,我挥动双手	(1)	(2)	(3)	(4)	(5)
77. 上课时,我会在笔记本上画很多图画(涂鸦之作)	(1)	(2)	(3)	(4)	(5)

你对以下问题的看法如何？

	不同意	不太同意	不确定	比较同意	同意
78. 努力学习是为了获得好成绩	(1)	(2)	(3)	(4)	(5)
79. 努力学习是为了得到老师和家长的表扬	(1)	(2)	(3)	(4)	(5)
80. 努力学习是为了增加升入好学校的机会	(1)	(2)	(3)	(4)	(5)
81. 任何一门课程，无论喜欢与否，我都将努力学好，以争取好的名次	(1)	(2)	(3)	(4)	(5)
82. 我经常想在和同学的学习竞争中获胜	(1)	(2)	(3)	(4)	(5)
83. 学习本身是一件有趣的事情	(1)	(2)	(3)	(4)	(5)
84. 我有时不想上学	(1)	(2)	(3)	(4)	(5)
85. 我认为学习的目的是使我们学会思考，掌握知识	(1)	(2)	(3)	(4)	(5)
86. 学习对我很重要	(1)	(2)	(3)	(4)	(5)
87. 学习时，我会沉浸其中，享受学习带来的成就感	(1)	(2)	(3)	(4)	(5)
88. 学习时，我总是注意力集中，全力以赴	(1)	(2)	(3)	(4)	(5)
89. 学习时，即使碰到难题，我也会坚持思考	(1)	(2)	(3)	(4)	(5)
90. 一提起学习我就头痛	(1)	(2)	(3)	(4)	(5)
91. 我天生不是学习的料	(1)	(2)	(3)	(4)	(5)
92. 只要我努力就会学得更好	(1)	(2)	(3)	(4)	(5)
93. 如果某个问题看起来很复杂，我就不愿意去尝试	(1)	(2)	(3)	(4)	(5)
94. 我相信自己能在考试中取得好成绩	(1)	(2)	(3)	(4)	(5)

续表

	不同意	不太同意	不确定	比较同意	同意
95. 我总是能实现自己所设定的学习目标	(1)	(2)	(3)	(4)	(5)
96. 对于老师布置的复杂的题目,我也有信心完成	(1)	(2)	(3)	(4)	(5)
97. 我确信我能听懂老师上课所讲的所有内容	(1)	(2)	(3)	(4)	(5)
98. 我确信我能在大多数科目上表现出色	(1)	(2)	(3)	(4)	(5)
99. 大多数学科的测验中,我相信自己都能表现得很好	(1)	(2)	(3)	(4)	(5)
100. 我在大多数学科中学得很快	(1)	(2)	(3)	(4)	(5)

3.3.3.2 调查问卷的结构分析

本问卷共100个题目,都是选择题。一共考虑了前面所述的"背景调查领域"所有六个方面的一共15项因素(用1、2、3……数字标明)。

一般状况方面(社会调查类)题目(Q1~Q25)主要描述基本状况或作为分析时的分类变量。其中:1. Q1为自然状况;2. Q4~Q5为学科偏好;3. Q2、Q6~Q9、Q11、Q12为家庭状况;4. Q10、Q13、Q14为对未来的期望;5. Q3、Q15~Q23为活动以及社会交往状况;6. Q24、Q25为参与"影子教育"状况。

7. 学习适应方面问题(Q26~Q35,其中Q28~Q33,Q35为反向题)。学习适应是指学生对外部变化所做出的一系列自我调节的过程,其最终目的是重新适应新的环境变化,主要包括生活适应、交往适应、学习适应等。学习适应不良是指学生在学习过程中,因不能根据学习条件的变化主动有效地进行身心调整而导致学习成绩和身心健康达不到应有发展水平的学习干扰现象,同时也包括了师生关系、生生关系某些方面的内容。

8. 学习方法方面的问题(Q36~Q47,其中Q39和Q43为反向题)。学习方法是指学生在学习过程中所采用的各种办法、手段和途径等,主要包括学习过程中养成的学习习惯等。恰当的学习方法有助于学习者掌握所学的知识,达到事半功倍的效果,在一定程度上反映着教师的教学策略和教学方法。

9. 学习风格方面的问题(Q48~Q77)。学习风格是指学习者个体在接受信息和信息加工过程中所采用的自然习惯的偏爱方式,具有一定的持久性。了解学生的学习风格可以为制定学习策略提供依据,合适的学习策略能够提高学习效率和学习效果,在一定程度上反映着师生、生生关系。

例如,认知风格有以下三种分类,不同学习风格的学习策略建议如下。

视觉型(Q48~Q57):习惯通过视觉进行认知的学习者最好采取视觉认知的学习手段,可通过书籍、录像、图表、图画等媒体学习。

听觉型(Q58~Q67):习惯通过听觉进行认知的学习者应该多采取听觉认知的学习方法,可听录音、参与讨论、听讲座、参加角色扮演活动等。

动觉型(Q68~Q77):习惯通过触觉或知觉进行认知的学习者比较适合参与项目活动来学习,可参与课内或课外(科研)项目活动、玩游戏、搭建模型、做实验等。

10. 学习动机方面的问题(Q78~Q93)。包括调查外在动机(Q78~Q81)、内在动机(Q83~Q87)和学习努力与坚持(Q88,Q89,Q93)三个学习动机领域的问题。

11. 自我概念方面的问题(Q90,Q91,Q92,Q94,Q95)。

12. 自我效能感方面的问题(Q96~Q100)。

3.4 学习背景分析的实际应用

学习背景分析的应用,首先就是学生起点成绩的差异分析,因为基线测试(起点测试)是与学习背景调查同时进行的,所以这一分析有非常及时和协调的性质。先看一下差异分析的计算原理,再举例。

3.4.1 差异分析的计算原理

考虑采用的计算模型和计算原理如下:

3.4.1.1 多层线性模型

由于当前数据具有明显的分层嵌套结构,即学生从属于学校,本项目将采用多层线性分析的方法(Hierarchical Linear Models)来处理数据。与传统回归方法相比,多层线性分析方法在进行学业成绩差异分析时具有三大优势:①统计假设相对较弱,适应性较强;②可以充分利用各层次信息,将学业成绩的变异在学校(或班级)层面、学生层面分解,对变异的来源与大小进行更合理的、更准确的估计与解释;③可以充分考虑学校层面、班级层面及学生层面的不同特征变量对学业成绩的影响。

3.4.1.2 基本计算原理

基本计算以学生的学业成绩为因变量,以事先设定的影响因素为自变量,采用两层线性模型进行数据分析:第一层面为学生,第二层面为学校。分析基于零模型和随机截距模型两类基础模型。

(1)零模型:将学业成绩中由学生层面、学校层面造成的差异部分进行分解,即方差成分分析。

①第一层:学生层面

$$Y_{ij}=\beta_{0j}+r_{ij} \quad ①$$

Y_{ij} 表示因变量,表示学校 j 内学生 i 的学业成绩。

β_{0j}表示学校 j 的平均学业成绩。

r_{ij}表示学生 i 与学校 j 平均学业成绩的偏差,即学生层面的残差项。在此,其为独立的、正态的、方差恒定的[$Var(r_i)=\sigma^2$],与因变量无关。

②第二层:学校层面

$$\beta_{0j}=\gamma_{00}+\mu_{0j} \quad ②$$

γ_{00} 表示所有学校(或班级)的总平均学业成绩。

μ_{0j} 表示表示学校 j 平均学业成绩与所有学校(或班级)总平均值的偏差,即学校(或班级)层面的残差。在此,其为独立的、正态的、方差恒定的[$\mathrm{Var}(\mu_i)=\tau_{00}$],与因变量无关。

要确定 Y(因变量,学生层面的学业成绩)中的变异中有多大比例是由第二层学校(或班级)层面的差异造成的,就要计算跨级相关(intra-class correlation):

$$\rho=\tau_{00}/(\tau_{00}+\sigma^2) \quad ③$$

(2)随机截距模型

①第一层:学生层面

$$Y_{ij}=\beta_{0j}+\beta_{1j}X_{1ij}\cdots\cdots\beta_{nj}X_{nij}+r_{ij} \quad ④$$

$(n=2,3,\cdots)$

X_{1ij} 表示学生层面的某一自变量(或称控制变量,预测变量),如学生家庭作业时间。

β_{1j} 表示第 j 所学校(或班级)的自变量 X_{1ij} 的斜率。

X_{nij} 表示学生层面的第 n 个自变量。

β_{nj} 表示第 j 所学校(或班级)第 n 个自变量 X_{nij} 的斜率。

②第二层:学校(或班级)层面

$$\beta_{0j}=\gamma_{00}+\gamma_{01}W_{1j}\cdots\cdots r_{0n}W_{nj}+\mu_{0j} \quad ⑤$$

$$\beta_{1j}=\gamma_{10} \quad ⑥$$

$$\beta_{nj}=\gamma_{n0} \quad ⑦$$

$(n=2,3,\cdots)$

W_{1j} 及 W_{nj} 分别表示学校(或班级)层面上的自变量,如学校规模、班级规模等因素。

γ_{01} 及 γ_{0n} 分别表示学校(或班级)层面上的自变量 W_{1j} 及 W_{nj} 的斜率。

方程④⑤中其他项的含义同方程①②。另:

$$\hat{\beta}_{0j}\text{ 中可解释方差的比例}=\frac{\hat{\tau}_{00}(\text{随机截距模型 1})-\hat{\tau}_{00}(\text{随机截距模型 2})}{\hat{\tau}_{00}(\text{随机截距模型 1})} \quad ⑧$$

由公式⑧可以得到,在第二层即学校(或班级)层面加入一个或多个自变量后,每个自变量或多个自变量都能够解释学校(或班级)之间差异的比例。

3.4.2 一个学业起点成绩差异分析的例子

以某区 2019 年初中一年级学生基线测试起点成绩差异分析为例。本例中,学习者背景分析选择了六个方面 22 个因素作为与学习进步的相关因素做了调查。

例 3.6　某区 2019 年初中一年级基线测试起点成绩差异报告(区级)

(本报告共分三部分:一、图表结果示例说明;二、学生能力校际均衡分析;三、学生能力影响因素分析)

第一部分用图表结果示例说明;第二部分数据分析的呈现方式主要采用饼图,其具体含义可参考图表结果示例 1;第三部分的数据分析主要采用表格,其具体含义可参考图表结果示例 2。

图表结果示例 1:饼图

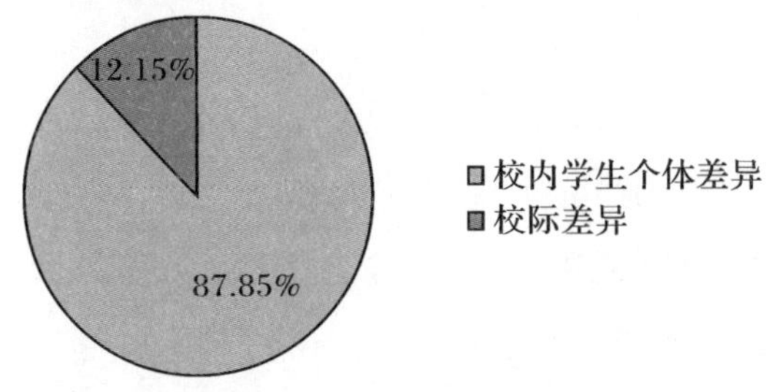

饼图主要用于描述学校间学业成绩差异占学生学业认知成绩总差异的比例。例如,上图中,在区级层面上,学校间学业成绩差异占学生学业成绩总差异的比例为 12. 15%,反映了学生学业成绩差异在一定程度上是由所就读学校之间的差异造成的。

图表结果示例 2:分类变量结果表

	类别	百分比	回归系数	标准误	解释率
自我教育期望	初中	0. 35%	-5. 98 * *	1. 48	0. 91%
	初中(或职高)	0. 67%	-4. 44 * *	1. 07	
	专科	1. 18%	-3. 81 * *	0. 81	
	大学本科	39. 64%	-1. 83 * *	0. 19	
	研究生或以上	58. 16%			

分类变量结果表主要用于描述自变量(学生自我教育期望)对因变量(学生认知成绩)的相关影响及解释率。其中,①百分比代表各个类别人数占总人数的百分比。②回归系数代表自变量与因变量的相关关系,例如上表中学生自我教育期望与学生认知成绩均具有显著的相关关系。本项目将分类自变量作为虚无变量进行类别编码后,将每个自变量的最后一个类别作为参照类别,其他类别均与参照类别进行比较分析。例如上表中自我教育期望在研究生或以上的学生的认知成绩显著高于自我教育期望在大学本科的学生约 1. 83 分,显著高于自我教育期望在专科的学生约 3. 81 分,显著高于自我教育期望在初中(或职高)的学生约 4. 44 分,显著高于自我教育期望在初中的学生约 5. 98 分。即学生自我教育期望越高,学生认知成绩越好。③标

准误是统计推断可靠性的指标。标准误越小,表明样本统计量与总体参数的值越接近,样本对总体越有代表性,用样本统计量推断总体参数的可靠度越大。④解释率表示某个自变量可以决定因变量变异中的多大比例。比如,学生个体间认知成绩存在差异,仅一小部分原因是由学生自我教育期望不同造成的,其解释率为0.91%,意味着学生认知成绩的高低受学生自我教育期望的影响为0.91%,另外99.09%是由其他因素决定的。

第二部分:学生能力校际均衡分析

这部分主要包括对本区各学校学生的基本认知能力和学科一般能力测试成绩的差异来源进行分析。通过多层线性模型,将学生成绩的变异分解为学校间差异和学校内个人成绩的差异两个部分,并对不同地区两个部分差异的百分比进行了比较,以认知成绩和各学科成绩分别表示。

1. 认知成绩

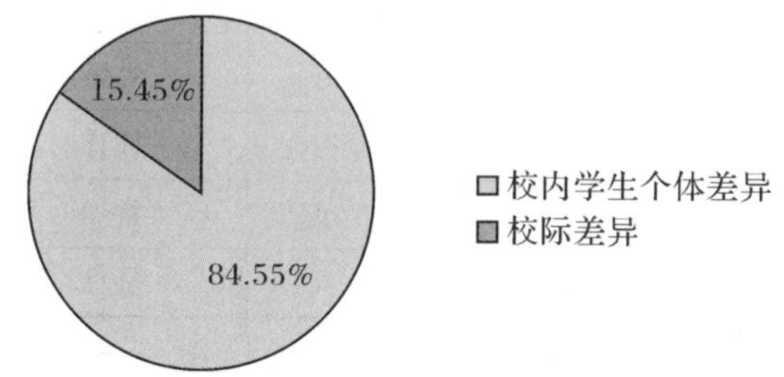

图3-13　校际差异和校内学生个体差异占学生认知成绩总差异的比例

2. 各学科成绩

语文成绩

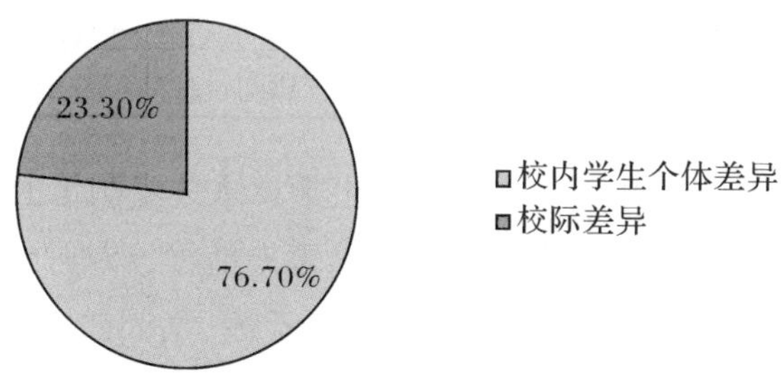

图3-14　校际差异和校内学生个体差异占学生语文成绩总差异的比例

数学成绩

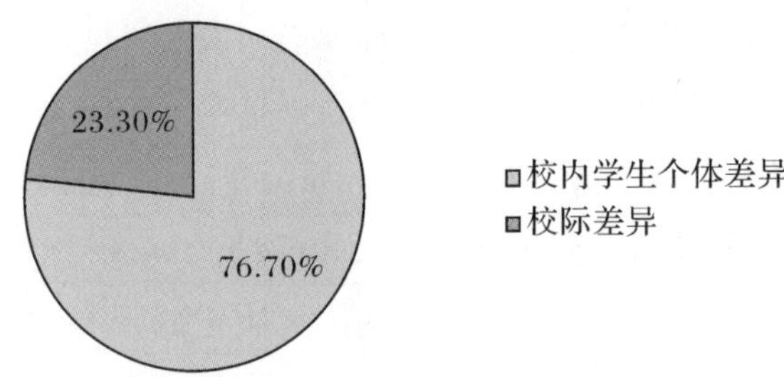

图 3-15　校际差异和校内学生个体差异占学生数学成绩总差异的比例

英语成绩

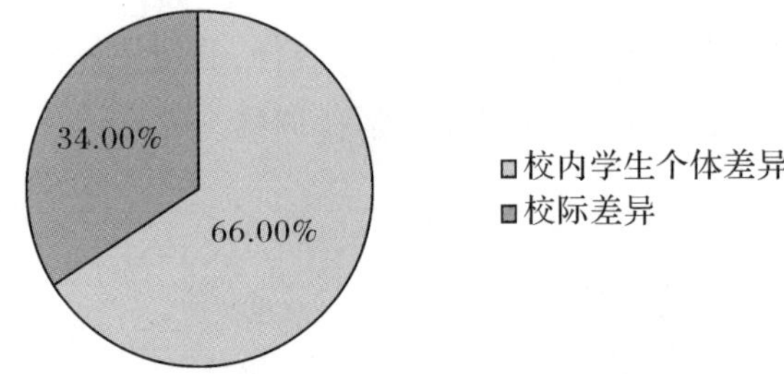

图 3-16　校际差异和校内学生个体差异占学生英语成绩总差异的比例

第三部分:学生能力影响因素分析

本部分主要从学生水平差异方面进行分析。在学生水平差异分析中,主要以学生个体间差异情况分析为基础,就学生水平可能影响学生间学业成绩差异的因素进行深入的相关分析与解释率分析。本研究探索了可能影响学生个体间差异的相关因素,主要包括学生基本特征、父母受教育程度、学生家庭状况、学生自我教育期望、睡眠时间、学生课外阅读量、学生人格特征状况、学生课外作业时间安排、学生课外时间安排、学生作业时间安排、学校开设成绩情况、学习压力、学习适应、学习策略、学习动机、学习效能感、问题解决能力、心理健康状况、品德行为状况、同伴关系、师生关系和学校环境状况,共 22 个因素。(限于篇幅,本例只能选取 10 个因素作为示例,但保持了原起点成绩差异报告的序号①)

① 原报告为《某市某区 2019 年初中起点成绩的差异分析报告》。

1. 学生基本特征及其对学业成绩的影响

此部分主要探索了学生基本特征对学生个体间学业成绩差异的影响及解释率情况。学生基本特征主要包括学生性别、是否独生子女两个因素。

表 3-12　学生基本特征状况及其对总分的影响

	类别	百分比	回归系数	标准误	解释率
学生性别	男	52.00	-10.58＊＊	2.35	1.48%
	女	48.00			
是否独生子女	是	65.00	7.53＊＊	2.60	0.51%
	否	35.00			

注：1. 在回归系数一栏中，＊表示 0.05 水平显著，＊＊表示 0.01 水平显著，下同。2. 在解释率一栏中，解释率越大，则这个或这类因素与学业成绩相关程度或影响程度越大；解释率越小，则这个或这类因素与学业成绩的相关程度或影响程度越小，下同。

表 3-12 描述了学生基本特征各因素对学生总分的相关影响及解释率。

表 3-13　学生基本特征状况及其对认知成绩的影响

	类别	百分比	回归系数	标准误	解释率
学生性别	男	52.00	0.81	0.59	0.07%
	女	48.00			
是否独生子女	是	65.00	0.70	0.65	-0.02%
	否	35.00			

表 3-13 描述了学生基本特征各因素对学生认知成绩的相关影响及解释率。

表 3-14　学生基本特征状况及其对语文成绩的影响

	类别	百分比	回归系数	标准误	解释率
学生性别	男	51	-5.57＊＊	0.66	5.12%
	女	49			
是否独生子女	是	66	0.67	0.75	-0.04%
	否	34			

表 3-14 描述了学生基本特征各因素对学生语文成绩的相关影响及解释率。

表 3-15　学生基本特征状况及其对数学成绩的影响

	类别	百分比	回归系数	标准误	解释率
学生性别	男	51.00	0.75	1.08	-0.04%
	女	49.00			
是否独生子女	是	66.00	2.92 *	1.18	0.33%
	否	34.00			

表 3-15 描述了学生基本特征各因素对学生数学成绩的相关影响及解释率。

表 3-16　学生基本特征状况及其对英语成绩的影响

	类别	百分比	回归系数	标准误	解释率
学生性别	男	51.00	-5.68 * *	1.02	2.30%
	女	49.00			
是否独生子女	是	66.00	3.92 * *	1.13	0.80%
	否	34.00			

表 3-16 描述了学生基本特征各因素对学生英语成绩的相关影响及解释率。

2. 学生家庭情况及其对学业成绩的影响

此部分主要探索了学生家庭情况对学生个体间学业成绩差异的影响及解释率情况,包括家庭经济水平和家庭藏书量两个因素。

表 3-17　学生家庭情况及其对总分的影响

	类别	百分比	回归系数	标准误	解释率
家庭经济水平	上游水平	2.00	-4.40	9.57	0.29%
	中上水平	14.93	13.44 *	5.52	
	中等水平	59.68	7.28	4.81	
	中下水平	16.31	6.30	5.37	
	下游水平	7.08			
家庭藏书量	没有或基本没有(20 本以下)	5.31	-33.24 * *	6.00	5.90%
	非常少(21~50 本之间)	15.76	-30.74 * *	4.11	
	有一些(51~100 本之间)	37.24	-22.98 * *	3.40	
	比较多(101~200 本之间)	24.69	-6.48	3.60	
	很多(200 本以上)	17.00			

表 3-17 描述了学生家庭情况各因素对学生总分的相关影响及解释率。

表 3-18　学生家庭情况及其对认知成绩的影响

	类别	百分比	回归系数	标准误	解释率
家庭经济水平	上游水平	2.00	-0.13	2.40	-0.20%
	中上水平	14.92	1.53	1.38	
	中等水平	59.69	0.68	1.21	
	中下水平	16.30	0.84	1.35	
	下游水平	7.09			
家庭藏书量	没有或基本没有(20 本以下)	5.30	-4.42 * *	1.53	2.40%
	非常少(21~50 本之间)	15.78	-5.28 * *	1.05	
	有一些(51~100 本之间)	37.23	-4.29 * *	0.86	
	比较多(101~200 本之间)	24.69	-1.38	0.92	
	很多(200 本以上)	17.00			

表 3-18 描述了学生家庭情况各因素对学生认知成绩的相关影响及解释率。

表 3-19　学生家庭情况及其对语文成绩的影响

	类别	百分比	回归系数	标准误	解释率
家庭经济水平	上游水平	2.01	0.40	2.75	0.42%
	中上水平	14.92	4.51 * *	1.59	
	中等水平	59.74	3.61 * *	1.39	
	中下水平	16.32	2.32	1.55	
	下游水平	7.01			
家庭藏书量	没有或基本没有(20 本以下)	5.23	-7.64 * *	1.75	3.82%
	非常少(21~50 本之间)	15.78	-7.51 * *	1.20	
	有一些(51~100 本之间)	37.26	-4.40 * *	0.99	
	比较多(101~200 本之间)	24.71	-0.81	1.04	
	很多(200 本以上)	17.01			

表 3-19 描述了学生家庭情况各因素对学生语文成绩的相关影响及解释率。

表 3-20　学生家庭情况及其对数学成绩的影响

	类别	百分比	回归系数	标准误	解释率
家庭经济水平	上游水平	2.01	-3.46	4.40	-0.11%
	中上水平	14.91	2.00	2.53	
	中等水平	59.69	-0.15	2.21	
	中下水平	16.31	0.29	2.47	
	下游水平	7.08			
家庭藏书量	没有或基本没有(20本以下)	5.31	-8.73**	2.78	2.92%
	非常少(21~50本之间)	15.77	-10.71**	1.92	
	有一些(51~100本之间)	37.23	-8.12**	1.59	
	比较多(101~200本之间)	24.69	-2.54	1.68	
	很多(200本以上)	17.00			

表 3-20 描述了学生家庭情况各因素对学生数学成绩的相关影响及解释率。

表 3-21　学生家庭情况及其对英语成绩的影响

	类别	百分比	回归系数	标准误	解释率
家庭经济水平	上游水平	2.01	-1.87	4.12	0.45%
	中上水平	14.91	6.52**	2.37	
	中等水平	59.69	3.40	2.07	
	中下水平	16.31	3.19	2.31	
	下游水平	7.08			
家庭藏书量	没有或基本没有(20本以下)	5.31	-16.39**	2.58	6.25%
	非常少(21~50本之间)	15.77	-12.70**	1.77	
	有一些(51~100本之间)	37.23	-10.55**	1.46	
	比较多(101~200本之间)	24.69	-3.17*	1.55	
	很多(200本以上)	17.00			

表 3-21 描述了学生家庭情况各因素对学生英语成绩的相关影响及解释率。

3. 学生自我教育期望状况及其对学业成绩的影响

此部分主要探索了学生自我教育期望对学生个体间学业成绩差异的影响及解释率情况。

表 3-22　学生自我教育期望状况及其对总分的影响

	类别	百分比	回归系数	标准误	解释率
自我教育期望	初中毕业	0.36	-75.89**	18.13	14.03%
	高中(或职高)	2.64	-72.37**	7.04	
	专科	4.62	-54.19**	5.45	
	大学本科	37.18	-19.11**	2.39	
	研究生或以上	55.20			

表 3-22 描述了学生自我教育期望对学生总分的相关影响及解释率。

表 3-23　学生自我教育期望状况及其对认知成绩的影响

	类别	百分比	回归系数	标准误	解释率
自我教育期望	初中毕业	0.38	-9.69*	4.76	5.13%
	高中(或职高)	2.62	-11.68**	1.86	
	专科	4.62	-7.07**	1.43	
	大学本科	37.18	-3.64**	0.63	
	研究生或以上	55.20			

表 3-23 描述了学生自我教育期望对学生认知成绩的相关影响及解释率。

表 3-24　学生自我教育期望状况及其对语文成绩的影响

	类别	百分比	回归系数	标准误	解释率
自我教育期望	初中毕业	0.36	-22.66**	5.24	12.58%
	高中(或职高)	2.64	-21.27**	2.04	
	专科	4.62	-14.30**	1.58	
	大学本科	37.13	-3.80**	0.69	
	研究生或以上	55.24			

表 3-24 描述了学生自我教育期望对学生语文成绩的相关影响及解释率。

表 3-25　学生自我教育期望状况及其对数学成绩的影响

	类别	百分比	回归系数	标准误	解释率
自我教育期望	初中毕业	0.36	-30.47**	8.41	11.37%
	高中(或职高)	2.64	-27.70**	3.28	
	专科	4.62	-23.88**	2.54	
	大学本科	37.18	-8.44**	1.11	
	研究生或以上	55.20			

表 3-25 描述了学生自我教育期望对学生数学成绩的相关影响及解释率。

表 3-26 学生自我教育期望状况及其对英语成绩的影响

	类别	百分比	回归系数	标准误	解释率
自我教育期望	初中毕业	0.36	-23.53 * *	8.11	7.54%
	高中(或职高)	2.64	-23.70 * *	3.15	
	专科	4.62	-16.32 * *	2.45	
	大学本科	37.18	-6.82 * *	1.07	
	研究生或以上	55.20			

表 3-26 描述了学生自我教育期望对学生英语成绩的相关影响及解释率。

4. 学生课外阅读量对学业成绩的影响

此部分主要探索了学生课外阅读量对学生个体间学业成绩差异的影响及解释率情况。

表 3-27 学生课外阅读量对总分的影响

	类别	百分比	回归系数	标准误	解释率
去年读课外读物的本数	没有	1.46	-63.48 * *	10.00	5.48%
	1~3 本	16.24	-25.28 * *	3.66	
	4~7 本	32.56	-9.87 * *	3.01	
	8~12 本	22.94	-6.47 *	3.26	
	12 本以上	26.79			

表 3-27 描述了学生课外阅读量对学生总分的相关影响及解释率。

表 3-28 学生课外阅读量对认知成绩的影响

	类别	百分比	回归系数	标准误	解释率
去年读课外读物的本数	没有	1.44	-9.63 * *	2.53	3.75%
	1~3 本	16.26	-6.33 * *	0.93	
	4~7 本	32.56	-2.90 * *	0.76	
	8~12 本	22.94	-2.32 * *	0.83	
	12 本以上	26.79			

表 3-28 描述了学生课外阅读量对学生认知成绩的相关影响及解释率。

表 3-29 学生课外阅读量对语文成绩的影响

	类别	百分比	回归系数	标准误	解释率
去年一年读课外读物的本数	没有	1.44	-23.67＊＊	2.85	6.89%
	1~3 本	16.16	-6.47＊＊	1.04	
	4~7 本	32.59	-2.59＊＊	0.86	
	8~12 本	22.96	-1.20	0.93	
	12 本以上	26.81			

表 3-29 描述了学生课外阅读量对学生语文成绩的相关影响及解释率。

表 3-30 学生课外阅读量对数学成绩的影响

	类别	百分比	回归系数	标准误	解释率
去年一年读课外读物的本数	没有	1.44	-21.51＊＊	4.63	3.26%
	1~3 本	16.26	-9.50＊＊	1.70	
	4~7 本	32.56	-3.25＊	1.40	
	8~12 本	22.94	-2.56	1.51	
	12 本以上	26.79			

表 3-30 描述了学生课外阅读量对学生数学成绩的相关影响及解释率。

表 3-31 学生课外阅读量对英语成绩的影响

	类别	百分比	回归系数	标准误	解释率
去年一年读课外读物的本数	没有	1.44	-18.84＊＊	4.37	2.98%
	1~3 本	16.26	-9.17＊＊	1.60	
	4~7 本	32.56	-4.11＊＊	1.31	
	8~12 本	22.94	-2.73	1.42	
	12 本以上	26.79			

表 3-31 描述了学生课外阅读量对学生英语成绩的相关影响及解释率。

5. 学生人格特征状况及其对学业成绩的影响

此部分主要探索了学生的人格特征对学生个体间学业成绩差异的影响及解释率情况。学生人格特征主要考察亲社会性、智能特征、认真自控、外倾性和情绪稳定性五个因素。

表 3-32　学生人格特征状况及其对总分的影响

	回归系数	标准误	解释率
亲社会性	3.51＊＊	0.53	3.03%
智能特征	5.72＊＊	0.50	9.08%
认真自控	4.10＊＊	0.48	4.87%
外倾性	1.29＊	0.53	0.28%
情绪稳定性	2.32＊＊	0.47	1.64%

表 3-32 描述了学生的人格特征对于学生个体间总分差异的影响及解释率情况。

表 3-33　学生人格特征状况及其对认知成绩的影响

	回归系数	标准误	解释率
亲社会性	0.64＊＊	0.13	1.50%
智能特征	1.26＊＊	0.13	7.01%
认真自控	0.73＊＊	0.14	2.38%
外倾性	0.36＊＊	0.13	0.44%
情绪稳定性	0.58＊＊	0.12	1.61%

表 3-33 描述了学生的人格特征对学生个体间认知成绩差异的影响及解释率情况。

表 3-34　学生人格特征状况及其对语文成绩的影响

	回归系数	标准误	解释率
亲社会性	1.14＊＊	0.15	3.83%
智能特征	1.11＊＊	0.15	3.93%
认真自控	1.17＊＊	0.13	4.71%
外倾性	0.40＊＊	0.15	0.36%
情绪稳定性	0.65＊＊	0.13	1.53%

表 3-34 描述了学生的人格特征对学生个体间语文成绩差异的影响及解释率情况。

表 3-35　学生人格特征状况及其对数学成绩的影响

	回归系数	标准误	解释率
亲社会性	1.20 * *	0.25	1.57%
智能特征	2.67 * *	0.23	9.42%
认真自控	1.41 * *	0.22	2.67%
外倾性	0.60 *	0.24	0.30%
情绪稳定性	0.97 * *	0.22	1.32%

表 3-35 描述了学生的人格特征对学生个体间数学成绩差异的影响及解释率情况。

表 3-36　学生人格特征状况及其对英语成绩的影响

	回归系数	标准误	解释率
亲社会性	1.17 * *	0.23	2.01%
智能特征	1.94 * *	0.23	5.79%
认真自控	1.48 * *	0.21	3.65%
外倾性	0.32	0.23	0.24%
情绪稳定性	0.71 * *	0.20	0.99%

表 3-36 描述了学生的人格特征对学生个体间英语成绩差异的影响及解释率情况。

6. 学生学习适应情况及其对学业成绩的影响

此部分主要探索了学生的学习适应情况及其对学生学业成绩的影响。

表 3-37　学习适应情况部分试题及其对学生总分的影响

	类别	百分比	回归系数	标准误	解释率
新的学习对我来说太难了	不符合	31.92	24.47 * *	6.42	5.32%
	不太符合	24.62	19.27 * *	6.51	
	不确定	31.45	2.85	6.40	
	比较符合	8.32	-1.22	7.23	
	符合	3.69			

续表

	类别	百分比	回归系数	标准误	解释率
我适应新学期的学习，感觉很快乐	不符合	2.77	-8.69	7.30	1.67%
	不太符合	5.31	-7.66	5.42	
	不确定	22.23	-15.43＊＊	3.11	
	比较符合	31.08	-8.48＊＊	2.82	
	符合	38.62			
每到一个新班级，很容易和新同学接近	不符合	4.15	-11.15	6.07	0.74%
	不太符合	7.54	0.00	4.71	
	不确定	20.62	-9.57＊＊	3.21	
	比较符合	29.62	-7.39＊	2.90	
	符合	38.08			

表3-37描述了学习适应情况中“新的学习对我来说太难了”“我适应新学期的学习，感觉很快乐”和“每到一个新班级，很容易和新同学接近”对学生总分的相关影响及解释率。

表3-38　学习适应（合成变量）情况对学生总分的影响

	回归系数	标准误	解释率
学习适应情况	3.42＊＊	0.54	2.93%

表3-38描述了学习适应（合成变量即综合学习适应各个方面得出的综合结论）情况对学生总分的相关影响及解释率。

表3-39　学习适应情况部分试题及其对学生认知成绩的影响

	类别	百分比	回归系数	标准误	解释率
新的学习对我来说太难了	不符合	31.93	5.80＊＊	1.63	3.36%
	不太符合	24.61	5.18＊＊	1.65	
	不确定	31.46	1.66	1.63	
	比较符合	8.31	0.73	1.83	
	符合	3.69			

续表

	类别	百分比	回归系数	标准误	解释率
我适应新学期的学习,感觉很快乐	不符合	2.77	-2.86	1.84	1.02%
	不太符合	5.31	-2.51	1.37	
	不确定	22.23	-3.07**	0.78	
	比较符合	31.08	-1.05	0.71	
	符合	38.62			
每到一个新班级,很容易和新同学接近	不符合	4.14	-2.52	1.53	0.36%
	不太符合	7.55	-0.82	1.18	
	不确定	20.62	-1.97*	0.81	
	比较符合	29.62	-1.56*	0.73	
	符合	38.08			

表 3-39 描述了学习适应情况中“新的学习对我来说太难了”“我适应新学期的学习,感觉很快乐”和“每到一个新班级,很容易和新同学接近”对学生认知成绩的相关影响及解释率。

表 3-40　学习适应(合成变量)情况对学生认知成绩的影响

	回归系数	标准误	解释率
学习适应情况	0.78**	0.13	2.31%

表 3-40 描述了学习适应情况对学生认知成绩的相关影响及解释率。

表 3-41　学习适应情况部分试题及其对学生语文成绩的影响

	类别	百分比	回归系数	标准误	解释率
新的学习对我来说太难了	不符合	31.87	8.30**	1.86	3.83%
	不太符合	24.64	6.42**	1.88	
	不确定	31.48	3.00	1.85	
	比较符合	8.31	2.35	2.09	
	符合	3.70			

续表

	类别	百分比	回归系数	标准误	解释率
我适应新学期的学习，感觉很快乐	不符合	2.77	-2.42	2.10	1.16%
	不太符合	5.31	-1.56	1.56	
	不确定	22.25	-3.86**	0.90	
	比较符合	31.10	-1.87*	0.81	
	符合	38.57			
每到一个新班级，很容易和新同学接近	不符合	4.16	-3.98*	1.74	1.34%
	不太符合	7.54	0.02	1.35	
	不确定	20.63	-3.80**	0.92	
	比较符合	29.64	-1.93*	0.83	
	符合	38.03			

表3-41描述了学习适应情况中“新的学习对我来说太难了”“我适应新学期的学习，感觉很快乐”和“每到一个新班级，很容易和新同学接近”对学生语文成绩的相关影响及解释率。

表3-42　学习适应(合成变量)情况对学生语文成绩的影响

	回归系数	标准误	解释率
学习适应情况	0.95**	0.15	2.71%

表3-42描述了学习适应情况对学生语文成绩的相关影响及解释率。

表3-43　学习适应情况部分试题及其对学生数学成绩的影响

	类别	百分比	回归系数	标准误	解释率
新的学习对我来说太难了	不符合	31.92	9.33**	2.96	4.44%
	不太符合	24.63	8.06**	3.00	
	不确定	31.45	0.14	2.95	
	比较符合	8.31	-0.52	3.33	
	符合	3.69			

续表

	类别	百分比	回归系数	标准误	解释率
我适应新学期的学习,感觉很快乐	不符合	2.77	-1.90	3.35	1.55%
	不太符合	5.31	-5.33 *	2.49	
	不确定	22.23	-6.83 * *	1.43	
	比较符合	31.08	-3.25 *	1.30	
	符合	38.62			
每到一个新班级,很容易和新同学接近	不符合	4.15	-3.38	2.80	0.24%
	不太符合	7.54	-0.75	2.17	
	不确定	20.62	-3.38 *	1.48	
	比较符合	29.62	-2.58	1.33	
	符合	38.08			

表 3-43 描述了学习适应情况中“新的学习对我来说太难了”“我适应新学期的学习,感觉很快乐”和“每到一个新班级,很容易和新同学接近”对学生数学成绩的相关影响及解释率。

表 3-44　学习适应(合成变量)情况对学生数学成绩的影响

	回归系数	标准误	解释率
学习适应情况	1.41 * *	0.25	2.33%

表 3-44 描述了学习适应情况对学生数学成绩的相关影响及解释率。

表 3-45　学习适应情况部分试题及其对学生英语成绩的影响

	类别	百分比	回归系数	标准误	解释率
新的学习对我来说太难了	不符合	31.92	7.25 * *	2.79	3.39%
	不太符合	24.62	5.01	2.83	
	不确定	31.46	-0.11	2.79	
	比较符合	8.31	-2.98	3.14	
	符合	3.69			

续表

	类别	百分比	回归系数	标准误	解释率
我适应新学期的学习,感觉很快乐	不符合	2.77	-4.52	3.16	0.97%
	不太符合	5.31	-0.98	2.33	
	不确定	22.23	-4.89**	1.35	
	比较符合	31.08	-3.52**	1.22	
	符合	38.62			
每到一个新班级,很容易和新同学接近	不符合	4.15	-3.95	2.62	0.39%
	不太符合	7.54	0.49	2.03	
	不确定	20.62	-2.55	1.39	
	比较符合	29.62	-3.06*	1.25	
	符合	38.08			

表3-45描述了学习适应情况中"新的学习对我来说太难了""我适应新学期的学习,感觉很快乐"和"每到一个新班级,很容易和新同学接近"对学生英语成绩的相关影响及解释率。

表3-46　学习适应(合成变量)情况对学生英语成绩的影响

	回归系数	标准误	解释率
学习适应情况	1.12**	0.23	1.64%

表3-46描述了学习适应情况对学生英语成绩的相关影响及解释率。

7.学生学习策略及其对学业成绩的影响

此部分主要探索了学生的学习策略及其对学生学业成绩的影响。

表3-47　学习策略部分试题及其对学生总分的影响

	类别	百分比	回归系数	标准误	解释率
如果在学习课程内容的时候遇到了麻烦,我会寻求帮助	不符合	1.85	-16.36	8.76	2.33%
	不太符合	4.08	0.93	6.04	
	不确定	11.54	-21.44**	3.82	
	比较符合	34.54	-6.45*	2.61	
	符合	48.00			

续表

	类别	百分比	回归系数	标准误	解释率
我积极探索适合自己的学习方法	不符合	3.54	-23.58**	6.54	3.39%
	不太符合	7.25	-19.92**	4.82	
	不确定	19.62	-19.94**	3.35	
	比较符合	38.49	-5.34	2.80	
	符合	31.10			
在学习课程内容的时候,会去想它们是否和已经知道的东西有联系	不符合	2.86	-27.25**	7.19	3.89%
	不太符合	5.38	-13.33*	5.36	
	不确定	21.56	-21.78**	3.21	
	比较符合	36.10	-6.06*	2.77	
	符合	34.10			

表3-47描述了学习策略中“如果在学习课程内容的时候遇到了麻烦,我会寻求帮助”“我积极探索适合自己的学习方法”和“在学习课程内容的时候,会去想它们是否和已经知道的东西有联系”对学生总分的相关影响及解释率。

表3-48 学习策略(合成变量)对学生总分的影响

	回归系数	标准误	解释率
学习策略	3.27**	0.49	3.38%

表3-48描述了学习策略对学生总分的相关影响及解释率。

表3-49 学习策略部分试题及其对学生认知成绩的影响

	类别	百分比	回归系数	标准误	解释率
如果在学习课程内容的时候遇到了麻烦,我会寻求帮助	不符合	1.84	-1.05	2.21	0.91%
	不太符合	4.09	-0.52	1.53	
	不确定	11.54	-3.77**	0.98	
	比较符合	34.54	-1.31*	0.66	
	符合	48.00			

续表

	类别	百分比	回归系数	标准误	解释率
我积极探索适合自己的学习方法	不符合	3.54	-5.12 * *	1.65	2.47%
	不太符合	7.24	-5.45 * *	1.21	
	不确定	19.63	-4.03 * *	0.85	
	比较符合	38.49	-1.46 *	0.71	
	符合	31.10			
在学习课程内容的时候,会去想它们是否和已经知道的东西有联系	不符合	2.85	-5.01 * *	1.81	3.79%
	不太符合	5.39	-4.36 * *	1.35	
	不确定	21.56	-5.46 * *	0.81	
	比较符合	36.10	-1.92 * *	0.69	
	符合	34.10			

表 3-49 描述了学习策略中“如果在学习课程内容的时候遇到了麻烦,我会寻求帮助”“我积极探索适合自己的学习方法”和“在学习课程内容的时候,会去想它们是否和已经知道的东西有联系”对学生认知成绩的相关影响及解释率。

表 3-50　学习策略(合成变量)对学生认知成绩的影响

	回归系数	标准误	解释率
学习策略	0.68 * *	0.12	2.22%

表 3-50 描述了学习策略对学生认知成绩的相关影响及解释率。

表 3-51　学习策略部分试题及其对学生语文成绩的影响

	类别	百分比	回归系数	标准误	解释率
如果在学习课程内容的时候遇到了麻烦,我会寻求帮助	不符合	1.85	-7.01 * *	2.52	2.18%
	不太符合	4.08	-1.16	1.74	
	不确定	11.55	-5.76 * *	1.10	
	比较符合	34.49	-0.74	0.75	
	符合	48.04			

续表

	类别	百分比	回归系数	标准误	解释率
我积极探索适合自己的学习方法	不符合	3.54	-6.74 * *	1.89	2.49%
	不太符合	7.16	-4.83 * *	1.40	
	不确定	19.65	-4.60 * *	0.97	
	比较符合	38.52	-0.88	0.81	
	符合	31.12			
在学习课程内容的时候,会去想它们是否和已经知道的东西有联系	不符合	2.85	-6.26 * *	2.08	2.85%
	不太符合	5.39	-1.40	1.55	
	不确定	21.57	-5.40 * *	0.93	
	比较符合	36.06	-0.53	0.80	
	符合	34.13			

表3-51描述了学习策略中“如果在学习课程内容的时候遇到了麻烦，我会寻求帮助”“我积极探索适合自己的学习方法”和“在学习课程内容的时候，会去想它们是否和已经知道的东西有联系”对学生语文成绩的相关影响及解释率。

表3-52　学习策略(合成变量)对学生语文成绩的影响

	回归系数	标准误	解释率
学习策略	0.89 * *	0.14	2.94%

表3-52描述了学习策略对学生语文成绩的相关影响及解释率。

表3-53　学习策略部分试题及其对学生数学成绩的影响

	类别	百分比	回归系数	标准误	解释率
如果在学习课程内容的时候遇到了麻烦,我会寻求帮助	不符合	1.86	0.11	4.04	1.64%
	不太符合	4.07	-0.85	2.78	
	不确定	11.54	-8.63 * *	1.76	
	比较符合	34.54	-2.98 *	1.20	
	符合	48.00			

续表

	类别	百分比	回归系数	标准误	解释率
我积极探索适合自己的学习方法	不符合	3.54	-7.03*	3.02	2.19%
	不太符合	7.24	-7.99**	2.23	
	不确定	19.64	-7.92**	1.55	
	比较符合	38.48	-2.17	1.29	
	符合	31.10			
在学习课程内容的时候，会去想它们是否和已经知道的东西有联系	不符合	2.85	-11.64**	3.31	3.55%
	不太符合	5.39	-5.85*	2.47	
	不确定	21.56	-9.67**	1.48	
	比较符合	36.10	-2.67*	1.27	
	符合	34.10			

表 3-53 描述了学习策略中“如果在学习课程内容的时候遇到了麻烦，我会寻求帮助”“我积极探索适合自己的学习方法”和“在学习课程内容的时候，会去想它们是否和已经知道的东西有联系”对学生数学成绩的相关影响及解释率。

表 3-54 学习策略（合成变量）对学生数学成绩的影响

	回归系数	标准误	解释率
学习策略	1.24**	0.21	2.20%

表 3-54 描述了学习策略对学生数学成绩的相关影响及解释率。

表 3-55 学习策略部分试题及其对学生英语成绩的影响

	类别	百分比	回归系数	标准误	解释率
如果在学习课程内容的时候遇到了麻烦，我会寻求帮助	不符合	1.86	-9.58*	3.78	1.79%
	不太符合	4.07	2.76	2.61	
	不确定	11.54	-7.12**	1.65	
	比较符合	34.54	-2.57*	1.13	
	符合	48.00			

续表

	类别	百分比	回归系数	标准误	解释率
我积极探索适合自己的学习方法	不符合	3.54	-10.00＊＊	2.83	2.47%
	不太符合	7.24	-6.51＊＊	2.09	
	不确定	19.63	-7.45＊＊	1.45	
	比较符合	38.49	-2.31	1.21	
	符合	31.10			
在学习课程内容的时候，会去想它们是否和已经知道的东西有联系	不符合	2.85	-9.61＊＊	3.13	2.08%
	不太符合	5.39	-6.14＊＊	2.34	
	不确定	21.56	-6.84＊＊	1.41	
	比较符合	36.10	-2.72＊	1.20	
	符合	34.10			

表3-55描述了学习策略中“如果在学习课程内容的时候遇到了麻烦，我会寻求帮助”“我积极探索适合自己的学习方法”和“在学习课程内容的时候，会去想它们是否和已经知道的东西有联系”对学生英语成绩的相关影响及解释率。

表3-56　学习策略(合成变量)对学生英语成绩的影响

	回归系数	标准误	解释率
学习策略	1.17＊＊	0.21	2.24%

表3-56描述了学习策略对学生英语成绩的相关影响及解释率。

8.学生学习效能感及其对学业成绩的影响

此部分主要探索了学生的学习效能感及其对学生学业成绩的影响。

表3-57　学习效能感部分试题及其对学生总分的影响

	类别	百分比	回归系数	标准误	解释率
我相信自己有能力在学习上取得好成绩	很不同意	1.54	-21.81＊	9.62	1.97%
	不太同意	3.54	-20.06＊＊	6.43	
	不确定	13.23	-17.10＊＊	3.67	
	比较同意	31.69	-3.65	2.66	
	很同意	50.00			

续表

	类别	百分比	回归系数	标准误	解释率
和班上其他同学相比，自己的学习能力是比较强的	很不同意	6.00	-43.80**	5.40	9.73%
	不太同意	13.15	-36.28**	4.19	
	不确定	34.62	-13.21**	3.38	
	比较同意	30.08	-2.63	3.47	
	很同意	16.15			

表3-57描述了学习效能感中"我相信自己有能力在学习上取得好成绩"和"和班上其他同学相比，自己的学习能力是比较强的"对学生总分的相关影响及解释率。

表3-58　学习效能感对学生总分的影响

	回归系数	标准误	解释率
学习效能感	5.28**	0.57	6.04%

表3-58描述了学习效能感对学生总分的相关影响及解释率。

表3-59　学习效能感部分试题及其对学生认知成绩的影响

	类别	百分比	回归系数	标准误	解释率
我相信自己有能力在学习上取得好成绩	很不同意	1.55	-2.77	2.42	1.23%
	不太同意	3.54	-3.88*	1.62	
	不确定	13.23	-3.90**	0.92	
	比较同意	31.69	-0.90	0.67	
	很同意	50.00			
和班上其他同学相比，自己的学习能力是比较强的	很不同意	6.00	-7.95**	1.39	4.69%
	不太同意	13.15	-7.36**	1.08	
	不确定	34.62	-2.98**	0.87	
	比较同意	30.08	-1.65	0.89	
	很同意	16.15			

表3-59描述了学习效能感中"我相信自己有能力在学习上取得好成绩"和"和班上其他同学相比，自己的学习能力是比较强的"对学生认知成绩的相关影响及解释率。

表 3-60　学习效能感对学生认知成绩的影响

	回归系数	标准误	解释率
学习效能感	1.00**	0.13	3.37%

表 3-60 描述了学习效能感对学生认知成绩的相关影响及解释率。

表 3-61　学习效能感部分试题及其对学生语文成绩的影响

	类别	百分比	回归系数	标准误	解释率
我相信自己有能力在学习上取得好成绩	很不同意	1.54	-5.41	2.77	1.53%
	不太同意	3.54	-3.25	1.85	
	不确定	13.24	-4.99**	1.06	
	比较同意	31.73	-1.23	0.77	
	很同意	49.95			
和班上其他同学相比，自己的学习能力是比较强的	很不同意	6.00	-10.94**	1.59	4.67%
	不太同意	13.16	-6.29**	1.24	
	不确定	34.57	-3.30**	1.00	
	比较同意	30.10	-1.16	1.02	
	很同意	16.17			

表 3-61 描述了学习效能感中“我相信自己有能力在学习上取得好成绩”和“和班上其他同学相比，自己的学习能力是比较强的”对学生语文成绩的相关影响及解释率。

表 3-62　学习效能感对学生语文成绩的影响

	回归系数	标准误	解释率
学习效能感	1.25**	0.15	4.05%

表 3-62 描述了学习效能感对学生语文成绩的相关影响及解释率。

表 3-63　学习效能感部分试题及其对学生数学成绩的影响

	类别	百分比	回归系数	标准误	解释率
我相信自己有能力在学习上取得好成绩	很不同意	1.55	-6.44	4.42	1.52%
	不太同意	3.53	-9.81**	2.96	
	不确定	13.23	-6.83**	1.69	
	比较同意	31.69	-1.64	1.22	
	很同意	50.00			

续表

	类别	百分比	回归系数	标准误	解释率
和班上其他同学相比,自己的学习能力是比较强的	很不同意	6.01	-17.41 * *	2.50	8.30%
	不太同意	13.14	-16.38 * *	1.94	
	不确定	34.62	-4.59 * *	1.57	
	比较同意	30.07	-1.34	1.60	
	很同意	16.16			

表 3-63 描述了学习效能感中“我相信自己有能力在学习上取得好成绩”和“和班上其他同学相比,自己的学习能力是比较强的”对学生数学成绩的相关影响及解释率。

表 3-64 学习效能感(合成变量)对学生数学成绩的影响

	回归系数	标准误	解释率
学习效能感	2.08 * *	0.26	4.34%

表 3-64 描述了学习效能感对学生数学成绩的相关影响及解释率

表 3-65 学习效能感部分试题及其对学生英语成绩的影响

	类别	百分比	回归系数	标准误	解释率
我相信自己有能力在学习上取得好成绩	很不同意	1.55	-10.33 *	4.16	1.27%
	不太同意	3.53	-7.17 *	2.78	
	不确定	13.23	-5.55 * *	1.59	
	比较同意	31.69	-0.91	1.15	
	很同意	50.00			
和班上其他同学相比,自己的学习能力是比较强的	很不同意	6.00	-15.61 * *	2.35	7.72%
	不太同意	13.16	-13.74 * *	1.83	
	不确定	34.61	-5.19 * *	1.48	
	比较同意	30.08	-0.11	1.51	
	很同意	16.15			

表 3-65 描述了学习效能感中“我相信自己有能力在学习上取得好成绩”和“和班上其他同学相比,自己的学习能力是比较强的”对学生英语成绩的相关影响及解释率。

表 3-66　学习效能感(合成变量)对学生英语成绩的影响

	回归系数	标准误	解释率
学习效能感	1.99 * *	0.25	4.56%

表 3-66 描述了学习效能感对学生英语成绩的相关影响及解释率。

9. 学生问题解决能力及其对学业成绩的影响

此部分主要探索了学生的问题解决能力及其对学生学业成绩的影响。

表 3-67　问题解决能力部分试题及其对学生总分的影响

	类别	百分比	回归系数	标准误	解释率
当遇到难题时,我很容易放弃	不符合	40.48	36.03 * *	5.74	5.83%
	不太符合	29.33	32.18 * *	5.82	
	不确定	17.95	17.75 * *	6.04	
	比较符合	7.70	7.20	6.81	
	符合	4.54			
会一直努力,直到任务完美完成	不符合	2.08	-42.06 * *	8.34	2.90%
	不太符合	5.93	-16.26 * *	5.12	
	不确定	14.32	-15.51 * *	3.56	
	比较符合	34.03	-3.82	2.66	
	符合	43.65			
会很容易将不同的事情联系在一起	不符合	8.02	-16.30 * *	4.79	1.06%
	不太符合	12.23	-6.77	4.10	
	不确定	28.95	-11.85 * *	3.23	
	比较符合	25.87	-9.36 * *	3.30	
	符合	24.94			

表 3-67 描述了问题解决能力中“当遇到难题时,我很容易放弃”“会一直努力,直到任务完美完成”和“会很容易将不同的事情联系在一起”对学生总分的相关影响及解释率。

表 3-68　问题解决能力(合成变量)对学生总分的影响

	回归系数	标准误	解释率
问题解决能力	3.67 * *	0.40	5.84%

表3-68描述了问题解决能力对学生总分的相关影响及解释率。

表3-69　问题解决能力部分试题及其对学生认知成绩的影响

	类别	百分比	回归系数	标准误	解释率
当遇到难题时,我很容易放弃	不符合	40.48	6.46**	1.45	4.83%
	不太符合	29.34	6.35**	1.47	
	不确定	17.94	2.31	1.52	
	比较符合	7.70	-0.67	1.72	
	符合	4.54			
会一直努力,直到任务完美完成	不符合	2.08	-8.30**	2.11	1.60%
	不太符合	5.93	-3.16*	1.29	
	不确定	14.32	-2.79**	0.90	
	比较符合	34.03	-0.33	0.67	
	符合	43.65			
会很容易将不同的事情联系在一起	不符合	8.01	-4.04**	1.20	1.09%
	不太符合	12.24	-1.30	1.03	
	不确定	28.95	-2.77**	0.81	
	比较符合	25.87	-0.83	0.83	
	符合	24.94			

表3-69描述了问题解决能力中"当遇到难题时,我很容易放弃""会一直努力,直到任务完美完成"和"会很容易将不同的事情联系在一起"对学生认知成绩的相关影响及解释率。

表3-70　问题解决能力(合成变量)对学生认知成绩的影响

	回归系数	标准误	解释率
问题解决能力	0.81**	0.10	4.40%

表3-70描述了问题解决能力对学生认知成绩的相关影响及解释率。

表3-71　问题解决能力部分试题及其对学生语文成绩的影响

	类别	百分比	回归系数	标准误	解释率
当遇到难题时,我很容易放弃	不符合	40.52	9.78**	1.65	5.07%
	不太符合	29.28	10.15**	1.68	
	不确定	17.94	5.78**	1.74	
	比较符合	7.71	2.59	1.96	
	符合	4.55			

续表

	类别	百分比	回归系数	标准误	解释率
会一直努力，直到任务完美完成	不符合	2.08	-15.68＊＊	2.38	3.81%
	不太符合	5.86	-2.26	1.47	
	不确定	14.33	-4.60＊＊	1.02	
	比较符合	34.05	-1.18	0.76	
	符合	43.68			
会很容易将不同的事情联系在一起	不符合	8.01	-3.50＊	1.38	0.41%
	不太符合	12.25	-1.07	1.18	
	不确定	28.97	-2.55＊＊	0.93	
	比较符合	25.89	-1.61	0.95	
	符合	24.88			

表3-71描述了问题解决能力中"当遇到难题时，我很容易放弃""会一直努力，直到任务完美完成"和"会很容易将不同的事情联系在一起"对学生语文成绩的相关影响及解释率。

表3-72　问题解决能力(合成变量)对学生语文成绩的影响

	回归系数	标准误	解释率
问题解决能力	0.90＊＊	0.11	4.18%

表3-72描述了问题解决能力对学生语文成绩的相关影响及解释率。

表3-73　问题解决能力部分试题及其对学生数学成绩的影响

	类别	百分比	回归系数	标准误	解释率
当遇到难题时，我很容易放弃	不符合	40.48	15.17＊＊	2.64	5.53%
	不太符合	29.33	12.30＊＊	2.67	
	不确定	17.95	6.42＊	2.78	
	比较符合	7.70	1.28	3.13	
	符合	4.54			

续表

	类别	百分比	回归系数	标准误	解释率
会一直努力，直到任务完美完成	不符合	2.08	-15.64**	3.85	1.84%
	不太符合	5.93	-6.76**	2.36	
	不确定	14.32	-5.54**	1.64	
	比较符合	34.03	-0.97	1.23	
	符合	43.65			
会很容易将不同的事情联系在一起	不符合	8.02	-6.67**	2.20	0.75%
	不太符合	12.23	-3.52	1.89	
	不确定	28.95	-4.76**	1.48	
	比较符合	25.87	-3.79*	1.52	
	符合	24.94			

表 3-73 描述了问题解决能力中“当遇到难题时，我很容易放弃”“会一直努力，直到任务完美完成”和“会很容易将不同的事情联系在一起”对学生数学成绩的相关影响及解释率。

表 3-74　问题解决能力(合成变量)对学生数学成绩的影响

	回归系数	标准误	解释率
问题解决能力	1.58**	0.19	5.14%

表 3-74 描述了问题解决能力对学生数学成绩的相关影响及解释率。

表 3-75　问题解决能力部分试题及其对学生英语成绩的影响

	类别	百分比	回归系数	标准误	解释率
当遇到难题时，我很容易放弃	不符合	40.48	11.25**	2.51	2.81%
	不太符合	29.34	10.06**	2.55	
	不确定	17.94	5.57*	2.64	
	比较符合	7.70	3.35	2.98	
	符合	4.54			

续表

	类别	百分比	回归系数	标准误	解释率
会一直努力，直到任务完美完成	不符合	2.08	-10.84 * *	3.62	1.62%
	不太符合	5.93	-6.46 * *	2.22	
	不确定	14.32	-5.46 * *	1.54	
	比较符合	34.04	-1.65	1.15	
	符合	43.64			
会很容易将不同的事情联系在一起	不符合	8.01	-6.42 * *	2.06	1.17%
	不太符合	12.24	-2.42	1.77	
	不确定	28.95	-4.78 * *	1.39	
	比较符合	25.87	-4.19 * *	1.42	
	符合	24.94			

表 3-75 描述了问题解决能力中“当遇到难题时，我很容易放弃”“会一直努力，直到任务完美完成”和“会很容易将不同的事情联系在一起”对学生英语成绩的相关影响及解释率。

表 3-76　问题解决能力（合成变量）对学生英语成绩的影响

	回归系数	标准误	解释率
问题解决能力	1.18 * *	0.17	3.49%

表 3-76 描述了问题解决能力对学生英语成绩的相关影响及解释率。

10. 师生关系及其对学生学业成绩的影响

此部分主要探索了师生关系及其对学生个体间学业成绩差异的影响及解释率情况。

表 3-77　师生关系部分试题及其对学生总分的影响

	类别	百分比	回归系数	标准误	解释率
老师公平地对待我	从不	5.22	-13.84 *	5.40	2.27%
	很少	5.63	-18.04 * *	5.20	
	有时	12.09	-16.45 * *	3.72	
	经常	23.86	-10.45 * *	2.88	
	总是	53.19			

续表

	类别	百分比	回归系数	标准误	解释率
老师允许我们有不同的见解	从不	3.54	−23.52＊＊	6.41	3.96%
	很少	4.00	−22.89＊＊	6.00	
	有时	14.09	−20.15＊＊	3.47	
	经常	23.09	−12.54＊＊	2.87	
	总是	55.27			
老师耐心听我的想法	从不	3.23	−19.19＊＊	6.70	2.33%
	很少	6.31	−17.42＊＊	4.91	
	有时	15.55	−15.46＊＊	3.36	
	经常	20.55	−8.41＊＊	3.02	
	总是	54.35			

表 3−77 描述了师生关系中“老师公平地对待我”“老师允许我们有不同的见解”和“老师耐心听我的想法”对学生总分的相关影响及解释率。

表 3−78　师生关系(合成变量)对学生总分的影响

	回归系数	标准误	解释率
师生关系	3.87＊＊	0.59	3.21%

表 3−78 描述了师生关系对学生总分的相关影响及解释率。

表 3−79　师生关系部分试题及其对学生认知成绩的影响

	类别	百分比	回归系数	标准误	解释率
老师公平地对待我	从不	5.23	−2.49	1.36	2.02%
	很少	5.63	−4.97＊＊	1.31	
	有时	12.08	−3.93＊＊	0.94	
	经常	23.86	−2.07＊＊	0.72	
	总是	53.19			
老师允许我们有不同的见解	从不	3.54	−5.96＊＊	1.62	2.76%
	很少	4.00	−4.84＊＊	1.52	
	有时	14.09	−4.21＊＊	0.88	
	经常	23.09	−2.15＊＊	0.73	
	总是	55.27			

续表

	类别	百分比	回归系数	标准误	解释率
老师耐心听我的想法	从不	3. 24	-5. 93 * *	1. 69	1. 41%
	很少	6. 30	-3. 10 *	1. 24	
	有时	15. 55	-2. 40 * *	0. 85	
	经常	20. 55	-1. 51 *	0. 76	
	总是	54. 35			

表 3-79 描述了师生关系中“老师公平地对待我”“老师允许我们有不同的见解”和“老师耐心听我的想法”对学生认知成绩的相关影响及解释率。

表 3-80　师生关系(合成变量)对学生认知成绩的影响

	回归系数	标准误	解释率
师生关系	0. 78 * *	0. 15	2. 13%

表 3-80 描述了师生关系对学生认知成绩的相关影响及解释率。

表 3-81　师生关系部分试题及其对学生语文成绩的影响

	类别	百分比	回归系数	标准误	解释率
老师公平地对待我	从不	5. 24	-3. 15 *	1. 56	1. 51%
	很少	5. 62	-4. 51 * *	1. 50	
	有时	12. 10	-3. 60 * *	1. 07	
	经常	23. 88	-2. 91 * *	0. 83	
	总是	53. 16			
老师允许我们有不同的见解	从不	3. 54	-5. 78 * *	1. 85	2. 45%
	很少	4. 01	-4. 09 *	1. 74	
	有时	14. 10	-4. 51 * *	1. 00	
	经常	23. 11	-3. 47 * *	0. 83	
	总是	55. 24			
老师耐心听我的想法	从不	3. 25	-5. 94 * *	1. 93	1. 73%
	很少	6. 31	-4. 21 * *	1. 42	
	有时	15. 56	-3. 67 * *	0. 97	
	经常	20. 49	-2. 13 *	0. 87	
	总是	54. 39			

表 3-81 描述了师生关系中“老师公平地对待我”“老师允许我们有不同的见解”和“老师耐心听我的想法”对学生语文成绩的相关影响及解释率。

表 3-82　师生关系(合成变量)对学生语文成绩的影响

	回归系数	标准误	解释率
师生关系	0.90＊＊	0.18	2.05%

表 3-82 描述了师生关系对学生语文成绩的相关影响及解释率。

表 3-83　师生关系部分试题及其对学生数学成绩的影响

	类别	百分比	回归系数	标准误	解释率
老师公平地对待我	从不	5.23	-6.01＊	2.48	2.43%
	很少	5.62	-7.08＊＊	2.38	
	有时	12.09	-8.51＊＊	1.71	
	经常	23.87	-4.96＊＊	1.32	
	总是	53.19			
老师允许我们有不同的见解	从不	3.54	-8.03＊＊	2.95	3.23%
	很少	4.00	-11.08＊＊	2.77	
	有时	14.09	-8.71＊＊	1.60	
	经常	23.09	-4.54＊＊	1.32	
	总是	55.27			
老师耐心听我的想法	从不	3.23	-6.13＊	3.08	1.79%
	很少	6.31	-7.59＊＊	2.26	
	有时	15.55	-6.63＊＊	1.55	
	经常	20.55	-2.91＊	1.39	
	总是	54.35			

表 3-83 描述了师生关系中“老师公平地对待我”“老师允许我们有不同的见解”和“老师耐心听我的想法”对学生数学成绩的相关影响及解释率。

表 3-84　师生关系(合成变量)对学生数学成绩的影响

	回归系数	标准误	解释率
师生关系	1.68＊＊	0.27	2.89%

表 3-84 描述了师生关系对学生数学成绩的相关影响及解释率。

表 3-85　师生关系部分试题及其对学生英语成绩的影响

	类别	百分比	回归系数	标准误	解释率
老师公平地对待我	从不	5.22	-4.84 *	2.34	1.22%
	很少	5.63	-6.68 * *	2.25	
	有时	12.09	-4.48 * *	1.61	
	经常	23.86	-2.69 *	1.25	
	总是	53.19			
老师允许我们有不同的见解	从不	3.54	-9.73 * *	2.77	2.96%
	很少	4.00	-7.79 * *	2.60	
	有时	14.09	-7.06 * *	1.50	
	经常	23.09	-4.61 * *	1.24	
	总是	55.27			
老师耐心听我的想法	从不	3.23	-7.17 *	2.90	1.57%
	很少	6.31	-5.66 * *	2.12	
	有时	15.55	-5.13 * *	1.45	
	经常	20.55	-3.08 *	1.30	
	总是	54.35			

表 3-85 描述了师生关系中“老师公平地对待我”“老师允许我们有不同的见解”和“老师耐心听我的想法”对学生英语成绩的相关影响及解释率。

表 3-86　师生关系(合成变量)对学生英语成绩的影响

	回归系数	标准误	解释率
师生关系	1.30 * *	0.25	2.19%

表 3-86 描述了师生关系对学生英语成绩的相关影响及解释率。

从上面 10 个领域对学业成绩总分的解释率加以分析，选择解释率大于 5%的作为影响较大的因素，大于 5%就达到解释成绩的 1/20 了，在 22 个领域当中是比较高的了；还有解释率小于 1%的作为影响较小的因素进行分析。其余解释率在 1%到 5%之间的一般影响因素就不列举出来了。

表 3-87 解释率分析

因素	解释率	说明
是否独生子女(家庭状况)	0.52%	对学业成绩影响很小
家庭经济水平(家庭状况)	0.28%	对学业成就几无影响
外倾性(人格)	0.29%	对学业成就几无影响
到新班易与同学接近(学习适应)	0.74%	是否易与同学接近对学业成就影响不大
家庭藏书(家庭状况)	5.91%	家庭藏书(相当程度上表现出家长的学习态度)对学业成就有较大影响
自我教育期望	14.03%	自我教育期望对学业成就影响最大,通过学习动机、学习自主性起作用
智能特征(人格)	9.08%	智能特性表示基本的学习能力,对学业成就有很大影响
太难了学不会(学习适应)	5.32%	这个影响很大,是负面的,轻言放弃将极大降低学业成就
自己的学习比班上同学强(自我效能感)	9.73%	对自己能力的估计能促进自我的不懈努力,在很大程度上提高学业成就
问题解决能力	5.84%	是重要的学习能力,对学业成就有很大的影响
问题太难易于放弃(问题解决能力)	5.83%	轻言放弃对学生学习有很大的负面影响

【评说】以上差异报告提示,正、负面因素都对学业成绩有较大影响,应该在教育教学中充分注意。一方面要运用有利的因素发展学生的相关素养从而提高学生的成绩;另一方面要考虑某些不利于学生成绩发展的因素,积极干预、改进,提高学生的学业成就。这是一个区级层次的报告,还有校级报告可更为准确地考察校内学生学业成绩产生差异的原因。无论哪个层级的报告,都可以成为进行适当的教育教学干预,有针对性地解决学生学习上存在的问题,从而取得更好的学业成就的依据。

提高自我教育期望和自我效能感是典型且有效地提高学业成就的途径,而这两点取决于学生正确的价值观,价值观教育对学业成就的提高有事半功倍的效果。绝不轻言放弃、持续不断地努力与学生正确的价值观和必备品格有极大的关系,所以努力锤炼必备品格也是提高学业成就的必由之路,可见学科核心素养培养的重要意义了。学业成就真正的提高依赖于学科核心素养的提高,而增值评价的采用有利于培养学生的学科核心素养。

3.5 增值分析

增值分析的基本技术框架是基于基本概念的确定和基本分析模型的采用而确定的。

3.5.1 基本概念

以下从增值、差异效益、置信区间、标准分数和预测这 5 个基本概念出发,探讨增值分析的基本技术要求。

3.5.1.1 增值

在评价学科学习时,大部分系统通过测验或考试的原始得分进行。虽然原始或未经调整的成绩是重要指标,并有助于找出低于可接受标准的情况,但这些成绩并未有效地证明学校在提升学生成绩水平方面所做的努力。利用原始或未经调整的学生成绩时,所得的结果往往反映就读学校学生的特质,而非学校提升学生成绩表现的效益。

比较好的方法是将背景类似的学校做比较,但类似学校的特点不尽相同,归类时难以做出合适的决定。使用前期测验或能力测验可能是更好的选择,因为这些测验的成绩关系密切。此外,将某类别所有学校视作同一学业水平的做法亦有不足之处,因为实际上,即使在同一类别中,位于顶部和底部学校的学生成绩亦有一定差异。

在增值分析系统中,增值(或者称为增值估计值、剩余值)是预测成绩及实际成绩之差。两者之差(即未能解释的部分,或通常称为“残差”)可进一步分拆为不同层面的效益,如在两水平模型中可以将其分解为来自学校和来自学生两个层面。

这个操作定义背后的逻辑是:假如考试成绩已根据影响学生成绩最重要的因素调整过,但学校间仍然存在显著的差异,我们便可推论学校有不同效益。

增值的计算是利用一个回归模型,将成绩经控制变量(如过往成绩、能力或背景特征)调节而得出的结果。

用图 3-17 可说明增值的原理。图中每一点(坐标)代表每所学校的两个成绩量数，一个（纵坐标）是学校在期末考试中的平均成绩，另一个（横坐标）是学生基线能力测试的平均成绩。

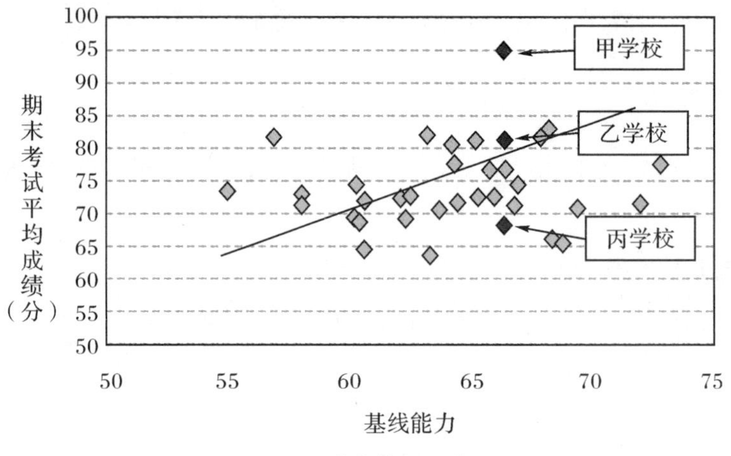

图 3-17 增值的原理说明

图中的直线称为“回归线”。图中显示学生基线测试得分高的学校，在期末考试中取得高分的机率较大。

为了说明增值的概念，下表选取了甲、乙、丙三所学校基线能力测试水平相近的学生成绩，其平均得分如下：

表 3-88 三所学校基线能力测试成绩

学校	基线能力	期末成绩
甲	66.43	94.75
乙	66.46	81.39
丙	66.47	68.49

如果只根据回归线，我们会预测甲、乙、丙学校的期末考试学科得分分别为 80.71 分、80.69 分及 80.70 分，详见下表。

表 3-89 三所学校的得分、预测得分及增值

学校	基线测试	期末实际平均得分（分）	预测分数（分）	增值（剩余值）
甲	66.43	94.75	80.71	14.04
乙	66.46	81.39	80.69	0.70
丙	66.47	68.49	80.70	-12.21

从上表可见,三所学校的基线能力测试成绩非常接近,但学校期末测试的学科平均得分却有显著差异。其中乙学校的平均得分是 81.39 分,很接近由回归线估计出来的预测分数;相反,甲学校的平均得分是 94.75 分,而该校在图像中的位置远高于回归线,显示甲学校的表现高于期望值,即高于预测分数;丙学校是相反例子,表现低于期望,低于预测分数。

实际得分及预测得分(第三及第四列)之差就是剩余值,就是该校的增值。假如一所学校的成绩与预测完全吻合,增值将为零。这并非表示该校在提升学生学业表现方面没有效益,而是代表效益的提高与预期相当。换句话说,增值能依据预测成绩,来估计个别学校的相对表现。乙学校的增值是 0.70,分数接近零;而甲学校的增值是 14.04,分数远高于零,表示高于预测分数;丙学校的增值是-12.21,表示低于预测分数。增值高于预测分数的学校的教学效能相对于增值比较低的学校的教学效能要高一些。这就是增值评价的一个结论。

应该注意:增值的测算有其相对的不确定性,一般不能解释某所学校的表现比预期优异或逊色的原因。增值只能在个别学校的层面上,作为有关学校的局部资料看待。不过随着之后考试次数的增加(例如,每学期的期末测试),如果将每次新的期末测试成绩与原来的基线测试和上一次或几次考试的增值分析进行对比,就能不断降低这种不确定性,使得增值的测算越来越准确;如果连续计入 5 次期末测试的话,增值的判断就会相当准确,在此基础上评价学校的教学效能就有较高的把握。

对班级和学生个人的增值分析也是一样的道理。

3.5.1.2 差异效益

我们也可选择制作差异效益图来描述基线测试和期末成绩的关系,其变化可以表示学校教学的效益。差异效益图显示的回归线代表所有学生及某学校整体学生的前期测验(如基线测试)与后期测验(如期末测试)成绩之间的关系。在大部分情况下,学校的回归线与整体学生的回归线非常接近;在小部分情况下,回归线可能较整体表现显著优秀或逊色。

差异效益图显示两条回归线。其中一条回归线反映参与测试的所有学校的整体表现,另一条回归线反映该校学生的表现。这两条回归线绘画范围限于该校前期测验得分的最低和最高值。图中的回归线总结了两项资料:一是本校与所有学校的比较，二是该校对在前期测验中能力较高或较低的学校的增值程度。差异效益的分析结果，大概会有以下几种类型：

A. 对不同水平的学生，不存在效益差异。此时，所有学校（图中作“全部学校”）与本校的基线测试对期末测试影响的回归线基本平行（或重合）。这种情景又可以有 T1～T3 几种情况。

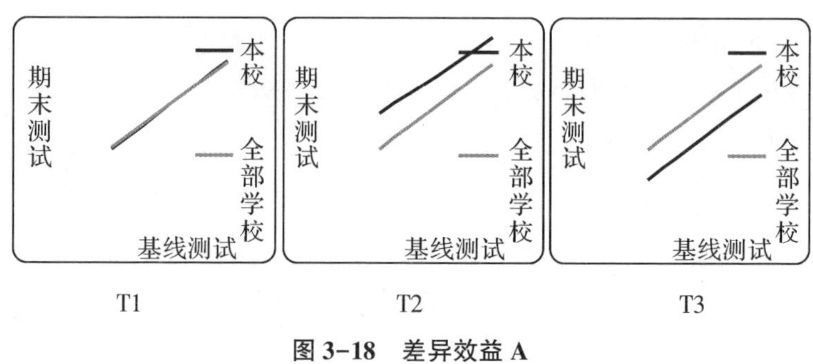

图 3-18　差异效益 A

T1～T3 中，本校回归线的斜度与全部学校回归线的斜度相比，差异并不显著，唯一的区别只是两条回归线之间的垂直距离。T1 中，两条回归线之间几乎没有距离，本校的增值接近零，表示就增值而言，处于一般水平；T2 中，本校的回归线与全部学校的回归线几乎是平行的，并位于全部学校回归线的上方，表示本校的增值属正数，增值超出一般水平；T3 中，本校的回归线与全部学校的回归线几乎是平行的，并位于全部学校回归线的下方，表示本校的增值属负数，低于一般水平。

B. 水平较高学生的效益高于水平较低学生的效益。此时，本校基线测试对期末测试影响的回归线斜率大于全部学校的。常见的有 T4～T6 几种情况。

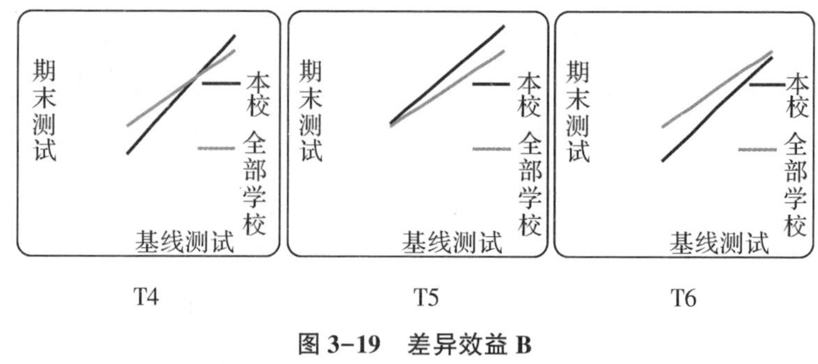

图 3-19　差异效益 B

T4～T6 中,本校的回归线明显较全部学校的回归线倾斜,表示本校能力较高的学生与全部学校能力相似的学生相比,表现明显优秀;相反,本校能力较低的学生与全部学校能力相似的学生相比,表现明显逊色。总括来说,T4～T6 三所学校有效益上的差异,但相对于全部学校而言,这三所学校具有一个共通点,就是对能力较高的学生,有较高的效益;对能力较低的学生,有较低的效益。

C. 水平较高学生的效益低于水平较低学生的效益。此时,本校基线测试对期末测试影响的回归线斜率小于全部学校的。常见的有 T7～T9 几种情况。

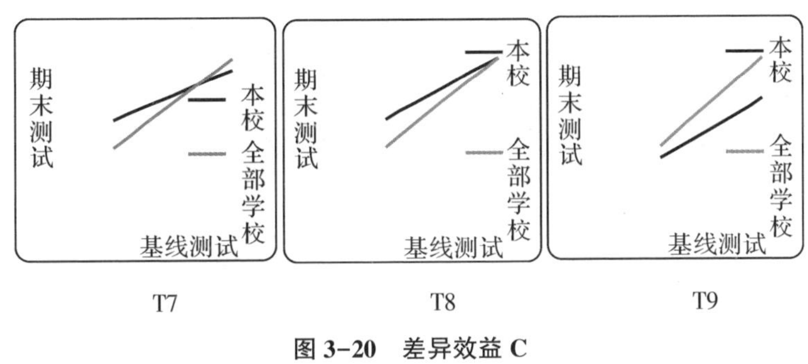

图 3-20　差异效益 C

T7～T9 中,本校的回归线明显较全部学校的回归线平缓,表示本校能力较高的学生与全部学校能力相似的学生相比,表现明显逊色;相反,本校能力较低的学生与全部学校能力相似的学生相比,表现明显优秀。总括来说,T7～T9 三所学校有效益上的差异,但相对全部学校而言,这三所学校具有一个共通点,就是对能力较高的学生,有较低的效益;对能力较低的学生,有较高的效益。

3.5.1.3 置信区间

采用统计模型(多层线性模型或回归分析模型)得到的增值具有一定的误差,统计模型可以估计误差的大小。对学校水平的增值,我们通过置信区间,利用误差线用图示的方法表示误差的范围,误差线设定在标准差正负 1.96 之间。增值加上 1.96 个标准差称为置信上限,增值减去 1.96 个标准差称为置信下限,置信下限到置信上限的范围称为置信区间。

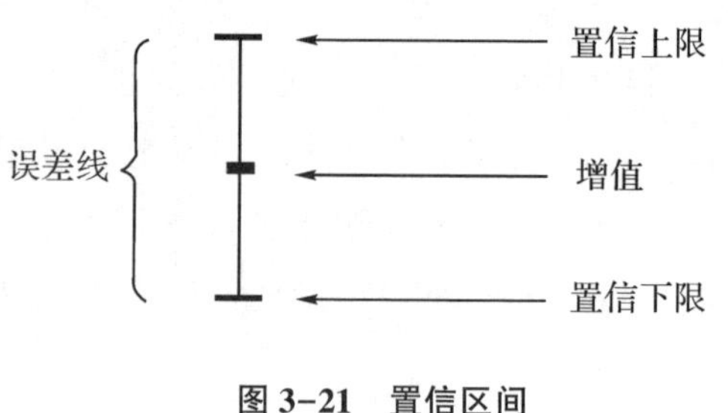

图 3-21 置信区间

根据置信区间,可以从统计上判断两所学校增值的差异是否有意义,图 3-22 中显示了 A、B 两所学校的增值及误差线。

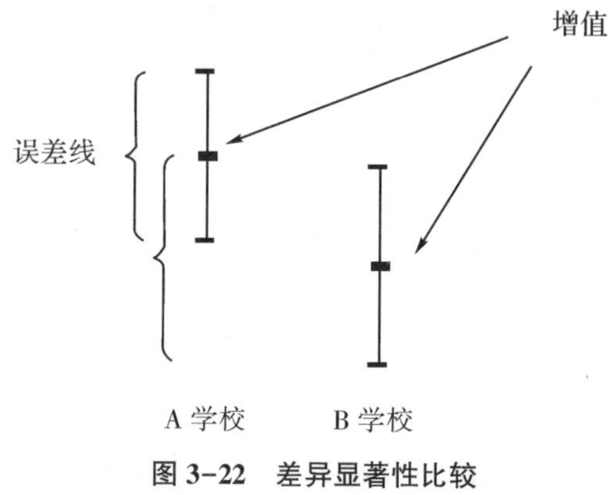

图 3-22 差异显著性比较

从图中可以看出,虽然 B 学校的增值较 A 学校低,但以两个增值为基础的误差线却有重叠现象,因此不能确定两个增值有显著差异(显著水平为 5%)。

在增值分析系统内,置信区间亦可用数值显示,置信区间的下限及上限分别称为“低”和“高”。从观察所得,当其他所有条件相当时,若学校内学生人数较少,其增值会出现较宽的误差线;相反,若学校内学生人数较多,其增值的误差线会较窄。

在比较不同科目的估计值时,必须小心。在这些情况下,由于置信区间并不是从跨科目分析所得,因此并不具有可比性,只可视作参考之用。

3.5.1.4 标准分数

标准分数又称标准 Z 分数,是描述个体在群体中相对位置高低的统计指标。具体计算公式为:

$$Z_i = \frac{X_i - \bar{X}}{S}$$

其中 X_i 是个体的原始分数，$\bar{X}$ 是所有群体（总体）的平均分，S 是总体的标准差。

标准分的意义：表示某人的原始分数在一个群体中所处的相对位置的一个量数。

转换后的标准分对应的均值为 0，标准差为 1。

采用标准分后，能克服原始分数的许多缺点，标准分的特点是：给出了个体在总体中的位置，离差（$Xi—\bar{X}$）大体反映了考生分数在总体中的位置，但离差还需用统一尺度“标准差”来衡量，离差与标准差之比，全面地反映了个体在总体中的位置。如果 $Z>0$，则考生分数在平均分之上；如果 $Z<O$，考生分数在平均分之下；如果 $Z=0$，则考生分数处在总体平均分的水平。

原始分数（X）转换成标准分（Z）是线性转换，那么标准分的分布形状与原始分的分布形状是相似的。当原始分的分布是正态分布时，标准分的分布也是正态分布的。

在标准分组中，都是以平均数为零，标准差为 1 来分组的。这对任何一个由原始分数转换来的标准分组都是成立的。这样通过标准分转换将不同科（次）考试成绩调整到同一参照点、同一分值单位，也就是说，标准分具有相同参照点和等距性，这是其最大的优点，可以对考生的考试得分进行比较，因为标准分的单位是等价的，所以各科成绩具有可加性（合总分）。

实施标准化考试后，引起误差的各个环节能够得到最大限度的控制，于是采用标准分记分。标准分的上述特点改变了原始分数的不客观性，避免了从原始分数出发主观臆断的错误。因此，利用标准分可以比较同一人在不同考试中的分数；还可以比较不同的人在同一次考试或不同次考试中的分数，同一人各科成绩可以相加。

总之，标准分克服了原始分数诸多的不足，它能公平、公正、客观、科学地对待群体中的每一成员。

3.5.1.5 预测

在分析基线测试成绩（自变量）和期末考试成绩（因变量）之间关系的基

础上,可以建立变量之间的统计模型(如回归模型或多层线性模型),并将统计模型作为预测模型,根据自变量的数量变化来计算因变量的结果,称之为预测。

下面以一元线性回归分析为例,说明预测的具体含义。在基线测试分析系统中,假如我们根据期末成绩和基线测验的分数,采用回归分析模型建立了两者之间的模型,假设所建立的模型为:

$$Y_i=b_0+b_1X_i+\varepsilon_i$$

下标 i 表示第 i 名学生,Y_i 表示成绩变量(例如某次考试得分),而 X_i 表示预测变量(例如基线测试成绩)。

利用下列方程式可计算出学生基线测试得分为 X_0 分的学生,期末成绩预测得分 $\hat{Y}_i$ 为:

$$\hat{Y}_0=b_0+b_1X_0$$

上式中 b_0 代表回归方程的截距,b_1 代表斜率。$\hat{Y}_0$ 代表基线测试得分为 X_0 分的学生,预测期末考试得分的点估计值,其估计标准误的计算公式为:

$$S_{YX}=\sqrt{\frac{\sum(Y-\hat{Y})^2}{n-2}}$$

对于预测值的每个 X_0 值,预测值 Y_0 存在一个分布,该分布的均值为 $\hat{Y}_0$,每个分布的标准差为 S_{YX}。如果对于每个 X 值,Y 的分布都是正态的,我们就可以描述标准误和正态分布的关系,则我们可以通过 X 值来预测 Y 值及其置信区间。例如,95%的置信区间的计算公式如下:

$$Y_0=\hat{Y}_0\pm1.96*S_{XY}\sqrt{1+\frac{1}{n}+\frac{(X_0-\bar{X})^2}{\sum X^2-\frac{(\sum X)^2}{n}}}$$

在实际应用中,采用标准化的预测变量(基线测试成绩)和标准化的结果变量(期末成绩)建立统计模型,再根据所建立的统计模型,将每个学生标准化的本学期期末成绩作为目前的学科能力,作为预测变量代入统计模型,可以得到每个学生下学期期末成绩的预测值以及置信区间。

3.5.2 增值分析模型

增值分析模型,就是增值分析的计算方式。

3.5.2.1 模型简介

增值分析模型,一般来说有三种。

第一种是分数差值模型。这种模型用现在分数减去先前测试的分数,得到每个学生在这一时期分数的差值,然后计算出一个班级或学校学生差值的平均数,再将这一平均数与总体差值的平均数相比,来评价一个教师或学校教育质量的高低。这一方法最主要的缺点是没能将学生真实的差值与预期的差值进行比较,也没有充分考虑教师或学校层面的一些影响因素。

第二种是简单回归模型。这一模型仅仅含有学生水平变量之间的关系,而没有包含学校层面的变量,即以学生现在时刻的成绩作为因变量,前期的成绩为自变量,计算因变量的观测值与预测值之间的残差,将残差视为学校对学生的增值,再将学生的回归残差分别聚合到教师、学校、区域层面求均值,就可以分别反映教师、学校和区域教育效能。

第三种是多水平分析模型。这是一种多层线性模型,目前在教育增值评价领域应用最为广泛,与简单回归模型类似,计算学生现在时刻的观测值与预测值的差值即为学生的增值。如果一个学生的增值显著大于零,则说明这个学生比预期做得好;如果一个学生的增值显著小于零,则说明这个学生没有达到预期的目标。通过计算一个学校所有学生增值的均值可以得出该学校的增值。如果这所学校的增值显著大于零,则说明这所学校效能超过预期水平;如果显著小于零,则没有达到预期的水平。与前两种模型不同的是,多水平分析模型可以在第二水平加入学校层面的变量,能具体反映学校层面因素对学生成绩的影响。

第一种分数差值模型是传统的平均分比较模型,进行增值评价显然不能采用。

最初的增值分析大多采用回归分析的方法计算,得到的增值可以用来调整原始成绩,以控制学生在个性特点方面的初步差异。近年来,研究人员已逐渐弃用简单回归分析模型,趋向采用多层线性模型或多水平分析模型。

多层线性模型为计算增值和与之对应的置信区间提供了有效、合理的统计方法。多层线性模型能够把影响学生成绩因素的复杂关系合理地纳入考虑范围之内。例如,随机斜率模型能够将每所学校基线测试成绩(或历史成绩)作为考试成绩预测变量的信度差异,这种差异会由于不同学校而有所变化。通过模拟这种随机变化,就可推论出差异效益,即不同能力组别的学生在效益上可能出现的差异程度。

不过回归模型和多层线性模型都存在问题,虽然二者在分数差值法上逐渐完善,但由于多水平分析模型是考虑了嵌套结构的回归,因此二者均存在以下问题:在回归分析中,需要满足较多的前提假设,如残差的方差齐性、自变量与残差独立等。残差的方差齐性意味着对不同能力水平的学生要求增值要同样多,即高水平学生的增值要与低水平学生的增值一样多。但在教育实践中,在同等的教育效能影响下,高水平学生的提升空间一般比低水平学生要小,因而其根据简单回归方法和多水平分析法得到的增值可能会低估学校对高水平学生的增值,高估学校对低水平学生的增值。也就是说,二者将回归残差视为增值的设想与实际的效能是有出入的,因而其分析结果对教育效能的解释是不合理的。此外,由于学生以前的成绩与成绩的增长不能完全独立,回归模型中的自变量与残差相互独立的假设也往往难以满足。

为解决这一困难,人们提出了学生增长百分位模型(SGP,也有译成"成长百分位模型")。其基本思想是:将学生现有分数在与其先验分数相同的学生中的百分位作为其学业增长的百分位。为了充分说明学生增长百分位模型的基本思想,图 3-23 中给出了具体的解释。在 a 图中,其横向水平两坐标轴分别为 2010 年和 2011 年学业成绩,纵向坐标轴为学生频数。假如我们需要计算某一学生先验分数(2010 年)为 600 分,而 2011 年取得 650 分的增长百分位;我们首先需要找到先验分数为 600 分的学生 2011 年的分数分布,如 b 图所示;然后找到该分布下 650 分所对应的位置(如 c 图所示),计算其小于 650 分区域所占百分比;最后,如 d 图所示,该生的增长百分位为 75%。①

① 周园,刘红云,袁建林.增值评价中学生增长百分位模型及其估计方法概述[J].教育导刊,2019(11 月上):61-67.

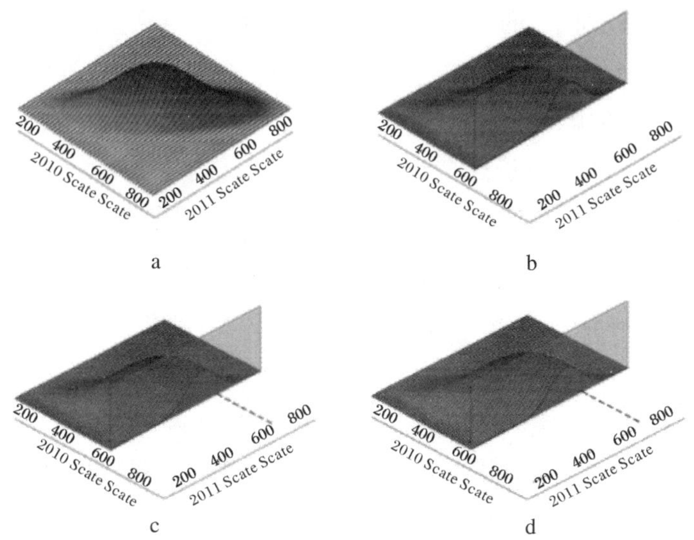

图 3-23　学生 2010 年和 2011 年分数条件分布及 SGP 计算示意

在增值分析中,根据实际数据的结构,在不进行统一考试的高中学校,由于不同高中学校期末测试分数不可比,高中的数据只涉及学校内学生的增值分析,所以每个学校的数据都采用回归分析的方法分别处理。同一个区(县)的初中期末进行统一考试,其测试具有可比性,因此,对同一个区(县)初中的数据采用多水平分析的方法估计学校水平和学生水平的增值。为了解决前两种模型存在的问题,减弱模型的假定条件,使增值思想更易于理解,教育意义的解释更加合理,则采用学生增长百分位模型。

3.5.2.2 增值模型的算法提要

回归分析模型、多层线性模型和学生增长百分位模型的基本算法。

(1)回归分析模型

$Y_i = b_0 + b_1 X_i + \varepsilon_i$　　①

下标 i 表示第 i 名学生,Y_i 表示成绩变量(例如某次考试得分),X_i 表示预测变量(例如基线测试成绩),ε_i 表示第 i 名学生的实际考试得分与预测得分的差异。

利用下列方程式可计算出学生的预测得分 $\hat{Y}_i$:

$\hat{Y}_i = b_0 + b_1 X_i$　　②

上式中的 $\hat{Y}_i$ 代表第 i 名学生的预测考试得分,b_0 代表回归方程的截距,

b_1 代表斜率。上式代表的模型固定部分未能预测出这个差异,故称这差异为“残差”,表示了学生水平的增值。

(2)多层线性模型

多层线性模型是分析嵌套数据(学生嵌套与学校)时常采用的分析方法,可以通过对回归分析模型①改写得到简易的多层模型:

$Y_{ij}=b_0+b_1X_{ij}+(u_j+e_{ij})$ ③

方程式中下标 i 和 j 分别代表学生和学生就读的学校。其中最重要的特点是 u_j 项,代表了第 j 所学校平均水平与整体平均值的差异。这称为第二层面增值。

由于方程式③有两个增值(第二层面学校增值及第一层面学生增值),因此称为多层模型。此外,必须透过估计第二层面的增值,才能计算第二水平(学校)增值。

在多层线性模型中,可以通过随机斜率模型考查学校间基线测试成绩对期末成绩影响的差异。可以根据学校间斜率的差异推论出差异效益,即学校不同组别的学生(如能力高或能力低的学生)在效益上可能出现的差异程度。

以下是学校增值数据分析中,用于计算增值的多层模型公式:

学生实际成绩=学生预测成绩+(学校增值+学生增值)

随机斜率模型可以表示为:

$Y_{ij}=b_0+b_1X_{1ij}+(u_{0j}+u_{1j}X_{1ij}+e_{ij})$

其中:Y_{ij} 表示第 j 个学校内第 i 个学生的期末成绩;b_0 表示调整了控制变量影响后,因变量的平均值;b_1 表示控制变量(基线能力)对期末成绩的平均影响(斜率);u_{0j} 表示学校在期末成绩上的差异程度;u_{1j} 表示学校在斜率(基线能力对期末成绩的影响)上的差异程度;e_{ij} 表示第 j 学校内学生 i 的增值,显示不能由控制变量解释的学生层面变异。

(3)学生增长百分位模型

在学业测试中,可根据成绩将全体学生划分为若干个学业水平相似的学生群体,Betebenner(美国,2009,学生成长百分位模型的提出者)将这样的学生群体定义为“学业伙伴(academic peer)”。学生成长百分位模型(也称为学生成长百分等级模型,有的时候运用“等级”这个词比“位”这个词更易于理解,所以有的文献中也混用)通过整合学生多次测验数据,计算每个学生在学业伙伴中相对位置的变化,以此来衡量学生的进步程度。与基于单次测验计算的百分位数不同,学生成长百分等级是在前期学业水平条件下计算的百分位数。例如,学生 A 与其他 9 名同学的中考成绩均为 500 分,则将他们 10 人看作“学业伙伴”。收集这 10 个学生的高考成绩并进行排序后发现,学生 A 排名第 3,超过了 70%的学生,他的成长百分等级为 70,通过 3 年的学习,学生 A 与曾经学业水平相当的伙伴相比,获得了更大的进步。该模型在分位数回归的基础上,对学生多次测验成绩进行分析,模型假设与考生前期学业水平相当的学业伙伴在当前学业测试中所得分数呈正态分布,因此也被称为正态模型。常规的线性回归基于最小二乘法进行分析,存在线性假设和方差齐性假设,但分位数回归不包含上述强假设,能够克服最小二乘法易受极端值影响、随机误差方法不恒定等问题。与线性回归仅能求出一条回归曲线不同,分位数回归模型能够根据所关注的不同的分位数,拟合每条分位数的回归曲线,其计算公式为:

$$Q_y(\tau|x)= \operatorname{argmin}\sum_{i=1}^{n}\rho_\tau(y_i-x_i'\beta)$$

其中:τ 表示某一百分位数,取值范围为 0.01~0.99, 每 0.01 为一个单位;y 表示再测成绩;x 表示初测成绩;β 表示回归系数;i 表示第 i 个样本;ρ_τ 表示分段线性损失函数,其计算公式为:

$$\rho_\tau(u)=u[\tau-I(u<0)]=\begin{cases}u\cdot\tau, u\geqslant 0\\ u\cdot(\tau-1), u<0\end{cases}$$

通过这种方式可以得到 99 个分位数回归方程,并计算每一个学生的 SGP 等级,其数值范围为 1~99。一般认为,如果 SGP 等级高于 50,则表明这个学生在学业成绩上获得了进步;反之,如果 SGP 等级低于 50,则表明这个学生在一段时间以来的学习中存在一定问题,进步程度较低。

使用 SGP 模型进行计算需要较大样本量,一般要求在 5000 人以上。如果样本量太小,根据学业伙伴获得的 SGP 等级就会不稳定。使用该模型评价学校效能时,将每所学校所有学生 SGP 等级的中位数(median student growth percentile, mSGP)作为指标,受异常值的影响较小。2015 年,美国学术机构调研显示,美国共有 19 个州使用该模型进行增值评价。美国科罗拉多州教育厅最初将该模型应用到增值评价中,并以 35 分、65 分为判断标准:

学校 mSGP 低于 35 分,则视为进步程度较低;在 35~65 分之间,则视为进步程度符合预期;高于 65 分,则视为进步程度较高。①

在处理实际教育评价中的数据时,学生成长百分等级模型具有明显的优势,主要表现在以下四个方面:

一是便于理解。由于将每个学生的比较对象限制在同类学生群体中,结果数据指向明确,意义清楚,便于认识个体或群体学业水平的发展变化情况;同时,学生成长百分等级概念简单,容易被学生、教师等理解。

二是促进公平。使用该模型能够较为公平地评价起点不同学生的进步程度。每个学生都与各自的学业伙伴进行比较,计算出的进步程度均被统一到 1~99 的 SGP 量尺下,成长数据可以在统一的框架下进行解释。这一变化突破了传统方法对起点不同学生进步情况难以直接比较的困境,克服了依据位次变化评价时存在"天花板"或"地板"效应的尴尬局面,保证了评价的相对公平。

三是易于实施。该模型受极端值和异常值影响较小。无论学生处于何种位置,均可使用该模型估计出其进步程度。SGP 的计算方法中,初测成绩仅起条件作用,在实际操作中并不需要使用垂直等值设计的测验工具,因此,操作相对简便易行。

四是能实现对个体和群体的评价。学生成长百分等级模型既可以对个体进行评价,也可以对教师和学校等群体进行评价。

学生成长百分等级模型简单直观,对处理追踪类数据适用面较广,在美国,50%以上的州均采用 SGP 模型来对学生个体或群体的教育效能进行测量,具有较大的研究和应用价值。而对评价的结果也需要妥善看待:一方面,要肯定学生成长百分等级模型在学校效能评价中的科学性与必要性。在学校层面,每所学校在区域内的中高考成绩排名与增值分析排名之间会存在一定的差异,这反映了增值评价的意义与价值。基于这种方式评价学校效能,旨在对终结性评价进行补充,助力区域和学校转变评价观念,重新审视一段时间内的教育教学成果。另一方面,也要结合学校的其他指标来进行阶段性教育、教学成果的综合性评价,做到及时反馈、充分解释、合理决策,实现对学生、教师及学校的全面客观评价。

---

① 王帅鸣,姚守梅,王梦等.基于成长百分等级模型开展增值评价的实证研究[J].中国考试,2020(9):46-51.

第四章　增值评价的实践

增值评价的实践指的是在教育教学的实践中应用增值评价系统，即在教学实践中以增值评价作为教学评价的工具。十多年来，增值评价的实践应用越来越广泛，许多省、市、区、学校创造性地应用增值评价解决教学评价中存在的问题，极大地促进了增值评价的发展。本章列举一些实践案例，从中可见增值评价的发展过程。

4.1 省域实践

2013 年 9 月起，辽宁省连续开展了省级层面的基础教育质量监测工作(每次周期为 3 年，截止到 2018 年)。监测内容包括语文、数学、英语学科和认知能力以及影响学业质量的 14 个领域的相关因素，监测范围涵盖初级中学 779 所，占全省初级中学学校总数的 48%。辽宁省基础教育质量监测与评价中心在具体负责实施这一大规模基础教育质量监测工作的基础上，开展了以"增值评价"理念为内核的区域初级中学教育发展质量评价实践研究，从而逐步落实国家关于开展教育质量综合评价改革的要求。

区域初级中学教育发展质量评价与学校传统考试评价有机结合，被省内越来越多的市、地区用于评价学校教育质量的提升，单一地以学生学业考试成绩和学校升学率评价学校教育质量的局面得到改观。同时，对评价内容和关键性指标进行分析诊断所形成的各级增值评价起点报告、差异分析报告、综合指数报告和区域教育质量发展报告，切实为教育管理方式的转变提供准确的依据，为教育教学的改进提供更为全面的参考。①

① 姚俊、王守明主编，辽宁省增值评价 2013 级起点报告；辽宁省增值评价 2014 级起点报告；辽宁省增值评价 2015 级起点报告. 沈阳：辽海出版社，2017；姚俊主编，2017 辽宁省义务教育发展质量报告(增值评价部分). 大连：辽宁师范大学出版社，2018[按全省 14 个市的义务教育发展质量报告(增值评价报告)作为分册]；姚俊. 增值评价助力提升教育质量[J]. 辽宁教育，2018(2)：01；张枫红. 建设区域评价体系推进公平与质量落实落地[J]. 辽宁教育，2018(10)：24-26.

4.1.1 教育发展质量评价助力教育决策的改进、教学指导的反馈和全面育人环境的营造

(1)教育发展质量评价用于改进教育管理

教育行政部门通常会将该评价结果(数据)作为优化管理的重要参考和依据,以便及时调整政策、优化决策、完善教育资源配置等。

①主要用于检验教育政策法规落实情况,调整政策法规制定。例如:2016年年底,辽宁省教育厅相继印发了《辽宁省全面深化义务教育课程改革的指导意见》《辽宁省义务教育课程设置方案(2016年修订)》。在文件制定过程中,“改什么”和“怎么改”等关键问题解决的部分依据,就是来自区域教育发展质量评价结果(数据)。

②主要用于把握现实情况,优化相关教育决策。例如:2013级学生增值评价结果显示,某市某区教育发展质量呈现低起点负增值水平。为改善这种状况,区政府决定将2017年列为全区教育质量提升年,并拨付专款1000万元用于保障落实。区教育局根据各校增值情况,对全区学校的领导班子进行调整,并相继开展了教学提质活动(在其后的两年中教学质量得到切实的提高)。

(2)教育发展质量评价用于改进学校教学

学校一般将评价结果(数据)与教育教学紧密结合起来,重在对问题的诊断、解决和引导教学质量提升等。

①主要用于诊断问题,调整教学策略。例如:沈阳市某区细致分析了2013级学生九年级下学期的阶段性增值报告,根据区教研部门和质量监测部门诊断出的教学共性问题,调整了中考备考指导策略,并明确要求各初中学校以数据为依托反思改进,修正学校备考方案。

②主要用于评价教学效能,引导学校改进教学方式。阜新市某区根据2016年区域教育质量发展报告中所反映的入学起点处于低水平的学生在中考中仍有80%的学生保留在低水平,且这部分学生呈现负增值的情况,责成教研部门指导学校就提升低水平学生教学效能的教学方式展开专题研讨,并逐步尝试进行分层教学、分级作业等方面的整改,效果显著。

4.1.2 教育发展质量评价改变了单纯强调结果而忽视进步程度的做法

6年来,区域教育质量发展评价工作的逐步推进,学校的进步和努力程度逐渐成为衡量学校绩效和教育质量发展的主要指标。学校考试升学率和

增值幅度的有机结合,被越来越多的市、地区用于评价学校教育质量的提升,教育评价“唯分数独大”的局面得到改观。同时,对评价内容和关键性指标进行分析诊断所形成的各级增值评价起点报告、差异分析报告、综合指数报告和区域教育质量发展报告,切实为教育管理方式的转变提供准确的依据,为教育教学的改进提供更为全面的参考。

4.1.3 教育发展质量评价开启了基于数据驱动教育教学改革的良好局面

注重全面客观地收集信息,根据数据和事实进行分析判断,改变过去主要依靠经验和观察进行评价,是辽宁省大力推动教育评价改革的重要举措。基于学科成绩、认知能力和影响学生发展的内、外部因素等数据,分析、挖掘问题及成因,协同教育管理部门、监测评价和教研等专业部门,开展研讨、诊断,从而提出教育教学改进策略或意见的做法,业已成为辽宁省初中教育教学改革的新常态。

【评说】教育发展质量评价有效地解决了评价过程中公平公正缺失的问题,充分肯定了学校和教师的教育教学努力和学生的发展程度;有效地解决了调节作用缺失问题,促进学校改进教学方式;解决了客观性缺失和发展性缺失的问题,更好地诊断问题、调整教学策略,促进学校教育教学工作的全面改进;解决了全程性缺失和多元性缺失的问题,助力教育决策的改进、教学指导的反馈和全面育人环境的营造,使辽宁省的教育教学得到更好的发展。

4.2 市域实践

在全市范围内以增值评价进行教学评价,这样的应用比较多。

4.2.1 增值评价的意义和做法①

2017 年 9 月,内蒙古自治区包头市引入增值评价系统,已经启动 2017 级和 2018 级两轮次增值评价工作,涉及参测学校 30 所、监测学生 26000 多人,采集校长及教师问卷信息 3000 多人次,形成市校两级数据报告 120 份,对发挥增值评价的导向、诊断、改进、激励功能,推动学校基于数据思考问题、运用评价结果改进教育教学提供了比较多样的数据支撑。具体运用效果如下。

---

① 朱艳阳. 起点报告在增值评价中的重要性[J]. 内蒙古教育,2019(4):32-35;吴秀玲. 启动普通高中增值评价项目的意图与做法[J]. 内蒙古教育,2018(4):18-19.

第一，构成全市高中的一个完整的数据诊断系统。

第二，形成正确的教学评价观——“看起点，比进步”，紧盯中间环节这个变量。相对于“看入口，比出口”的终结性评价，增值评价不仅看结果，更关注过程，充分发挥高一下学期至高三上学期 4 个阶段性增值报告的数据诊断分析功能，学校和教师通过阶段与阶段、阶段与起点的增值数据比较，直观地看到每学期的学科发展状况和进步幅度，及时调整教学策略，从而使中间环节这个变量最大限度地变为增量。

第三，教师开始关注学习者背景因素对学业成绩的影响。起点报告中呈现的来自学生、教师、校长调查问卷的学业成绩相关因素分析，为引导学校、教师形成科学的质量观和教育观，促进学生全面发展，提高学业成绩提供不同维度的思考视角和抓手。

第四，阶段增值数据让学校看到了办学效能，感受到了差距和压力。目前，2017 级已经形成两个阶段增值报告，各学校的阶段增值表现一目了然。特别是起点较低的学校教师，看到自己一些学科成绩实现了阶段正增值，甚至个别学科增值空间超过了高起点、优质生源学校，立刻就有了自信，感觉到是对自己努力程度的认可。反之，一些学校或部分学科的增值表现不尽人意，就会迫使学校和教师思考问题所在，改变教学策略。

【评说】增值评价系统使有关人士转变了评价观念，更注重学生的全面发展，关注教学效能，关注教师和学校的发展，这正是发展性评价的本意。

4.2.2 对学习背景分析的实践应用

一位实践研究者对运用学习者背景分析的结果有以下体会：①

第一，以动态、发展的视角看待数据。

有些调查的影响因素是教育过程中常见的，比如：学习压力、学习动机、同伴关系等，但这些因素所得分值和学业成绩并不是线性相关关系。例如，并非压力越小、动机越强对学业成绩就越好，需要教育工作者从动态、发展的角度去具体分析。学习压力过小时，学习压力和学习表现成正相关，当压力适当时可以达到学习状态的最高峰；学习压力过大时，学习表现开始逐渐降低，学习者会进入疲劳甚至耗竭，直至崩溃的状态。

学习动机对学习效率的影响也不可低估。动机水平过高和过低都会影

① 赵晶婕. 增值评价报告中“学习者背景分析”数据的理解[J]. 内蒙古教育，2019(2)：6-8.

响学习效率;中等程度的动机更容易获得好成绩。另外,不同难度的任务下,动机的最佳水平也不同。做高难度任务,较低水平的动机更容易获得好成绩;做容易或简单的任务时,动机的最佳水平较高;在难易适中的任务中,学生动机也保持适中的动机状态,更容易获得好成绩。所以,教师在面对学生的这类数据时,要结合具体问题进行具体分析,科学合理地看待数据所反映出的问题。

第二,从人文的视角解析数据。

校园是由人组成的,教育教学活动最重要的因素是学生个体。当从人文的视角去审视教育教学,那些与人的情感、意志相关的因素就显得尤为重要了。在学校中,同伴关系、师生关系等与教学设置、教学研究相比,往往不被教育者重视。然而,大量的研究证明,这些极具人文特性的因素(如:同伴关系、师生关系、学习适应、心理健康、学校环境、品德行为)极大地制约着学业成就和学生的受教育情况。例如,学校环境因素包含学校硬件和软件两个方面,校园文化作为学校环境的“软件”,其宣传导向、学校的校风学风、整体文化氛围极大地影响着学生价值观的塑造和学生身份的自我认同以及学生对学校归属感的建立。学生不但生活在自然环境中,还生活在与人结成的多种多样的社会关系中。此外,作为学生时期最重要的社会关系,师生关系对学生的学习过程和结果起着重要的作用。大量学者在研究中发现,消极的师生关系容易造成学生学业倦怠,而积极的师生关系对学生的学习效能有积极影响,两者成正相关。另外,师生关系对学生的学习动机和心理健康都有非常重要的影响。因此,学习背景分析中那些关于“人”“人与人”“人与环境”的因素就尤应得到重视。在实际的教学中,我们经常能发现,有时无论怎么紧抓教学,学生的成绩就是不能得到提高。如果这时借助增值评价问卷中的数据,从人文的视角出发,关注教育过程中“人”的因素,很可能立刻就能找到困囿成绩提高的瓶颈所在。

第三,基于促进学生完善人格和终身发展的教育观分析数据。

在学习者背景分析中,含有 5 个人格因素:情绪稳定性、外倾性、认真自控、智能特征、亲社会性。人格特质是一种相对稳定不易改变的心理因素,完善的人格影响学生价值观念的形成和良好品行的塑造。此外,一个能够终身学习发展的个人,其人格因素一定起着积极的助推作用。同时,学习知识的过程亦是人格塑造的过程。在解读增值评价数据的过程中,教育者应立足于更加接近教育目标和核心的出发点——促进学生塑造完善人格和终身发展。

关注学生人格方面的发展情况,可以帮助教育者找到外显学习方法及学习过程中出现问题的深层原因,辅助教育者进行教育教学,改进教学方法和教学策略,促进学生形成完善的人格,成长为一个具备终身学习能力、具有竞争力的人。

4.2.3 基于数据的教育质量改进路径——某市增值评价的实践

总的路径:充分利用增值评价报告的数据,发现教育教学中存在的真实问题,就问题的解决设计研究项目和教研课题,并就此展开行动研究,在行动中改进教育教学,达到解决问题提高质量的目标。

具体做法:每届学生在高中阶段共进行1次基线测试、2次问卷调查、8次增值分析。高一新生在秋季入学后首先进行1次基线测试,采集学生中考成绩结合认知能力测试和问卷调查,为本市及各校出具高一新生入学后的起点报告;然后分别在高一至高三每学期末采集期末成绩进行过程性的增值分析,高二下学期再进行一次问卷调查采集与学业相关的非认知因素,在高三下学期,连续采集高三模考及高考成绩深入进行增值分析;在高考结束后,快速进行高中阶段的整体分析,为高中阶段的教育发展提供决策依据。

第一步:发现并解决问题。

基于数据指的就是基于基线测试、起点报告(包括非认知因素与学业成就的相关分析的差异报告)、增值分析报告中产生的大量数据。

(1)利用数据发现问题

可以利用的数据来自《本市普通高中学校学业增值评价报告》和《本市普通高中学校增值评价学生起点成绩报告》(其中包括了差异分析报告),在前者中,发现学校班级学生的学业成就增值的差异,自然引出“为什么会产生这样的差异”的问题。要解决这个问题,一方面是在基线测试成绩中探讨学生原来的学业基础,探讨“怎样对学业基础不同的学生进行恰当的教育教学,促使其提升学业成就”的问题;另一方面是在增值分析中深入探讨学校、班级乃至学生的增值情况,引出“具体的增值差异在学生群体中有怎样的表现”的问题;然后利用后者,提出“学生学业成就的增值差异与学习背景因素有怎样的相关性”这一问题,进而具体分析产生增值差异的重要相关因素。

由增值评价分析数据发现问题。学生入学的中考成绩算作增值评价的基线测试成绩,在此基础上,通过对所有学生的平均成绩及认知能力进行基线测试表现出来的学习能力,预测未来考试的成绩。将下一次考试成绩与前面做的预期相比较,高于预期的是正增值,正好符合预期的是零增值(平均增值),没有达到预期的是负增值。

例如一次增值测试后,结果中考总分(这里只说理科)高于全市平均分的15所学校中,有5所总分表现为正增值,9所表现为零(平均)增值,1所表现为负增值;中考总分低于全市平均分的20所学校中,有9所总分表现为平均增值,11所表现为负增值。这样自然就可以提出问题:对于负增值的学校,为什么会产生负增值?本校出现负增值的原因是什么?落实到班级甚至学生,可以提出进一步的问题:学生基础学业成绩对成绩增值有什么影响?学习影响因素对学习成绩有什么影响?怎样提高学校的教育教学质量,才能促使学生的学业成绩不断得到提高?正增值学校为什么会产生正增值?怎样保持学生学业成绩的不断提高,即保持住正增值的成果?对于零增值的学校也存在总结经验努力前进的问题。

(2)针对问题进行行动研究

前面由增值评价数据产生的所有问题都可以作为教学研究的课题进行深入的研究。

①探讨增值与基础学习成绩的关联

针对"本校产生负增值的原因是什么"及进一步的问题,有的学校对基础学业成绩(中考成绩)与成绩增值的关系进行了研究。虽然增值评价是在学生原有的基础上进行的发展性评价,考察的是学生学习的发展情况,但这是一般的情况。在本校入学新生的特殊情况下,基础学业成绩参差不齐往往引起教学中出现一致性要求与学生特点不符合的问题,导致一些学生的发展明显低于预期。就增值测试来看,这种情况占有相当大的比例,因而影响了学生学习成绩的提高。可以通过分层教学来解决,按照学生的中考成绩总分进行分层教学,通过不同的教学方式使所有的学生都得到提高;但经过校内的实践测试,效果并不理想,于是进一步深入研究。有的教师发现,学生一个学科较差而另一个学科学得不错的情况还是很普遍的,于是修改方案,按学科成绩来定层次。这样做的结果虽然带来了教学管理上的困难,但显著提高了教学质量。在下一次增值评价测试中,该校的一些学科就达到了平均增值,最后达到了高增值(这种"问题—研究—方案—实践—再研究—新方案—实践……解决问题”的工作就是行动研究)。这种分层教学层次划分的基础更加数据化,操作性也更强。虽然随着新高考的实施,学校的教学班显著增多,某一个学科分层教学的安排确有困难,但有的学校还是对负增值比较明显的学科采用了分层教学的方式,收到了很好的效果。

②探讨增值与影响学习因素的关联

学习影响因素对学生学习成绩的影响也构成一个研究课题。有的学校对学生学习的影响因素进行了分类:学校可以控制调节的为一类,其他为另一类。例如学生的自我期望程度是与学业成就有显著关系的影响因素,特别对数学学习成绩影响更大。自我期望本来是学生的自我意识,但有的教师认为这是可以改变的,进行理想教育,使学生树立远大的理想,树立正确的发展价值观,学生就会自觉地提升自我期望程度。学生的作业时间和课外阅读量也是与成绩有显著关系的影响因素,学校对此也可以做调整,以达到最有利于学生学习的状态。此外,学校开设体育、美育和综合实践课程与学生其他学科的学习成绩也有显著的相关性,努力按照课程方案开全、开齐、开好这些课程,将促进学生学习成绩的提高。有的学校在这些学校可调节的因素上做了有利于学生学习的调整,促进了学生学业的提升。

但是增值分析发现,对于那些即便做了上述调整,有些学生学业的提升并不显著,这是不是还有重要的学习影响因素没有考虑到呢?研究发现,学生的学习适应情况、学习策略、学习动机、学习效能感和问题解决能力都是与学业成绩有显著关联的因素,这些因素的改善也是提高学业成绩的重要路径。当然,并不是每个学生在所有的方面都有欠缺,每个学生存在的问题都有自己的个性化原因,这就需要针对不同的学生采取不同的方式,而自我期望、课外阅读、体育、美育课程的正向影响也都是体现学生个性特点的因素。因此,对学生学习影响因素的调控必须考虑到学生的个体因素。这一研究使学校和教师深刻地领悟到,从学生学习的影响因素入手来改进学生的学习、提高学业质量,关键在于根据学生的具体情况进行教育教学。于是提出班主任与科任教师密切协作,考虑所教的每一个学生由增值评价、特别是与个性因素相结合的起点报告数据所表现出来的问题,有计划地加以改善。经过长期坚持,教师们持续努力,教学质量有了极大的改善,学生的学业成绩有了很大的提高。当然,也有的班级某些学科成绩提高不明显,还需要进一步研究。

这里“问题—研究—方案 1—实施—问题—研究—方案 2—实施—问

题—研究……”也是一个行动研究的过程。

③关注具体情况

学校非常重视本校的增值情况，负增值学校寻找产生负增值的原因并力图改进；正增值学校则总结正增值的原因以利于保持增长势头，促进学生的学习再上新高；零增值学校也在探索自己没有产生正增值的原因。有的总分负增值的学校进一步考虑本校某些学科某些班级和学生的正增值情况，这些正增值的经验特别重要，因为同环境下的榜样有更好的教育意义；有的总分正增值的学校认真考虑本校某些学科某些班级、学生个人负增值的情况，认真帮助改进，以期学校教学质量的整体提高；有的零增值的学校则认真考察上述两种情况，采取对策，促进全校的发展。每个学校在处理正负增值情况时，也都分别经历了“研究—行动”的过程，有些取得了很好的效果。

④注重因材施教

前两个行动研究过程，都运用了增值评价分析、起点报告和问卷分析的数据，针对具体的学校、具体的班级特别是学生个体的具体情况进行了教学改进，这种关注学校班级、特别是学生个性差异的教学就是因材施教。

因材施教是最基本的教学原则。《国家中长期教育改革和发展规划纲要(2010—2020年)》指出：“注重因材施教。关注学生不同特点和个性差异，发展每一个学生的优势潜能。推进分层教学、走班制、学分制、导师制等教学管理制度改革。建立学习困难学生的帮助机制。改进优异学生培养方式，在跳级、转学、转换专业以及选修更高学段课程等方面给予支持和指导。健全公开、平等、竞争、择优的选拔方式，改进中学生升学推荐办法，创新研究生培养方法。探索高中阶段、高等学校拔尖学生培养模式。”

前两个行动研究之所以取得效果就在于落实“关注学生不同特点和个性差异，发展每一个学生的优势潜能。推进分层教学、走班制、学分制、导师制等教学管理制度改革。建立学习困难学生的帮助机制”。其实从因材施教教学原则的角度，还可以把这两个行动研究的方案结合起来，同时关注学生基础成绩的差异、学习影响因素的差异和校内班内具体情况，运用一个完整的行动研究方案解决提高教学质量进而提升学生学业成绩的问题。运用增值评价系统为准确把握每个学生的不同特点和个性差异提供了可能，但只有借助数据工具，才能实现真正意义上的因材施教，因为通过数据分析，可以对“材”进行准确的判定,“施教”时才有针对性。

第二步:实效与展望。

(1)成果及原因

多年增值评价取得的实效,可以概括为以下四点:转变观念,营造绿色教育生态环境;数据诊断,建立科学的质量发展路径;协同推进,强化评价结果有效应用;运用数据,不断提升学业质量水平。取得以上实效的原因如下。

首先,教育行政部门全力落实教育部印发的《关于推进中小学教育质量综合评价改革的意见》中指出的“基本建立体现素质教育要求、以学生发展为核心、科学多元的中小学教育质量评价制度,切实扭转单纯以学生学业考试成绩和学校升学率评价中小学教育质量的倾向,促进学生全面发展、健康成长”“将形成性评价与终结性评价相结合,注重考查学生进步的程度和学校的努力程度,改变单纯强调结果不关注发展变化的做法”。运用评价工具促进教学变革,为落实立德树人根本任务做出自己的努力。增值评价正好就是“不单纯以学生学业考试成绩和学校升学率评价学校,注重考查学生进步程度和学校努力程度”的评价方式,市教育行政部门支持推动学校对增值评价进行积极探索,符合 2020 年中共中央、国务院印发的《深化新时代教育评价改革总体方案》中明确提出的“改进结果评价,强化过程评价,探索增值评价,健全综合评价,扭转唯升学、唯分数的错误导向”的要求。

其次,教育教学研究部门在增值评价系统使用过程中所做的理论与实践的指导,保证了各学校的增值评价系统用得上、用得好,出现问题能够及时解决,对创新性工作予以支持,特别是各个学科的教研员为学校顺利使用增值评价系统做了大量细致的工作。

再次,学校的数据使用创新是增值评价取得实效的关键性环节。一些学校把增值评价纳入学校的日常教学管理,创造性地运用增值评价的数据改进本校的教学,不断提升学生的学业质量水平,丰富学校的管理方式,促进教师的专业发展和学生对自己学习的影响因素的关注。

最后,教师能够对增值评价的结果自觉运用。学校教师是运用增值评价数据改进教学的主体,正是由于教师们的创造性工作,才有可能开展行动研究,促进教育教学质量和学生学业水平的不断提高。学生学习自主性和能动性的提升是学业成绩提高的关键。

可见,教研员教研水平和教学指导能力的不断提升、学校专业管理水平、教师专业发展水平与学生的成绩提高，也是增值评价系统运用的实际成果。

（2）工作展望

要遵循《深化新时代教育评价改革总体方案》的"改进结果评价，强化过程评价，探索增值评价，健全综合评价，扭转唯升学、唯分数的错误导向"的要求，进一步做好增值评价的工作，运用增值评价改进结果评价，强化过程评价，促进学校、教师、学生的全面发展，为落实立德树人根本任务而努力。需要更进一步落实因材施教的原则，做到精确化、个性化、专业化。

精确化指的是运用数据对学生个性特点的描述尽可能精确化，使得教师能够精准发现学生实际存在的问题。要做到这一点，需要向两个方向努力：其一，加强增值评价系统的维护，保证其顺畅运行；其二，加强测试题的精确指向，保证测试与教学目标和教学内容的精确对接，保持教学目标教学评价的一致性。

个性化指的是对学校、班级特别是对学生成绩、学习因素的分析和指导应针对其个性特点，即"教学个人化"，这样才是真正做到了因材施教，使每所学校、每个班级和每个学生在自己的基础上得到发展，这是增值评价的本意所在。

专业化指教师专业水平的不断提高。其实，教学的精确化和个性化就体现着教师的专业水平，例如编订试题的精确性、确定学生个性特点的准确程度、对学生进行指导的有效程度等，无一不是专业水平的表现。开展教师培训是提高专业水平的有效途径。

精确化、个性化、专业化是当代教育取得突破性进展的三大方向，以增值评价为抓手，可全面促进市域教育精确、个性、专业的发展。

4.3 区（县）域实践

区或者县域运用增值评价的例子比较多，以下选择几个典型的案例。

4.3.1 增长百分位模型的运用

对北京某区初中学生增值评价的实证研究。[①]

---

① 王帅鸣，姚守梅，王梦等．基于成长百分等级模型开展增值评价的实证研究［J］．中国考试，2020（9）：46-51.

(1)基本状况

本研究数据采集于北京市某区,选取区域内2018届和2019届初三毕业生作为样本。这些学生参加了中考,同时在初一入学时参加了七年级基线测试。为保证分析有效性并能进行跨年一致性比较,选取两届学生人数均在20名以上的学校的数据,最终选取66所初级中学,其中2018届学生共计10 471名,2019届学生共计10 824名。

本研究选取每个学生七年级入学一个月内参与全区统一摸底考试所得成绩作为基线测试成绩。该考试依托该区开展的学业水平监测项目,依据义务教育课程标准和教育质量综合评价指标体系构建各学科测验,由中学教研员和骨干教师共同研讨命制试卷,由一线教师联合完成阅卷工作。选取每个学生在九年级期末参与的全市学业水平考试所获得的中考成绩作为再测成绩,构建增值评价模型,包括语文、数学、英语单科成绩及三科总成绩。

(2)研究结果

①学生层面

学生最终的增值表现与基线测试成绩并不相关;语文、数学、英语三科的SGP等级两两之间均存在显著的正相关,各学科SGP等级与总分SGP等级之间均存在显著的正相关,其中数学与总分的相关系数最高,表明数学的进步有可能带动整体学业表现提升。

②学校层面

三科及总分的mSGP等级与基线平均成绩之间存在显著的正相关,与学生层面分析结果不同。说明在学校层面上,起始平均成绩较好的学校,更有可能为学生赋能,获得更大进步。对每所学校而言,各学科增值表现较为近似,跨学科一致性较高。对每所学校而言,各学科增值表现的跨年一致性较高。

③学校个案

2018届学生所属学校mSGP等级与2019届学生所属学校mSGP等级在数量与排名上均存在不同幅度的波动。依据美国科罗拉多州教育厅的相关标准对学校增值类型进行切分,发现在两届学生数据中仅3所学校始终保持高增值水平,7所学校保持低增值水平,18所学校的增值类型发生变化,占样本校整体的27.3%。

④模型特点

成长百分等级模型兼具常模参照与标准参照特点。成长百分等级模型仍采用常模参照方式,但排除前期学业水平因素的影响,将计算学生进步程度的群体范围限定在与该学生水平相当的学业伙伴中,将进步程度限定在1~99的SGP量尺中。每个学生的SGP等级都有实际意义,既能反映学生取得了多大程度的进步,也能对不同学生的进步程度进行比较。此外,教育行政部门可依据区域的实际情况设定进步程度的判定标准,界定学生或学校所属的增值类型,使成长百分等级模型兼具标准参照的特点,从多方面保障评价的公平性。

更合理地评判学校增值有利于基于证据改进教学。在学校层面,每所学校在全区的中考成绩排名与增值分析排名之间存在一定的差异,反映了增值评价的意义与价值。基于这种方式评价学校效能,旨在对终结性评价进行补充,助力学校转变评价观念,重新审视一段时间内的教育教学成果。本研究仅使用两次测试成绩作为数据来源,若增加过程性测试数据,则能够提供更多的有效信息。学校可以针对不同学科、不同时段学生总体进步表现及分布形态反思教育教学,也可以进一步分析不同群体之间是否存在差异等问题,以便对学生群体或个体进行针对性、个性化指导,基于数据改进教学。

学校增值一致性与稳定性存在波动,仍需结合其他证据综合评价。

4.3.2 利用区域教育质量监控数据与信息,对各校的效能做增值评价

以武汉市H区的初中实证数据为例①。

(1)基本情况

以武汉市H区2012届初中毕业生为研究对象(25所初中的111个班级,合计4523名学生),收集了他们在初中三年中6次统考(含2012年6月中考)的成绩数据。通过专门的数据连接软件,将所有学生的历次考试成绩连接起来,形成了极为理想的学生纵向成绩数据库。在数据分析中,我们运用了国际上通用的学校效能评价建模方法——多水平分析模型。利用不同的模型设置,我们估算了各所学校在3年中的增值,即各个学校学生成绩进步的排名。此外,我们还对学校各学科以及学科教师的增值进行了排名,以细化学校效能的维度,从而获得了更多的信息。

我们以每个学生的语文、数学、英语三科的总分作为学生成绩的测度,以计算学校的总体增值。学生出口成绩的测度为中考,入口成绩的测度为第一

① 陈文娇,彭湃.区域教育质量监控下的学校效能评价研究[J].教育研究与实验,2016(6):40-44.

次全区统考,即七年级第一学期的期末考试作为学校生源质量的指标。

(2)几个结论

除了总分增值排在前3位的学校和增值排在后3位的学校外,大多数学校从置信区间的角度来看,其增值与全区学校的平均增值无统计上的差异,可以视为增值相等。

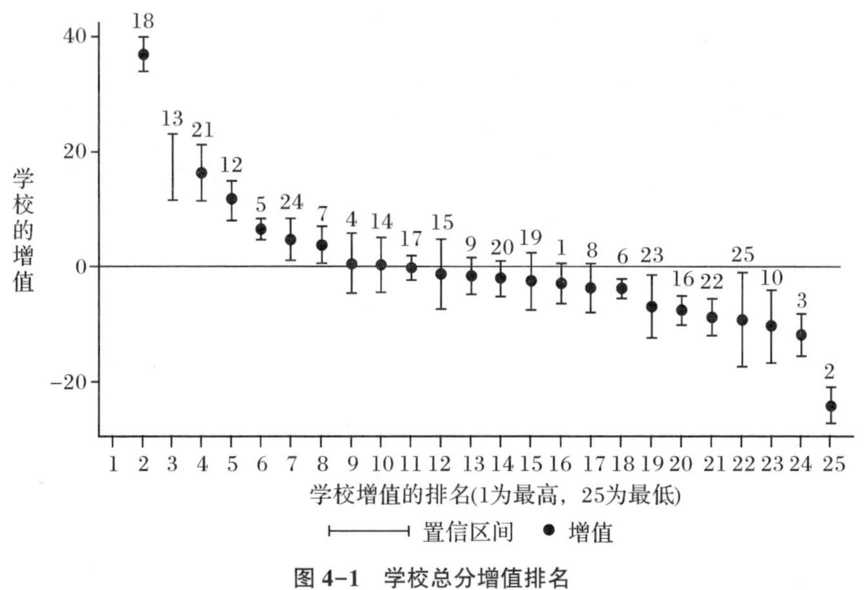

图 4-1 学校总分增值排名

注:图中横线表示本区所有学校的平均增值,增值置信区间与横线相交的学校增值无差异。

学校增值与学校的生源质量无明显的关联。有生源成绩高但增值低的学校,也有相反的例子。

我们可以比较各所学校的生源质量、中考成绩和成绩增值的排名情况。可以看出,只有取得重大进步的学校才能获得较高的增值,如R校的生源质量只能排到倒数第(第22位),但中考成绩能排到全区第9,短短3年就超过了13所学校,因此其增值最高。生源质量非常好的学校,只要中考成绩稍有下降,其增值就会排到末尾(如V校生源最好,但中考成绩下降了1位,增值就排到全区倒数第5)。因此,增值评价标准对生源好的学校是比较苛刻的;落后的学校只要有进步,就能从增值上反映出来。因此,我们既要关注中考成绩,注重结果评价;同时也要引入增值,作为过程评价的指标之一。这两个方面结合起来，就能更好、更公平地去评价学校。国际上一些国家已经开始通过同时公布重大考试成绩和学校的增值排名，来形成对学校、尤其是那些生源较差学校的正面激励，同时也能引导学生家长去选择那些增值较高的学校，以防止学校发展的“马太效应”出现。

总分的增值能反映学校在 3 年内总体的努力程度，但不能反映各科教师的相对贡献，因此有必要分学科对学校增值进行评价。国外的经验告诉我们，学校的增值并不能均摊到各个学科。有时候，整个学校的增值可能都是由一门学科贡献的，这一科目的教师效能特别高，而其他学科则存在着拖后腿的情况。这种情况只能通过分学科增值评价才能反映出来。因此，在对学校总分进行增值排名的同时，也应根据学科对各科增值做出评价。对增值进行科目细化，有利于更科学地开展评价。

由于很多学科教师身兼两个班级的教学，所以不宜对班级的增值再进行学科的分解。但通过“学生—班级—教师”连接起来的数据库，我们可以对各学科教师的效能进行增值分析。同样，如果教师未从初一开始任教此班，那么计算出来的教师增值是现在这个教师和以前教师增值的近似加权平均值。

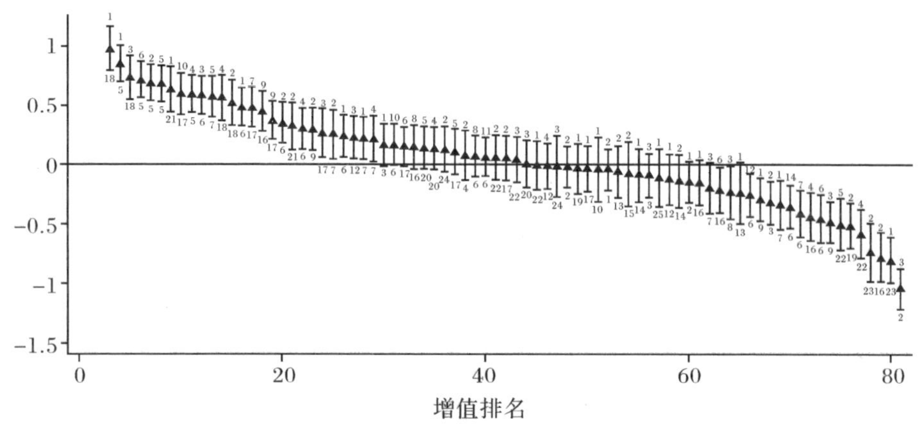

图 4-2 语文教师的增值排名

注：竖线上的数字为班级，竖线下的数字为学校代码（从 1 到 25）。

置信区间竖线与横线（表示所有语文教师的平均增值）相交的教师增值没有差异。

4.3.3 增值评价关注学校为每一位学生的成长助力

以北京市某区教育实证数据为例。①

(1)研究情况

测试群体为2017年升入初中的初一学生。2018年4月进行了基线测试(以此次测验作为基准,此后的测验均为后测,用以判断学生测试结果相对于基线测试的进步程度),2019年9月进行了后测。测试内容聚焦考查学生语文、数学、英语三科的核心能力。两次测试卷经过等值处理。此外,项目组通过问卷调查,采集学生的背景资料与身心发展等信息。基测与后测的样本量均为4336人,来自33所中学,每所学校的参测人数在27~458人之间,每所学校平均参测人数为131人。

本研究假设影响学校评价公平性的生源因素主要为学生的智力因素及经济因素,因此,除关注基测及后测学生的学科核心能力发展变化外,也关注代表智力因素的基础认知能力及代表经济因素的家庭社会经济地位(Social Economic Status, SES)得分,以更好地对学校效能做出公平的评价。

本研究采用多水平线性回归模型计算增值。

(2)研究结果

各科的后测能力值相较于基测时均有不同程度的提升。

学校层面的增值得分可以解释为学校在多大程度上帮助学生在三科能力上的提升。学校层面的增值得分均值为0,说明当增值得分大于0时,该校对学生核心能力发展的助益程度高于全区平均水平;反之,则说明该校对学生能力发展的助益低于全区平均水平。以三科平均增值为例,学校的最高增值得分为19.99分,说明在同等条件下,该校通过优质的教学水平,使得就读于该校学生的核心能力值在一年半内比全区平均多进步19.99分。

学校的结果评价(测试分数)与增值评价的排序有很大不同。当以结果评价来衡量学校时,出现"强者恒强"的现象,例如校45与校54在基测时排在前2位,在时隔一年半后的测试中依然高居前2位;但是,当以增值评价来衡量时,这2所学校带给学生的助益并没有超过全区平均值(增值得分为负值);相反,尽管校46在结果评价的排序仅居第25位,但其增值评价排序

---

① 邵越洋,刘坚.增值评价:关注学校为每一位学生的成长助力——以北京市某区教育实证数据为例[J].中国考试,2020(9):40-45.

跃居第3位。当考虑学校起点因素与生源因素时,可以发现结果评价排序靠前的学校,一般都拥有较高的起点,且拥有较好的生源条件,通常这类学校也拥有较好的办学条件和师资力量;但是从增值的视角来看,无论是学校起点因素还是生源因素,对增值评价的排序影响都不大。

结果评价排序与基测排序的相关系数最高,达到0.90,说明学校的起点因素几乎可以完全预测学校在结果评价上的排序。而且,结果评价排序与生源相关因素均存在较高的正相关,即一所学校在学科能力上发展得好,主要得益于其较好的生源基础。但是,增值评价排序与学校的起点因素不存在相关性,增值评价的排序与结果评价的排序存在中等程度相关,也就是说,起点因素和生源因素都不会对增值评价的排序产生影响。

为了说明与结果评价相比,增值评价可以有效降低与学校起点因素及生源因素的相关性,本实验做了两种评价方式与学校起点因素及生源因素的相关系数差异效应量检验。

为了更直观地显示两种评价导致的结果差异,以基测排序为基准,将两种评价相较于基测的排序变化做如下归类:当排序变化超过10名(即达到33%)时,视为进步或退步明显,检验结果见图4-3中的图a和图b。

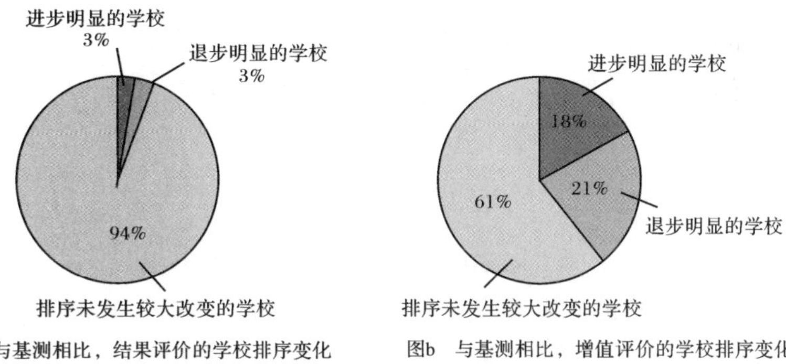

图a　与基测相比，结果评价的学校排序变化　　图b　与基测相比，增值评价的学校排序变化

图4-3　两种评价学校的排序比较

(3)研究结论

增值评价具有三个方面的优势。

第一,增值评价关注每一所学校的进步情况。增值评价以“关注学生进步的幅度”作为评价理念,从而使学校评价目的从结果评价的“关注成绩最高的学校”,转变为“关注进步最大的学校”或“对学生进步助益最大的学校”。增

值评价鼓励每一所学校通过努力,在原有基础上得到更大的进步,这种“因校施评”使每一所学校无论起点高低都有了发展的空间和努力的希望。

第二,增值评价较大程度地改善了结果评价的不公平性。联合国教科文组织指出,结果评价对学校而言是不公平的,因为成绩在很大程度上取决于学校控制范围之外的因素。本研究发现,相较于结果评价,使用增值评价对学校而言更公平,因为其减少了学校起点因素、生源因素所带来的影响,且改善的程度在统计上达到了“大效应量”。增值评价改变了“强者恒强、弱者恒弱”的现象,是一种更为公平的评价方式。可以说,增值评价的提出,在学校评价的公平性上迈出了一大步。

第三,增值评价有助于传统优质学校提升危机意识,促进良性竞争。从学校评价的角度来说,当一种评价机制无法带来流动性时,往往会失去鉴别力,尤其是当这种评价结果几乎是由起点因素造成的。本研究还发现,采用结果评价,94% 的学校排序并没有发生较大幅度的改变,而采用增值评价,接近40%的学校排序发生较大幅度的改变,尤其是部分起点较高的学校增值为负值,这必然会让传统优质学校产生危机意识,使得生源薄弱的学校充满动力。从教育管理的角度来看,固化的学校排序不利于教师工作积极性与工作满意度的提高。因此,增值评价有助于促进学校良性竞争,可以调动更多教育工作者和社会力量投身教育事业的主动性与积极性。

总之,增值评价具有较为合理的评价理念及科学的统计方法,在很大程度上能够确保学校评价的客观性和公平性。

4.3.4 打破一把尺子的“五级增量评价”

以浙江省杭州市江干区借鉴增值评价的做法为例。①

随着教育经费的保障和学校标准化建设的不断推进,教育公平的难点逐渐从平等性、补偿性转向“不同情况不同对待”的差异性;教育公平的重心也从外部资源配置的公平转向学校内部的由管理、课程、教材、教学、评价等所带来的权利和机会的公平。在以资源投入为标志的起点公平基本实现的前提下,因地域、环境、师资、生源等客观因素带来的教育过程、结果的不公日益凸显。如果依然用一把尺子衡量所有的学校,势必会加剧教育的不公平,导致优质生源、优秀师资争夺更为激烈,也会使处于资源链末端的学校挫败感增强。

① 费蔚. 打破一把尺子的“五级增量评价”[N]. 中国教师报,2020(12),第 014 版.

如何正视学生之间、学校之间客观存在的差异，促进每一个学生健康而富有个性的成长，让每一所学校都有发展的机会和可能？增值评价不失为一种选择。

江干区位于浙江省杭州东部，曾是城乡接合部，是杭州的菜篮子基地。全区有4个乡镇4个街道，农村人口占一半以上。辖区内城乡差异原本比较明显，加之外来务工人员相对集聚在农村，使得这种差异进一步拉大，区域整体教育质量不高。

借鉴增值评价理念，江干区开展了类增值评价的学业水平“五级增量评价”研究，引导学校立足起点、正视差距、关注进步、着眼发展，其宗旨是不比别人比自己，不比分数比进步。这一评价方式从一定程度上激活了学校、特别是激活了薄弱学校的发展动力，使其树立了发展的信心。

“五级增量评价”，即将全区七年级语文、数学、英语、科学四门学科的入学成绩分别按从高到低分为A、B、C、D、E五个层级，其中A占20%、B占25%、C占25%、D占20%、E占10%。根据每所学校在全区五个层级中所占学生数，测算出该校新生四门学科五个层级的实际百分率，以此作为该校该年级相应学科评价的起点数据。每年关注该校各年级各学科各层级学生的变化情况，根据每学科五个层级的分层指数和总体指数变化趋势，对该校学生的学业水平进行评估，为学校调整教学策略提供依据。

学业水平“五级增量评价”模型的建立，使区域内生源差异显著的学校拥有了相对公平的比较平台，鼓励学校和教师关心每个学生的进步，促进不同层次学校的发展。该评价体系具有以下特点：

第一，立足学生起点，增强学校信心。学业水平“五级增量评价”方案，始终关注“全体、过程、起点”三个关键词。全体，是指评价的对象不只是优生，而是学校的全体学生，使得每一个学生都能够得到教师的关注，教师在教育教学中不放弃任何一个学生；过程，是指不以一次性的中考绝对成绩评价学校，而是关注每一年学校在全体学生各学科发展中所做出的努力，让每个学生有学习的机会和成长的可能；起点，是指不单以实际的学习结果评价学校，而是考虑学校客观存在的生源差异，以学生入学前测数据为依据，以学生成绩进步为基础，即排除地域、生源、家庭文化背景等对学生学业的影响，评价学校、教师对学生成绩增长的“净价值”所发挥的作用。

第二，依托检测数据，创生本土方案。欧美等国家的增值评价研究基于庞大的数据，得益于多元统计方法以及信息技术的运用，是一项严谨、复杂的科学研究。鉴于有限的技术水平,我们不可能完全参照国外增值评价的统计方式,需要结合实际实施本土化研究。为此,江干区建立了质量监测中心,组建了评价团队,建设并完善区域学生信息大数据库。与此同时,我们进一步加强与专业科研机构、教育技术公司合作,将比较复杂的统计过程交给他们处理,共同完成数据分析和反馈报告,并依托专业机构开展相关培训,不断提高评价队伍的专业水平。

第三,实施反馈跟进,促进教学改进。区域实施增值评价的目的并非将学校分成三六九等,而是希望学校立足起点、依托数据,分析现有教学中影响学生学业“增值”的问题,促进教学改进。为此,我们形成区、校、学科三个层面的教学质量分析机制,撰写一系列分析报告,为学校改进教学策略提供现实依据和技术支持。教研部门根据反馈的数据,及时总结增量明显学校的教学经验,在全区推广。同时,发现区域共性问题和学校间差异性问题,开展跟进式的学校调研、有针对性的教学研讨和教师专业发展培训,为学校诊断课堂教学现状寻求有效策略。学校根据质量分析报告和原始数据进行横向、纵向分析,进一步查找问题。同时,立足本校实际和学生不同学业水平开展校本研究,寻求新的增长点,使不同层面的学生都能在原有水平上取得进步。

单一的分数指标无法反映学校对学生成长的全部贡献,也无法体现教育的全部价值。因此,在实施学业水平“五级增量评价”的同时,我们从学生身心健康、全面发展的角度出发,进行学生综合素质评价和学习状况评价。虽然这两类评价不属于增值评价范畴,但却是学业水平“五级增量评价”的有效补充,是促进学生全面而富有个性成长的有力支持,也是引导学校和社会关注“绿色”质量的重要举措。以学业水平“五级增量评价”为基础,以学生综合素质评价、学生学习状态评价为补充,通过系统设计、整体推进,使得江干区校际差异明显缩小,区域教育迈向新台阶。

4.4 学校实践

学校是教育教学的主阵地,本节主要是对学校增值评价实践的研究。

4.4.1 学校起点报告的运用

以下以包头市某高中学校为例,谈学校起点报告的应用。[①]

---

① 周红霞.高中增值评价起点报告的应用[J].内蒙古教育,2020(1):20-24.

该校对增值评价的起点评价报告——包括学习背景分析(差异性)报告——进行了多方面研究,按以下的思路运用了报告的结果。

(1)把握总体情况,校准“方向标”

增值评价从升学主导向学生健康发展主导转变,不断关注学生的学业成绩,也关注学生的学习动机、情感因素、学习策略、师生关系等诸多因素。解读报告时,要把握总体情况,尊重教育规律和学生发展规律,以提高学生核心素养为目标来校准学校发展的“方向标”。

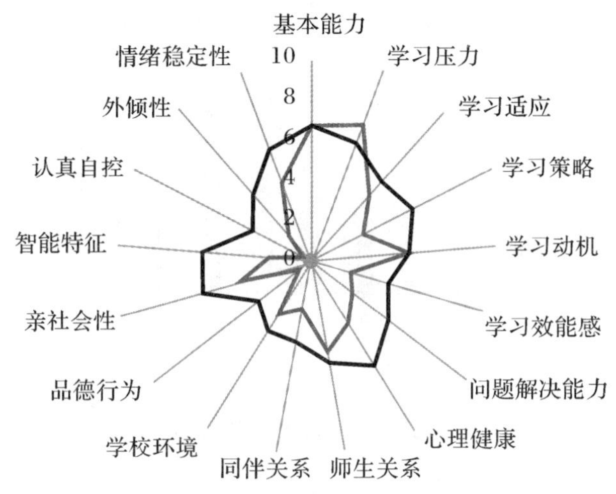

图 4-4　学生发展指数雷达图

从学校起点报告的学生发展指数雷达图(图 4-4)入手分析学校的整体状况,可以看到该校学习压力高于市均值,基本能力指数、学习动机指数和师生关系指数与市均值相近,其他指数均低于市均值。再将 17 项相关因素的指数与市均值、本市最高值对比。

(2)进行因素聚合,绘好“分类图”

以学校为目标,画出学校数据图。在对学校的整体情况全面了解的基础上,聚焦各个班级,将所有因素聚合,为每一个班级画像,画出班级数据图。从认知成绩、学科成绩、相关因素等方面解读各个班级的情况。在班级数据解读过程中,既要与学校均值对比,也要与其他班级对比,分析出每个班级的现状和潜在优势及存在的问题。再以学科分类,画出各学科的数据图,找准自己所在的位置。从学生在各科不同等级上的人数比例柱状图、学生各科得分分布盒式图、学生认知成绩总体分布柱状图进一步分析,整体了解学校的情况。

(3)关注异常数据,用好“体检仪”

①关注异常,查找原因

在解读报告时,要特别关注异常指数,从异常指数中找到今后改进工作的突破口。如在解读该校报告时,关注到如下异常指数。

积极方面:教师对学校、对教学工作很有认同感。

存在问题:如学生英语成绩高分数段的人数比例较低。

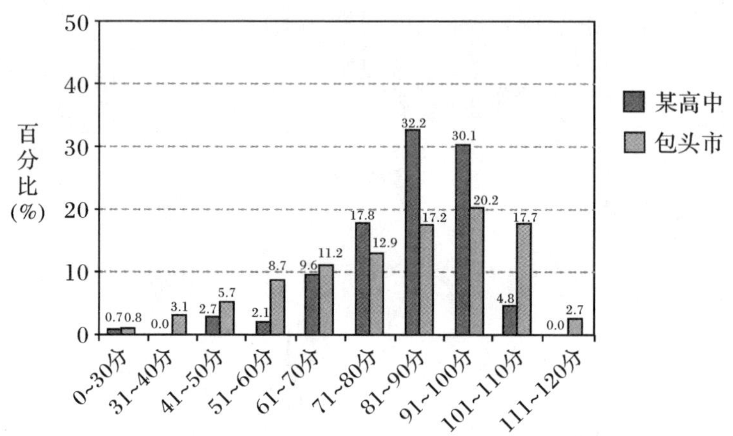

图 4-5　学生英语成绩各分数段的人数比例

从图 4-5 中可以分析出,该校英语成绩在 100~110 分之间的只有 4.8%,低于市均值近 10 个百分点,在 110~120 分之间的学生比例为 0,低于市均值 2.7 个百分点,高分数段的人数比例远远低于基线测试总分相近的同类学校。

②专项调研,质量互证

报告结果合理、有效应用的前提是掌握该校教育发展的“真状况”,找准存在的“真问题”;该校教育发展“真状况”的掌握既需要外部评价,也需要内部参与;既需要量化数据结论,也需要质性证据的互补、互证、丰富和拓展。针对存在的问题,校长、分管校长组织教导处、班主任、科任教师、学生进行座谈、调研,并深入英语课堂进行观察,深入挖掘学校的办学理念、教师的教学理念、师生的教学与学习状况、学生答题时的心理状态等。结合报告中的量化数据和调研所得的质性证据,分析问题出现的原因。

英语高分数段学生比例低的原因:作为非市区高中,所招学生的基线测试总分虽然不低,但在初中时英语成绩普遍偏低;初中所在学校没有针对临近分数段学生采取针对性的培优措施;个别英语高分学生选择了市区的示范性高中。

(4)寻找增值空间,构建"助推器"

如何构建助力增值的"助推器"?其策略归纳为"一二三四":围绕"一个核心",即关注每一个学生;落实"两个精细",即精细化管理、精细化教学;做到"三个结合",即与起点报告结合,与常规测试结合,与学生日常的学习生活情况结合;强化"四个意识",即数据意识、问题意识、研究意识、课标意识。例如该校进行了多次研讨,制定相应的改进策略。第一阶段集中解决学习压力、自控能力、品德行为、心理健康等方面的问题;第二阶段集中解决学习策略、学习效能、解决问题的能力等方面的问题;第三阶段注重整体提升,关注并落实学生的综合学习。在第一阶段针对英语采取的重点措施:一是备课组依据报告分析英语学科的优势和劣势,分析各班存在的差异,针对英语学科教学中存在的突出问题开展主题教研活动,寻求解决问题的策略;二是开展英语小班化教学,科任教师要改进教学策略,提高英语教学质量;三是开展分层走班制,让小班培优、短板提升课成为一种补充、辅助;四是开展分层作业、分类指导,着力培养英语高分数段学生。

大数据之"大",并非数量之大,而是数据蕴含的"价值"之大。在应用增值评价报告时既要提高应用数据的意识和解读报告的能力,也要利用数据深入研究问题,找出影响教育教学质量的问题所在,优化决策,改进教学方法,不断提高教育教学质量。

4.4.2 增值评价激发学生自主发展的高能量

以成都市石室小学学生学业发展增值性评价探索为例。①

(1)"增值性评价"克难攻坚的路径探寻

发挥增值性评价功能,实现其价值,如何克难攻坚?如何让评价主体热情参与,路子走得正,过程做得实,评价结果信得过?石室小学基于评价,通过动力激发、智慧生成、实践创新三条路径探寻克难攻坚之策。

①价值导向,聚力同心

主要是理念引领、专家支持、机制建立三个方面的努力。

---

① 曾蓉,孙丽萍,彭家荣.激发学生自主发展的高能量——成都市石室小学学生学业发展增值性评价探索[J].教育科学论坛,2019(10):42-46.

②整体规划,体系构建

增值性评价改革与实践是系统工程,需要以科学、理性和整体的思维,从评价理念、目标内容、操作工具等方面进行系统构建,从根本上解决意愿与行动、策略与行动不合拍的矛盾。

一要树立评价理念。基于增值性评价的效能增强和价值实现,我们形成“发现增值,点亮价值,促进发展”的评价理念,并通过以下三个方面使增值性评价理念落地生根。具体为:其一,以教师细微的热情关注激发学生自律自为的意识;其二,以教师的公平性、随机性和真诚赏识,增强学生自主发展的成就;其三,以有理有据的评价工具运用促进学生“我如何”“我将走向何处”的自我认知与追求。

二要确立评价目标。增值评价改革“倒逼”课程建设、教师发展,要求寻找合适的尺子和人才培养方式、路径,感受教育内部全人发展落地的力量,促进学生的个性化成长,培养学生的核心素养,将传统的评价“是什么样的人”转向评价“成为怎样的人”,为此,增值性评价目标定位于:促进学生正确认识自己,树立发展的信心,经历成功的体验,实现“做更好的自我”。

三要制定评价指标。增值性评价的“值”,是关联学生发展核心素养的“值”,是基于学业而又超越学业的整体性发展观照。基于这种理解,我们在语文、数学、英语、体育四个学科的学业增值性评价中构建了学科成绩发展、学业能力发展和学习心理品质发展三个维度,每个维度下又有具体的评价指标。其中,语文组以“文字应用能力”为切入点,数学组以“问题解决能力”为切入点,英语组将切入点定在“口语表达能力”的个体增值方面,体育组以“运动健身能力”为切入点。

四要研制评价工具。在制定评价指标的基础上,研制出《小学生学业发展增值性评价手册》(1.0 版),每个学科有 100 多条基于学业发展内涵的行为描述。之后又在专家的指导下改进评价手册,形成《小学生学业发展增值性评价手册》(2.0 版),提炼典型的行为描述内容,使评价指向最能反映学科素养发展的典型行为。

③倾力实践,策略生成

增值性评价实施策略的探索与生成是关键性环节,它直接影响到评价落地和效能增强。基于“评价改革不是推倒重来和彻底颠覆”,我们本着“传承与创生相结合”的原则,以“取我所用”“学我所需”“创我所求”的思路开掘增值性评价策略的源头活水。

第一,传承中归纳的策略。有价值的评价方式、策略与行为在教师的日常教育教学中"原本有所发生"。基于传承,我们对原有策略与经验进行挖掘,对发生在教师日常教育教学中的尚未被充分认识的增值性评价案例或经验,来一个拉网式盘点,并将其梳理、归纳形成策略。

第二,借鉴中优化的策略。基础教育课程改革以来,各地在评价改革探索中形成不少评价经验和操作策略,我们通过网络、教育刊物和现场交流活动,学习先进经验,选择适应自身的评价操作策略,为我所用地优化增值性评价的校本策略。

第三,探索中创生的策略。对于缺乏实践经验的评价主体而言,增值性操作策略具有一定程度的原创性。这种原创不是简单的无中生有,而是有根有脉的创造。因此,我们强调在评价策略生成中处理好两种关系,即处理好学生原有学业基础与提升发展的关系,把握好增值性评价的起点和生长点;处理好一般性关注与个别关注的关系,把握好增值性评价的共同点和不同点。目前,通过探索,初步形成增值性评价的价值发现策略、增值性评价的表达策略、增值评价的运用策略。

(2)"增值性评价"前期探索的初步成效

①教师更关注学生差异发展

开展小学生学业发展增值性评价的实践研究,促进了教师对学生差异发展的关注。教师在学业评价上不再用统一标准要求学生,而是正视和尊重学生情感态度、知识能力上的差异,注重观察和分析学生在原有基础上的进步行为与结果,并以制度和随机的方式给予学生学业发展精准的评价。同时,基于差异化增值性评价,了解学生学习的个性化需求,施以针对性的学习指导,使因材施教得到体现。

教师对学生发展的差异性关注,进一步促进了教师对增值性评价的深入研究,在评价工具的使用、评价策略的选择和评价结果的运用上不断创生经验。课题组教师的相关论文分别在《时代教育》、校刊《石里花开》发表,同时分获成都市论文评选一、二、三等奖。

②学生学习自信心得到增强

学生学业增值性评价带给学生最明显的变化是:学生在学习过程中对自己的进步有较清楚的了解,在教师的肯定和赏识下产生良好的心理体验。尤其是部分学困生,因能随时得到教师的关注和鼓励,逐渐增强了学习的自信。我们进一步发现,学生的自主意识明显增强,其共同表现是“我要学”“我要对自己的学习负责”“我能学”“我会学”的意识不断呈现并得以强化。他们不仅关注教师适时的评价,更关注自我发展的目标和学习任务的完成程度;他们从教师的评价、指导中获取学习的方法、技能,逐渐由被动服从、被动学习转向自我管理、自我评价、自我调控、自我矫正。

③家长改变了对评价的认识

家长通过增值性评价的培训和参与,改变了对评价的认识,增强了积极评价的意识,了解了增值性评价的方式。家长不再是旁观者,而是其中的责任人和参与者,家长的积极性得到调动、潜能得到激发、资源得到利用。越来越多的家长知道对孩子的评价不能通过与别人家的孩子做比较,而是依据孩子的纵向发展与自身做比较;越来越多的家长根据学生自评和教师的评价结果对孩子的学业表现做客观、正确的评价。

前期的增值性评价探索使我们进一步认识到,增值性评价对学生发展是一种动力资源的挖掘,对教师发展是一种专业技能的提升,对学校发展是一种文化生态的营造。我们将持续深入地探索增值性评价,让评价助力于学生、教师和学校的发展。

参考文献

[1]王允庆,孙宏安.如何提高教师的教学设计能力[M].大连:辽宁师范大学出版社,2021.

[2]辛涛."探索增值评价"的几个关键问题[J].中小学管理,2020.

[3]徐路明.基于简易式百分等级成长模型的学业增值评价[J].中国考试,2021.

[4]曾蓉,孙丽萍,彭家荣.激发学生自主发展的高能量——成都市石室小学学生学业发展增值性评价探索[J].教育科学论坛,2019.

[5](荷)雅普·希尔伦斯, 塞斯·格拉斯,(英)萨利·M.托马斯著.边玉芳,曾平飞,王烨晖译.教育评价与监测——一种系统的方法[M].北京:教育科学出版社,2017.

[6]吴晓英,巨申文.为"叙述并证明余弦定理"成为高考题叫好[J].中学数学教学参考,2011.

[7]田中耕治著.高峡,田辉,项纯译.教育评价[M].北京:北京师范大学出版社,2011.

[8]W.迪克,L.凯瑞著,J.凯瑞著.庞维国等译.系统化教学设计[M].上海:华东师范大学出版社,2007.

[9]檀传宝.世界教育思想地图[M].福州:福建教育出版社,2010.

[10]杨志良,郝兴昌.大辞海·心理学卷[M].上海:上海辞书出版社,2013.

[11]中国社会科学院语言研究所词典编辑室.现代汉语词典(7版)[M].北京:商务印书馆,2016.

[12]皮连生.教育目标分类学式教学的金钥匙——评修订的布卢姆教育目标分类学[N].中国教育报,2008.

[13]中国社会科学院语言研究所词典编辑室.现代汉语词典(7版)[M].北

京:商务印书馆,2016.

[14](美)林·格朗伦德著."项目组"译.教学中的测验与评价[M].北京:中国轻工业出版社,2003.

[15]彭钢,蔡守龙.小学数学课堂诊断[M].北京:教育科学出版社,2008.

[16]STUFFLEBEAMD. L. A Depth Study of the Evaluation Requirement. Theory into Practice. 1966.

[17]张曙光.过程性评价的哲学诠释[J].齐鲁学刊,2012.

[18]吴维宁.过程性评价的理念与方法[J].课程·教材·教法,2006.

[19]刘翠.国外流行的三种科学学习过程性评价及其对我国化学教学评价的启示[J].教育测量与评价,2016.

[20]高凌飚.关于过程性评价的思考[J].课程·教材·教法,2004.

[21]唐晓鹏.高中人文地理案例教学的评价研究[D].上海:华东师范大学,2010.

[22]王兄.数学教育评价方法[M].上海:上海教育出版社,2018.

[23]许华琼,胡中锋.形成性评价机器反馈策略[J].教育测量与评价,2010.

[24](美)盖尔·H.格里高利著.韩雪译.创新教学模式[M].哈尔滨:黑龙江教育出版社,2017.

[25](新西兰)约翰·哈蒂著.彭正梅,邓萍,高原等译.可见的学习[M].北京:教育科学出版社,2015.

[26](美)Gray D.博里奇,Martin D.汤伯里著."项目组"译.中小学教育评价[M].北京:中国轻工业出版社, 2004.

[27]田中耕治,松下佳代,西冈加明惠等著.郑谷心译.学习评价的挑战[M].上海:华东师范大学出版社,2015.

[28]中华人民共和国教育部.普通高中英语课程标准(2017 年版)[M].北京:人民教育出版社,2018.

[29](美)罗伯特·M·桑代克,特雷西·桑代克-克莱斯特著.方群,吴瑞芬,陈志新译.教育评价(8 版)[M].北京:商务印书馆,2018.

[30]丽莎·博林著.连榕,缪佩军,陈坚等译.教育心理学:激发自主学习的

兴趣(2 版)[M]. 北京:机械工业出版社,2018.
[31]李艺. 过程性评价:关于学习过程价值的建构过程[J]. 电化教育研究,2019.
[32]李吉会. 发展性教育评价思想[J]. 教育评价,2000.
[33]郑金洲. 基于新课程的课堂教学改革[M]. 福州:福建教育出版社,2004.
[34]钟启泉. "课程文化"的革命——研究性学习[J]. 教育研究,2003.
[35]刘建. 普通高中学生学业评价中的发展性评价策略研究[D]. 上海:华东师范大学. 2008.
[36]发展性教学评价[EB/OL]. (2012-04-20). http://baike. baidu. com/view/3512245. htm.
[37]谈松华,黄晓婷. 我国教育评价现状与改进建议[J]. 中国教育学刊,2012.
[38](加)迈克尔·富兰,彼得·希尔,(澳)卡梅尔·克瑞沃拉著. 孙静萍,刘继安译. 突破[M]. 北京:教育科学出版社,2009.
[39]梅宏. 大数据:发展现状与未来趋势[EB/OL]. (2019-10-30)[2021-7-9]18:18. 中国人大网.
[40]2020 年中国教育信息化发展现状:疫情催化需求及教育全市场数据分析[EB/OL]. https://www. chyxx. com/industry/202002/836132. html.
[41]徐多. 基础教育阶段《地平线报告》回顾与启示[J]. 中小学信息技术教育,2018.
[42]苏晓. 我国数据产量占全球总量 9. 3%[J]. 人民邮电报,2021.
[43]谈松华,黄晓婷. 我国教育评价现状与改进建议[J]. 中国教育学刊,2012.
[44]张亮,张振鸿,苗禾鸣. 学校"增值"评价策略及实施建议[J],现代教育,2020.
[45]徐丹,牛月蕾. 教育增值评价先行者——美国田纳西州教育增值评价模式解析[J]. 教育科学,2012.
[46]张亮. 普通高中学生增值评价研究[D]. 济南:山东师范大学,2010.

[47]辛涛,张文静,李雪燕.增值性评价的回顾与前瞻[J].中国教育学刊,2009.
[48]陈如平.以增值评价探索为突破口推进学校改革[D].中小学管理,2020.
[49]郭蕊,聂威.教育增值评价的研究现状及其应用[J].长春师范学院学报(人文社科版),2010.
[50]郭元祥,王秋妮.增值评价研究的知识图谱与前景展望[J].教育测量与评价,2021.
[51]李凌艳.如何用好教育增值评价?——对"探索增值评价"的主旨与行动的理性思考[J].中小学管理,2020.
[52]马小强.尝试以学校增值评价推进教育公平[N].中国教育报,2006.
[53]郑智勇,宋乃庆.新时代基础教育增值评价的三重逻辑[J].教育发展研究,2021.
[54](美)保罗·埃根唐·考查克著,郑日昌主译.教育心理学[M].北京:北京大学出版社,2009.
[55](美)富勒著,谭军华译.家庭与学校的联系[M].北京:中国轻工业出版社,2003.
[56](美)C. D.默瑟,A. R.默瑟著.胡晓毅,谭明华译.学习问题学生的教学[M].北京:中国轻工业出版社,2005.
[57](美)多萝西·劳·诺特,蕾切尔·哈里著.李耘译.孩子从生活中学到什么[M].海口:南海出版公司,2008.
[58](美)克里克山克等著,时绮等译.教学行为指导[M].北京:中国轻工业出版社,2003.
[59]贝磊,马克.全球扩张的"影子教育"[J].内蒙古教育·综合版,2013.
[60]周园,刘红云,袁建林.增值评价中学生增长百分位模型及其估计方法概述[J].教育导刊,2019.
[61]王帅鸣,姚守梅,王梦等.基于成长百分等级模型开展增值评价的实证研究[J].中国考试,2020.

[62]朱艳阳. 起点报告在增值评价中的重要性[J]. 内蒙古教育,2019(4):32-35;

[63]吴秀玲. 启动普通高中增值评价项目的意图与做法[J]. 内蒙古教育,2018.

[64]赵晶婕. 增值评价报告中“学习者背景分析”数据的理解[J]. 内蒙古教育,2019.

[65]陈文娇,彭湃. 区域教育质量监控下的学校效能评价研究[J]. 教育研究与实验,2016.

[66]邵越洋,刘坚. 增值评价:关注学校为每一位学生的成长助力——以北京市某区教育实证数据为例[J]. 中国考试,2020.

[67]费蔚. 打破一把尺子的“五级增量评价”[N]. 中国教师报,2020.

[68]周红霞. 高中增值评价起点报告的应用[J]. 内蒙古教育,2020.

[69]曾蓉,孙丽萍,彭家荣. 激发学生自主发展的高能量——成都市石室小学学生学业发展增值性评价探索[J]. 教育科学论坛,2019.